新编
日语应用文写作

李庆祥　王爱静　编著

东南大学出版社
·南京·

图书在版编目(CIP)数据

新编日语应用文写作/李庆祥,王爱静编著.—南京:东南大学出版社,2013.3
 ISBN 978-7-5641-4155-4

Ⅰ.①新… Ⅱ.①李… ②王… Ⅲ.①日语—应用文—写作 Ⅳ.①H365

中国版本图书馆CIP数据核字(2013)第062052号

新编日语应用文写作

编　　著	李庆祥　王爱静	责任编辑	刘　坚
电　　话	(025)83793329/83362442(传真)	电子邮箱	liu-jian@seu.edu.cn
出版发行	东南大学出版社	出版人	江建中
地　　址	南京市四牌楼2号	邮　编	210096
销售电话	(025)83793191/83794561/83794174/83794121/83795801/83792174　　　　　83795802/57711295(传真)		
网　　址	http://www.seupress.com	电子邮箱	press@seupress.com
经　　销	全国各地新华书店	印　刷	南京新洲印刷有限公司
开　　本	787mm×1092mm 1/16	印　张	16
字　　数	459千字	印　数	1—4000册
版　　次	2013年4月第1版		
印　　次	2013年4月第1次印刷		
书　　号	ISBN 978-7-5641-4155-4		
定　　价	35.00元		

* 未经许可,本书内文字不得以任何方式转载、演绎,违者必究。
* 本社图书若有印装质量问题,请直接与营销部联系。电话:025-83791830。

前　言

　　从事日语学习和日语工作的人都知道,在开展公务往来和私人交际的过程中,时常需要用日语书写各种应用文。因此,怎样写好各种类型的应用文,便成了普遍关注的问题。他们迫切希望有一本内容全面的日语应用文写作教材,以便在学习阶段学习和毕业后在工作中书写日语应用文时有所参考、借鉴。

　　至目前,国内已出版的有关日语写作方面的教材不少,但几乎都以商务日语、外贸函电写作为主,而上述以外的其他常用应用文写作的教材还没有。为了弥补这方面的不足,我们编写了这本《新编日语应用文写作》。

一、本教材的内容构成

　　日语应用文写作课大多安排在第五学期,即三年级上学期。每个学校每学期实际上课周数大致在 15～16 周,为保证学生有足够的练习时间,本教材共设十二章。每章下设若干节,章节下都有简单的中文说明。每一种应用文又下设若干范例,每一章的最后均设有五个中文练习题。

二、本教材的特点

　　1. 本教材注重内容的时代感和实用性,以利于应用型人才的培养。教材中范例尽量选择最新、最实用的例文,且范例丰富、形式多样、文体各异,不仅可以作为各类学校的日语写作教材,还可以作为日语工作者的日常工具书。

　　2. 本教材的章、节用中文标题,节以下的每一种公文、书信的名称用日语说法,并标有日语读音,目的是为了使读者知道这种公文和书信的写法的同时,还了解其日语说法。

　　3. 本教材的所有范例均附有参考译文。译文以直译为主,其体例和风格有的略有不同,为了供读者相互参照而收切磋之效,未予强求统一。

　　4. 本教材附有课件,供授课教师授课时参考。课件内容包括:所有范例的参考译文、每一章后练习的参考答案和丰富的参考范例。

　　本教材由中国海洋大学李庆祥负责全书的筹划、设计,并和李琰负责第一章和第七、八章的编写;王爱静博士负责第四、五、六章的编写;陈大伟和孙明月老师负责第二、三、十一、十二章的编写;张鑫和孙海燕负责第九、十章的编写,孙海燕还承担了全书的电脑录入,最后由李庆祥负责统稿。

　　由于时间仓促,参加编写人员较多,再加上部分章节参考资料不足,教材中肯定存在着不足和不能令人满意的地方,我们希望广大读者、老师和同学在使用本教材的过程中,多发现和提出宝贵意见,以便今后进一步修改、完善。也希望日语界同仁们不吝指教。

　　本教材的编写出版也得到了中国海洋大学外国语学院的刘洪采老师,东南大学出版社刘坚博士的大力协助和指导,谨表示诚挚的谢意。

　　另外,我们在编写本教材的过程中,参考了许多有关文献,在此一并向所有的作者表示感谢。

编著者
2013 年 3 月于青岛

目　　录

第一章　日语应用文的基本格式与要求
- 第一节　日语公用文的基本格式 ··· 1
- 第二节　日语书信的基本格式 ··· 3
- 第三节　信纸与信封 ·· 18
- 思考与练习 ··· 22

第二章　常用条据
- 概述 ··· 23
- 第一节　凭证条据类 ·· 23
- 第二节　说明条据类 ·· 29
- 第三节　说明凭证条据类 ·· 35
- 思考与练习 ··· 41

第三章　常用公文
- 概述 ··· 42
- 第一节　通知、通报类 ··· 43
- 第二节　报告、申请类 ··· 50
- 第三节　命令、批复类 ··· 56
- 第四节　咨询、答复类 ··· 60
- 第五节　委托、协商类 ··· 64
- 第六节　公告、告示类 ··· 67
- 第七节　证明、证书、奖状、感谢状类 ······························ 69
- 思考与练习 ··· 72

第四章　社交明信片
- 概述 ··· 73
- 第一节　祝贺新年用明信片 ··· 73
- 第二节　季节问候用明信片 ··· 76
- 第三节　服丧通知用明信片 ··· 80

1

第四节　一般通知用明信片 ·· 86
　　第五节　圣诞卡 ·· 90
　　思考与练习 ·· 92

第五章　社交书信(1)

　　概述 ··· 93
　　第一节　祝贺信类 ·· 93
　　第二节　慰问信类 ·· 102
　　第三节　通知信类 ·· 107
　　第四节　邀请信类 ·· 113
　　思考与练习 ·· 115

第六章　社交书信(2)

　　概述 ··· 116
　　第五节　委托信类 ·· 116
　　第六节　介绍信类 ·· 120
　　第七节　感谢信类 ·· 124
　　思考与练习 ·· 129

第七章　法律书状(1)

　　概述 ··· 130
　　第一节　婚姻类 ·· 130
　　第二节　户籍类 ·· 137
　　第三节　继承与遗嘱类 ··· 144
　　第四节　损失与索赔类 ··· 147
　　思考与练习 ·· 154

第八章　法律书状(2)

　　概述 ··· 155
　　第五节　民事诉讼类 ··· 155
　　第六节　不动产类 ·· 164
　　第七节　其他法律书状 ·· 169
　　思考与练习 ·· 173

第九章　电报、电传与传真

　　概述 ··· 174
　　第一节　电报 ··· 174
　　第二节　电传 ··· 185

第三节　传真 ··· 192
　　思考与练习 ··· 193

第十章　电子邮件与手机短信

　　概述
　　第一节　电子邮件 ··· 194
　　第二节　手机短信 ··· 200
　　思考与练习 ··· 201

第十一章　留学常用文书

　　概述 ··· 202
　　第一节　申请书类 ··· 202
　　第二节　许可、邀请书类 ·· 210
　　第三节　保证、誓约书类 ·· 212
　　第四节　推荐书类 ··· 218
　　第五节　证明、通知书类 ·· 222
　　思考与练习 ··· 228

第十二章　就业常用文书

　　概述 ··· 229
　　第一节　委托介绍、推荐 ·· 229
　　第二节　个人自荐 ··· 231
　　第三节　招聘通知 ··· 231
　　第四节　索取和提交招聘材料 ····································· 233
　　第五节　面试、笔试通知 ·· 235
　　第六节　内定、录用通知 ·· 237
　　第七节　辞退、取消面试和内定 ··································· 240
　　第八节　入社说明、入社式通知 ··································· 241
　　第九节　承诺、保证书 ··· 242
　　第十节　感谢 ··· 244
　　思考与练习 ··· 247

第一章
日语应用文的基本格式与要求

第一节　日语公用文的基本格式

　　日本政府曾就常用公文格式于1949(日本昭和二十四)年颁布了《公用文作成の基準》,规定书写顺序为自左至右的横写形式(左横書き)。公用文要先写"前付け",其中包括"文書記号番号""発信年月日""宛名"和"発信者名"。公文的右上角写上"文書記号番号",其下方写"発信年月日",日期下靠左侧写"宛名",即收件机关团体名称或个人姓名,另起一行靠右侧写"発信者名",其中包括签发人的职务,职务下空1—2字写签发人的姓名,在姓名的最后一个字上盖章。"件名"是公文名称,居中写,公文的类别写在公文名称后,并用括号括起,如"通知""進達"等。"件名"下是写公文主要内容的正文,日语叫"主文"。如果正文内容较多,而且需要明细时,要写"別記",并居中写,其右下方写上"別記末尾",常用"以上",但也可以不写。如果有正文以外内容需要特别说明或补充,就要写"追記",开头常用"なお",另起一行空一格写。其具体的格式是：

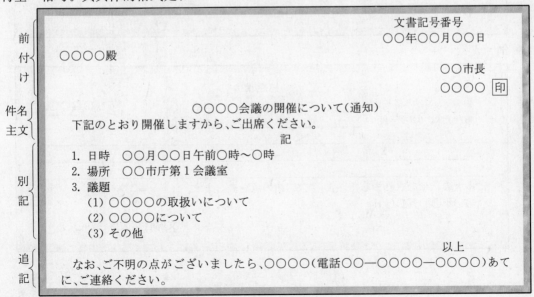

以上格式主要用于往复公用文。像许可证、证明书、奖状、感谢状等公用文的格式与此略有不同。许可证、证明书、奖状、感谢状（参照 第三章）一般是公文编号下写公文名称，公文名称下写申请单位名称及个人姓名，然后就是正文。正文下写年月日，年月日下是签发人姓名及盖章，而且这一类公文的申请单位名称和个人姓名下不加敬称。其具体格式是：

例—1

```
                                                          文書記号
                                                          第〇〇号
                          〇〇許可証
                              （住所）
                              （氏名または名称）
                              〇〇年〇〇月〇〇日生
  1. ＿＿＿＿＿＿＿＿＿＿＿＿＿＿＿＿＿＿＿＿＿＿＿＿＿＿＿＿。
  2. ＿＿＿＿＿＿＿＿＿＿＿＿＿＿＿＿＿＿＿＿＿＿＿＿＿＿＿＿。
  3. ＿＿＿＿＿＿＿＿＿＿＿＿＿＿＿＿＿＿＿＿＿＿＿＿＿＿＿＿。
  4. ＿＿＿＿＿＿＿＿＿＿＿＿＿＿＿＿＿＿＿＿＿＿＿＿＿＿＿＿。
    〇〇年〇〇月〇〇日
                                          〇〇県知事〇〇〇〇 [印]
```

例—2

```
                                                          〇〇第〇〇号
                          証明書
                              （住所）
                              （氏名）
                              〇〇年〇〇月〇〇日生
  上記の者は、＿＿＿＿＿＿＿＿＿＿＿＿＿＿＿＿＿を証明する。
    〇〇年〇〇月〇〇日
                                          〇〇知事〇〇〇〇 [印]
```

例—3

```
                          感謝状
                                                          〇〇〇〇殿
    あなたは、〇〇年度の＿＿＿＿＿＿＿＿＿＿＿＿＿＿＿＿＿＿＿
  ＿＿＿＿＿＿＿＿＿＿＿＿＿＿＿＿＿＿＿＿＿＿＿＿＿＿＿＿＿＿＿
  ＿＿＿＿＿＿＿＿＿＿＿＿＿＿＿＿＿＿＿＿＿＿＿＿＿＿＿＿＿＿＿
  に多大の貢献をされました。よって、感謝の意を表します。
    〇〇年〇〇月〇〇日
                                          文部科学大臣〇〇〇〇 [印]
```

第二节　日语书信的基本格式

前文 ｛
　　拝啓
　　春暖の候、ご一家皆様にはお元気にてお過ごしのことと拝察いたします。お陰様にて、当方も元気で過ごしておりますので、ご安心くださいませ。
　　日ごろのご厚情、厚く御礼申し上げます。

主文 ｛
　　さて、ただいま当地では柿の季節にて、私どもは連日収穫に追われ、週末には一家総出の有様です。今年は例年にない豊作です。
　　珍しいものではございませんが、別便にて掘ったばかりの柿を少々送らせていただきました。ぜひ、ご賞味ください。

末文 ｛
　　末筆ながら、ご主人様にもよろしくお伝えください。
　　季節柄、お風邪などひかれぬようお祈り申し上げます。
　　先ずは、お知らせまで。　　　　　　　　　　　　　　　　　　　　敬具

後付け ｛
　　年　月　日
　　　　　　　　　　　　　　　　　　　　　　　　　　　　　　　坂口　和夫
　　石川　一雄様
　　　　　机下

副文 ｛
　　追伸　落ち着きましたら、「柿」の短歌を送りますので、どうかご指導願います。

一、前文

"前文"是写在前头的寒暄话，主要包括"頭語""時候の挨拶""安否の挨拶""お礼やお詫びの挨拶"等。

1. 頭語

"頭語"是写在前文最前面的寒暄话，相当于拜访他人时在入口处说的"ごめんください"。常用的"頭語"有"拝啓""拝呈""敬上"等，意思相当于"一筆申し上げます"。在更加郑重的场合，要用尊敬义更高的"謹啓""粛啓""恭啓"，意思相当于"謹んで申し上げます"。紧急场合用"急啓""急白"或"急呈"，意思相当于"取り急ぎ申し上げます"。需要省略前文时，要用"前略""冠省""略啓"等，意思相当于"前文を省略する""前略お許しくださいませ"。

回信时常用"頭語"有"拝復""復啓""啓復"等，意思相当于"ご返事差し上げます""謹んでお答え申し上げます""お手紙謹んで拝見致しました"。

再次写信时,"頭語"用"再啓""再呈"或"追啓",意思相当于"もう一度申し上げます""重ねて申し上げます"。

以上"頭語"都是汉语词汇,男女都可以使用,但汉语词汇与日语固有的和语词汇相比,使用起来让人感到过于严肃,所以女性有时会选用轻松柔和的和语表达形式。以下是与汉语大致对应的和语表达:

汉语		和语
拝啓	＝	一筆申し上げます。
謹啓	＝	謹んで申し上げます。
急啓	＝	取り急ぎ申し上げます。
前略	＝	前略お許しくださいませ。
拝復	＝	ご返事さし上げます。
再啓	＝	重ねて申し上げます。

另外,"年賀状""時候見舞い""死亡通知""弔慰状"不需要"頭語"。

"頭語"一般不空格,顶格写。"頭語"后空一格,写"時候の挨拶"等。如果信的内容较少,"時候の挨拶"也可以另起一行,并开头空一格写。

2. 時候の挨拶

"時候の挨拶",即季节问候。一般是写信时根据当时当地的季节、气候以及大自然的变化情况写。"時候の挨拶"一般根据月份的不同有一些固定的说法。(参照课件中附录一)

如果发信人和收信人相隔甚远,发信人不了解对方的季节气候时,一般用推测的语气,如:

★こちらは今なお雪に埋もれておりますが、御地は既に桜が満開のころと存じます。

★こちらはようやく春めき、昨今はうららかな日も続くようになりました。御地は既に山々の若葉の目にまばゆいころと存じます。

3. 安否の挨拶

"安否の挨拶"分为"相手方の安否を尋ねる/问候对方、问安"和"自分側の安否を伝える/报平安"两种。

问候对方、问安,多用询问或推断的表达形式,类似"最近身体如何""是否依然健康""想必愈发康泰"等。最常用的说法有:

★その後お変わりも無くお過ごしでしょうか。お伺い申し上げます。
★近ごろいかがお過ごしでしょうか、お尋ね申し上げます。
★朝夕相変わらずお元気でおいででしょうか、お伺い申し上げます。
★皆様にはますますご壮健にてご精励でしょうか、お尋ね申し上げます。
★〇〇〇〇にはますますお元気にてご活躍のことと存じます。
★その後お変わりも無くお過ごしの由、お喜び申し上げます。

➡ **常用词语**
　① その後、近ごろ、朝夕
　② 皆様、皆々様、ご一同様、貴家、御家
　③ ますます、いよいよ、ひとしお、いつもながら、一段と、一層、相変わらず
　④ 健勝、慶福、清健、清勝、壮健、多幸、多福、多祥、発展、繁栄
　⑤ ～の段、～の由、～の程、～の趣、～の条、儀、ご様子、ご日常、ことと
　⑥ お尋ね申し上げます、お伺い申し上げます、お喜び申し上げます、何よりと存じます、拝察致します、慶賀の至りに存じます、慶賀至極

如果对方是公司或机关等集体单位,问候对方最常用的说法是:
★ 貴店ますますご隆盛の段、お喜び申し上げます。
貴社、貴所、貴行、貴館、貴会、御店、御社、御会、御行
盛運、清栄、盛業、盛大、繁栄、繁盛、隆運、隆栄、隆慶、隆昌、隆祥

报平安,是发信人以感谢的心情向收信人报告自己或家人等的安否情况。但如果收信方是公司或机关等集体单位,以及第一次给对方写信时要省去此项。如果发信人方的安否状况不佳时,也要省略。

另外,如果发信人或自己的家人等作为第一人称出现,要用小一号字体。常用说法有:
★ お陰様で、当方も元気で過しておりますので、ご安心ください。
★ お陰さまで、私も毎日元気で勉学を続けておりますので、ご心配しないでください。
★ お陰様にて、私ども一同無事過しておりますので、他事ながらご休心の程、お願い申し上げます。
★ お陰をもって、当方一同変わりなく消光しておりますゆえ、余儀ながらご放念の程、お願い申し上げます。
★ なお、家内一同相変わらず通勤に励んでおりますので、ご心配くださらぬよう、お願い申し上げます。
★ くだって、小生儀幸い例によって、大過なく勤務に励んでおりますので、ご休心の程、お願い申し上げます。

4. 感謝の挨拶

"安否の挨拶"之后,要写"感謝の挨拶",对平素给予关照的人表示感谢。常用说法是:
★ 日ごろは何かとお世話になっておりますこと、厚く御礼申し上げます。
★ 先日は突然お伺いしたにもかかわらず種々ご高配にあずかり、厚く御礼申し上げます。
★ 昨日は心ならずもご迷惑をお掛けいたしましたこと、厚く御礼申し上げます。
★ 先日は娘のことにて何かとご心配いただき、お礼の言葉もございません。
★ 過日御地にお邪魔の節は一方ならぬお世話に接し、厚く御礼申し上げます。

➡ 常用词语
① 当方、当方一同、当方皆々、小生儀
② 日ごろは、毎度、平素は、何時も、常々、従来、過日は、永年、多年、このたびは、このほどは、かねて、先日は、昨日は、先月来、昨年来
③ 何かと、いろいろと、とかく、折に触れて、何くれと、何やかやと、数々の、格別の、過分の、ご懇切な、一方ならぬ、並々ならぬ
④ お世話になっておりますこと、お世話になり、ご厚情にあずかり、ご懇情に浴し、お志を賜り、お心にお掛けくだされ、ご芳志に浴し、ご援助をいただき、ご教示を賜り、ご指導をいただき、ご配慮にあずかり
⑤ 厚く御礼申し上げます、心から感謝しております、感謝至極に存じます、お礼の申し上げようもございません、感謝の言葉もございません、深く深く感謝しております、誠にありがとうございます

5. いろいろな陳謝

"陳謝"的意思是"事情を述べてわびること"，即表示歉意、道歉，也有的把这一部分叫做"陳謝のあいさつ"。如果是长时间不写信、疏于问候，要写"疎遠の陳謝"。常用说法有：
★ その後久しくご無沙汰いたしましたこと、心からお詫び申し上げます。

➡ 常用词语
① その後久しく、その後しばらく、一別以来、先秋以来、平素はとかく、日ごろは
② ご無沙汰いたしましたこと、心ならずもご無音に打ち過ぎましたこと、雑事に追われてご疎遠を重ね、ご疎遠の相成り、打ち絶えてご無沙汰いたし、存外のご無縁にて過ごし、お便りも差し上げず
③ 心からお詫び申し上げます、衷心よりお詫び申し上げます、まことに申し訳ございません、誠に恐縮に存じます、深くお詫び申し上げます、今更ながらお詫びの言葉もございません、汗顔の至りに存じます、お許し下さるようお願い申し上げます

收到对方的信后，应当及时回信，但由于种种原因回信迟延时要写"遅延の陳謝"，表示迟复为歉。常用说法有：
★ 早速お手紙を差し上げなければならないところ、雑事に追われて延び延びとなり、まことに申し訳ございません。

➡ 常用词语
① 早速お手紙を差し上げなければならないところ、ご連絡いたすべきところと存じながら、～と気にかかりながら
② 雑事に追われて延び延びとなり、雑用が多く後れ後れになり、次々と仕事に追われて、つまらぬ仕事に追い回され

如果因工作或其他原因经常麻烦对方，要写"迷惑の陳謝"。常用说法有：
★ 何時も何かとご迷惑をお掛けし、お詫びの言葉もございません。
★ 平素何やかやとご迷惑なことを申し上げ、誠に恐縮に存じます。

★ 常常ご無理ばかり申し上げ、まことに申し訳ございません。
★ いろいろとお手数をお掛けし、こころからお詫び申し上げます。

6. 返信の挨拶

"返信の挨拶"是收到别人寄来的信以后回信时的种种问候。一般首先要写回信用"頭語"，即"拝復"，然后直接写回信的问候语。常用说法有：

★ このたびはご丁寧なお手紙、ありがたく拝見致しました。

➡ **常用词语**
① このたびは、ただいまは、昨日は、先日は
② ご丁寧なお手紙、ご懇篤なご芳書、ご親切なご書面、お心のお尽くしのお手紙、お急ぎのご速達
③ ありがたく拝見致しました、正に拝見致しました、確かに拝読いたしました、恭しく拝受いたしました、正に落掌致しました

一般认为，只有收到对方来信后才回信，但实际不然。有时接到对方电话、电报，甚至托人捎来口信，必要时也要写回信。如：

★ 先ほどご丁寧なお電話、うやうやしく拝受いたしました。
★ このたび〇〇〇〇様におことづけのお手紙、ありがたく拝承いたしました。

"返信の挨拶"除了省略"時候の挨拶"以外，也包括像去信时"安否の挨拶""感謝の挨拶"以及"陳謝のあいさつ"等，写法与去信时大致相同，不再重复。

7. 未見の挨拶

突然给未见过面、未曾相识的人写信是不礼貌的行为，所以"未見の挨拶"实际上是一种"未見の陳謝"，即对自己的失礼向收信人表示的歉意。一般是写完"拝啓""謹啓"等"頭語"之后，省略其他直接写。一般是以"いまだお目に掛かったこともございませんが，"开始，然后是"突然お手紙を差し上げる失礼、お許しの程、お願い申し上げます"。

★ いまだお目に掛かったこともございませんが、突然お手紙を差し上げる失礼、お許しの程、お願い申し上げます。
★ まだ拝顔の栄を得ませんが、当方〇〇〇〇と申す22歳の青年でございます。

➡ **常用词语**
① 突然、突然ながら、ぶしつけに、唐突ながら、始めて
② お手紙を差し上げるご無礼、お手紙にて申し上げる非礼、お手紙にてお邪魔させていただく不作法
③ お許しの程お願い申し上げます、ご容赦のほどお願い申し上げます、まことに申し訳ございません

接着是自我介绍，写明自己是由××××介绍的，或是××××教授的学生××××等。自己的名字一定使用规范汉字，难读的汉字还要注上读音，还要注意用小一号字写。常用说法有：

★ こちらは、かねて田中一雄様よりご紹介にあずかりました山本太郎と申す者でございます。
★ 当方は、既に田中様よりお聞き及びかと存じますが、山本太郎と申す者でございます。
★ 小生は、同封田中様ご紹介状の山本太郎と申す者でございます。
★ 私は、早稲田大学法学部を〇〇年に卒業いたしました山本太郎と申す者でございます。
★ 私は、早稲田大学法学部に在学中の山本太郎と申す学生でございます。
★ 当方は、〇〇株式会社に勤務しております山本太郎と申す青年でございます。
★ こちらは、〇〇〇〇様にお世話になっております山本花子と申す主婦でございます。

给不曾相识的人写信,更多的场合是写信人对收信人有所了解,而收信人对写信人并不熟悉。这时的"未見の挨拶"要如下写：

★ ご芳名はかねて承知しておりますが、当方は……。
★ ご尊顔は幾たびか拝し、ひそかに敬服しておる者でございますが、当方は……。
★ ご高著はかねがね拝読しておりますが、当方は……。
★ 最近のご活躍をひそかにお慕いしておりますが、当方は……。

也有的场合写信人和收信人过去曾经见过面,但由于长时间疏于联系相互淡忘,这时信的开头要写一些提醒对方的话。如：

★ 既にご記憶にはないかと存じますが、当方は……。
★ 以前確かに京都にてお目にかかったことがあるかと存じますが、当方は……。
★ 平素は年賀状のほかご無沙汰ばかりしておりますが、当方は……。

然后进入正文,常以"さて、このたびお手紙を差し上げますのは、ほかでもございません、実は……。"。

二、主文

"前文"结束之后就是"主文"。"主文",即信的正文,是信的关键性内容所在。因此,收信人一般要认真阅读"主文"部分,有的甚至只看"主文"。

"主文"的开头是"起辞",日语叫"おこしことば"。"起辞"主要作用是转换内容,告知收信人以下为此信的关键性内容。

1. 起辞

常用的"起辞"有"さて""ところで""ついては""つきましては""しかるところ"等,一般另起一行空一格写。一般根据"前文"涉及的内容不同,选用不同的"起辞"。另外,"起辞"又根据"主文"涉及的内容不同,形成一些固定的搭配形式。如以"さて"为例,介绍以下几种。

如果"主文"涉及的内容是一般内容,常用的搭配形式有：さて、このたびは……、さて、

今回は……、さて、ただいまは……、さて、早速ながら……、さて、いよいよ……。

如果"主文"涉及的内容是让对方感到事出突然的事,常用的搭配形式有:さて、実は……、さて、突然ながら……、さて、唐突ながら……、さて、まことに突然ではございますが……、さて、突然に失礼とは存じますが……。

如果"主文"涉及的内容是与发信人本身有关的事,常用的搭配形式有:さて、私こと……、さて、小生こと……、さて、私儀……、さて、私どもこと……、さて、愚弟次郎こと……、さて、父太郎こと……。

如果"主文"涉及的内容是与收信人本身有关的事,常用的搭配形式有:さて、そちら様には……、さて、皆様には……、さて、ご一家皆様には……、さて、ご令室様には……、さて、ご令兄様には……、さて、ご祖父様には……、さて、先生には……。

如果"主文"涉及的内容是与过去某事有关,常用的搭配形式有:さて、お申し越しの件……、さて、過日の件……、さて、かねてお話しの件……、さて、顧みれば……、さて、かねて……、さて、従来……。

如果"主文"涉及的内容是根据传闻了解的事,常用的搭配形式有:さて、承れば……、さて、ほのかに承れば……、さて、伺うところによれば……、さて、新聞によれば……、さて、田中様よりのご書面によれば……、さて、テレビのニュースによれば……。

2. 主文

"主文",是信的关键所在,因为信的主要内容在"主文"部分写。虽然信的内容各种各样、千差万别,但作为社交书信大致有一个固定的格式,哪一类的信怎么写,只要参照本教材中相关章节的范例套用,都能写好。除此之外还要特别注意以下几点:

1) 注意文字的排列和字号的大小

写信与写其他文章不同,文字空格与换行有其专门的要求。如收信人的姓名、或上冠表示尊敬义接头词"御、貴、尊、ご、お"的词语不能排在一行的末尾,反之"が、の、に、を、は、も、から、さえ"等助词,以及像接续助词一样使用的表示原因、理由、传闻的"間、趣、由、旨、程"等词不能排在一行的最前面,要尽量调整语句或字距使之达到要求。

人名、地名、事物名称,以及表示金额的数字不能跨越两行。固定结构的词语中数字要用汉字数字,不用阿拉伯数字,如:

日语数词:一つ、二つ、三つ、一月(ひとつき)、一昨年
概数词:十数人、数千人、数十倍、三十余人、百人以下、十日以降
货币:百円玉、千円札、一万円札
专用名词:四国、九州、廿日一、五十鈴、山本五十六、第八十八銀行
固定词组:第三者、一酸化炭素、三角関係、日本一、百人一首、七五三、尺八、八百屋、十重二十重、十中八九、三々五々、四捨五入

"主文"中出现"私""小生"等代名词时,要用小一号的字,以表示对对方的尊敬。

2）注意正确使用和书写汉字

一定要注意使用规范汉字，杜绝使用生僻字、简笔字，更不能随意造字，对没有把握的汉字一定要查字典。母语为汉语的人不能用汉语中的汉字代替日语汉字。特别是收信人的姓名、地址更不能出现错字，那样太失礼。

最近，利用电脑或打字机将信的内容打印好，手签名字的现象比较普遍。但手写比打印更显郑重，重要场合一定要手写，字写得不好没关系但一定注意字体工整。

3）注意正确使用敬语和自谦语

➡ **常用敬语**

御（おん）——御地、御地方、御社、御状、御所、御書
貴（き）——貴地、貴社、貴市、貴店、貴宅、貴下、貴家、貴邸、貴簡、貴信、貴意、貴影、貴県下
尊（そん）——尊家、尊邸、尊書、尊意、尊影、尊父
令（れい）——令嗣、令息、令嬢、令弟、令兄、令室
芳（ほう）——芳書、芳信、芳情、芳志、芳思、芳名
高（こう）——高堂、高見、高説、高配、高覧、高承
その他——玉影、玉声、玉札、華状、宝墨、懇書、盛宴、厚志、佳品、美果、卓説、雅居

➡ **常用自谦语**

当（とう）——当地、当社、当市、当方、当店、当県下
弊（へい）——弊社、弊店、弊地、弊郷、弊信、弊家
小（しょう）——小社、小著、小宴、小邸、小屋、小宅
拙（せつ）——拙宅、拙店、拙所、拙著、拙見、拙墨
愚（ぐ）——愚妻、愚見、愚考、愚息、愚書、愚弟
粗（そ）——粗品、粗茶、粗菓、粗酒、粗餐、粗膳
卑（ひ）——卑見、卑職、卑札、卑墨、卑書、卑簡
その他——一筆、一書、寸書、短簡、微志、微力、薄志、薄謝

4）注意检查和修改所写内容

信写完之后，一定要反复阅读、认真检查修改。特别是对人名、地名，以及布局行文、遣词造句，还有"頭語"和"結語"是否对应，文体是否前后统一等认真检查修改。特别是重要信件，不要急于投寄，要经过深思熟虑检查修改后再寄。

三、末文

"主文"之后是"末文"，包括"結びの挨拶"和"結語"两大部分。

1. 結びの挨拶

"結びの挨拶"也叫"終わりの挨拶"，一般另起一行空一格写。包括种种"陳謝"和"挨

拶"等。

1）乱筆・悪文の陳謝

"乱筆"（らんぴつ）是指字体潦草，书写不工整，是自谦表达的一种。常用说法有：
★ 以上、乱筆にて失礼致しました。
★ 以上、取り急ぎ乱筆のため、まことに恐縮に存じます。
★ 以上、拙筆の上に急ぎましたこと、幾重にもお詫び申し上げます。
★ 以上、生来の悪筆のため、よろしくご判読の程、お願い申し上げます。
★ 以上、心せくままに走り書きましたこと、お許し下さるようお願い申し上げます。
★ お分かりにくいところが多いかと存じますが、まことに申し訳ございません。

"悪文"（あくぶん）是指词句艰涩，文不达意，也是自谦表达的一种。常用说法有：
★ 以上、悪文にて失礼致しました。
★ 以上、取り急ぎ悪文のため、まことに恐縮に存じます。
★ 以上、長々と勝手なことばかり書き連ねましたこと、お許し下さるようお願い申し上げます。
★ 以上、何分にも取り急ぎましたので、まことに恐縮に存じます。
★ 文脈が前後しお見苦しいかと存じますが、まことに申し訳ございません。
★ 以上、乱筆、悪文にて失礼致しました。
★ 以上、拙筆の上悪文のため、幾重にもお詫び申し上げます。

2）迷惑の陳謝

"迷惑の陳謝"有三种情况，一是由于写信人给对方写信打扰了对方，特别是给不曾相识的人写信时，要写"迷惑の陳謝"表示歉意。二是写信人有事要委托对方，为此给对方带来麻烦，对此表示歉意。三是对方有事拜托，而写信人未能使对方如愿，对此表示歉意。常用说法有：
★ 以上、長々と勝手なことばかり書き連ね、まことにご迷惑と存じますが、何とぞあしからずおぼしめしの程、お願い申し上げます。
★ 以上、失礼をも顧みずいろいろ申し上げましたこと、何とぞお許し下さるよう、お願い申し上げます。
★ 以上、ご無理なことばかり申し上げ、いろいろとご迷惑をお掛けいたしましたこと、幾重にもお詫び申し上げます。
★ 以上、勝手なお願いを申し上げ、さぞご迷惑なことと存じますが、何とぞご寛容の程、併せてお願い申し上げます。
★ 以上、折角のご好意を無にし、まことにもうしわけございませんが、何とぞ事情ご推察の上お許し下さるよう、お願い申し上げます。
★ 以上、お心に添えずまことに心苦しく存じますが、何とぞご寛容の程、お願い申し

上げます。

3）後日の約束

社交书信，有时根据"主文"内容需要，其更多或细微内容需要日后或再次写信，或当面说明，或电话解释，这时要写"後日の約束"，约定日后联系方式和时间。常用说法有：
- ★ 委細は、後日ご拝顔の折に申し上げたいと存じます。
- ★ 詳細は、いずれ近日中にお目にかかり申し上げる所存でございます。
- ★ 詳しくは、近い内にお電話でご報告させていただきます。
- ★ 詳細については、近々次便にてご連絡いたしたいと存じます。
- ★ 今後の経過については、その都度お電話にて詳しく申し上げます。

4）返信の請求

"返信の請求"即请求对方回信。像委托信类写信人需要收信人就委托事项回复，这时信中就要写"返信の請求"。常用说法有：
- ★ 恐縮ながら、折り返しご返信をいただきたく、よろしくお願い申し上げます。
- ★ お手数ながら、本状ご入手次第何分のご返事を賜りたく、伏してお願い申し上げます。

➡ **常用词语**

① 恐縮ながら、ご迷惑ながら、お手数ながら、恐縮ではございますが、ご迷惑とは存じますが、ご面倒でも、ご多用中まことに恐れ入りますが
② 折り返し、至急、来る二十五日までに、来週中、今月中
③ ご返信、ご返事、ご返書、ご回答、ご諾否、貴意、お電話、ご一報
④ を賜りたく、をいただきたく、をくだされたく、を得たく存じ、を承りたく
⑤ お待ちしております、待望しております、を賜れば幸いと存じます

如果是写信人希望对方来人时，上述③可以改换为：

⑥ ご来訪、ご光来、ご来社、ご来車、どなたかに、ご都合の付く方に

5）愛顧の挨拶

写信人希望收信人以后继续关照时，要写"愛顧の挨拶"。"愛顧の挨拶"经常以接续词"なお"开始。常用说法有：
- ★ なお、今後ともよろしくお願い申し上げます。
- ★ なお、今後とも何とぞご高配を賜りますよう、切にお願い申し上げます。
- ★ なお、今後とも何とぞ事情ご了承のうえ、ご協力を賜りますよう、よろしくお願い申し上げます。
- ★ なお、今後ともご期待におこたえするよう努める所存でございますので、何とぞよろしくお願い申し上げます。

➡ 常用词语
① 今後とも、将来とも、引き続き、末永く
② 何とぞ、何かと、変わりなく、これまで同様、旧にもまして、倍旧の、一層
③ ご高配、ご指導、ご愛顧、ご厚情、ご鞭撻、ご支援、ご援助、ご力添え
④ を賜りますよう、を頂きますよう、くだされますよう、を賜りたく、を仰ぎたく、にあずかりたく、〜の程
⑤ 切にお願い申し上げます、重ねてお願い申し上げます、伏してお願い申し上げます、謹んでお願い申し上げます、心からよろしくお願い申し上げます、心からお願いする次第でございます、謹んでお願い申し上げごあいさつと致します

6) 自愛の挨拶

社交书信中的"自愛",意思是"自分を大切にすること。自分の健康状態を気を付けること"。因此"自愛の挨拶"是写信人祝愿收信人及其家人身体健康的词语。最简单的就是"どうぞお体お大切に"。常用说法有：

★ 時節柄、お風邪など引かれぬよう、お祈り申し上げます。
★ 寒さ厳しい折から、一層ご自愛のほど、お祈り申し上げます。
★ 秋冷えが日増しに加わります折から、お体お大切にとお祈り申し上げます。
★ 末筆ながら、先生のご健康をお祈り申し上げます。
★ インフルエンザが流行っているそうですので、くれぐれもお体をお大切に。

➡ 常用词语
① 酷寒の折から、猛暑の折から、不順の折から、梅雨の候、向寒の候、暑さも厳しいこのごろ、期末ご繁忙のこのごろ、年末ご多忙の折から、末筆になりましたが
② 一層、ますます、いよいよ、ひとしお、なお一層、一段と、くれぐれも
③ ご自愛の程、ご自重のほど、ご加養、ご自愛くださるよう、一層のご自愛、ご自愛専一の程、お体お大切に、お体をお大事になさるよう
④ 心からお祈り申し上げます、衷心よりお祈り申し上げます、切にお祈り申し上げます、ご念じ申し上げます。

"自愛の挨拶"不仅对收信人本人,有时还向其家人祝健康。如：
★ 末筆ながら、貴家ますますのご健勝をお祈り申し上げます。
★ 末筆ながら、貴居ますますのご発展をお祈り申し上げます。

➡ 常用词语
① 貴家、御家、皆様、皆々様、ご一同様
② ご自愛、ご健勝、ご慶福、ご清祥、ご壮健、ご多幸、ご多祥、ご発展、ご雄健

7) 発展の挨拶

如果去信不是给个人,而是公司、商社、学校等集体单位,就不能写"自愛の挨拶",而要写"発展の挨拶",祝愿对方单位兴旺发达。常用说法有：

★ 末筆ながら、貴店一層のご隆盛をお祈り申し上げます。
★ 季節柄、貴社ますますのご発展をお慶び申し上げます。

⇒ 常用词语
① 貴校、貴行、貴舘、貴会、貴舗、お店、御社、御所、御会
② ご盛運、ご盛業、ご盛大、ご繁栄、ご繁盛、ご隆栄、ご隆慶

8）伝言の挨拶

"伝言の挨拶"是写信人请收信人转达问候或代为问候。又分两种情况，一是写信人直接请求对方转达问候，如"奥様にもよろしく"；二是写信方某人委托转达问候，如"父からも奥様によろしく"。常用说法有：

★ ご尊父様にもよろしくお伝えくださるよう、お願い申し上げます。
★ 父からもご尊父様によろしくお伝えくださるよう、お願い申し上げます。
★ 父からもくれぐれよろしくとのことでございます。
★ 父からも、この際十分ご静養くださるようにとのことでございます。
★ いろいろお世話になりました皆々様にも、お伝えくださるよう、お願い申し上げます。
★ 末筆ながら、いつもお世話になっております奥様にも、よろしくお伝えいただけますよう、お願い申し上げます。

⇒ 常用词语
① ご令尊様、ご母堂様、ご両親様、ご祖父様、ご祖母様、ご令室様、ご令夫人様、奥様、ご主人様、お子様、ご家族の皆様、ご令嬢さま、ご令姉様
② よろしくお伝えくださるよう、よろしくご伝言の程、しかるべくご伝声の程、ご伝達の程、くれぐれもよろしく、万事よろしく、いろいろよろしく
③ お願い申し上げます、お願いたしたいと存じます
④ よろしくとのことでございます、よろしく申し上げるようにとのことでございます、ようにとの伝言でございます

9）要旨のまとめ

"要旨のまとめ"是对"主文"内容高度概括的部分，它的作用是最后提醒收信人去信的内容和目的，收信人不看"主文"只看"要旨のまとめ"便知来信内容和目的。所以上述"结びの挨拶"中的1—8都可以根据去信的内容省略其中一部分，但"要旨のまとめ"部分不能省略。"要旨のまとめ"一般另起一行空一格写。竖写时开头为"右、とりあえず……"或"まずは右"，横写时省去"右"。常用说法有：

★ 右、とりあえず御礼申し上げます。
★ 右、取り急ぎご報告まで。
★ まずは、書中にて御礼まで。
★ まずは、略儀ながら書中をもちまして御礼申し上げます。

★ まずは、略儀ながら書中をもってお祝い申し上げます。
★ 略儀ではございますが、書中をもってご挨拶申し上げます。
★ 以上、用件のみ、伏してお願い申し上げます。
★ とりあえず書中をもって御礼申し上げます。
★ まずは、謹んでご案内申し上げます。

➡ **常用词语**

① 右、まずは、ここに、まずは右、以上ここに、まずはここに、以上、この段
② とりあえず、取り急ぎ、簡略ながら、略儀ながら、失礼ながら、恐縮ながら、延引ながら、遅ればせながら、一筆、とりあえず書中にて、書面をもって
③ 御礼、ご挨拶、ご通知、ご連絡、ご報告、お見舞い、ご案内、ご紹介、ご照会、ご返事、ご依頼、ご承諾、ご請求、ご勧誘、ご相談、ご激励、ご注意、お願い、お祝い、お断り、お詫び、お知らせ、お悔やみ、用件のみ、要用のみ
④ 申し上げます、と致します、とさせていただきます、まで申し上げます、まで

如果信中内容涉及两件事，一般以"ご挨拶かたがたお願い""御礼を兼てご連絡"的形式写。

2. 結語

"結語"与"頭語"相对，是写在最后面的寒暄话。假如说"頭語"相当于拜访他人时在入口处说的"ごめんください"的话，"結語"就是离开时说的"さようなら"。

一般根据信的内容"頭語"和"結語"大致上对应使用，即前面用了什么"頭語"末尾相应要用什么"結語"。

常用"頭語"和"結語"列表如下：

手紙の種類	頭語	結語	注
通常の手紙	拝啓、拝呈、啓上	敬具、拝具、拝白	最常见的对应用法。
再度出す手紙	再啓、再呈、再白、追啓	敬具、拝具、拝白	
儀礼的な手紙	謹啓、敬上、粛啓、恭啓、謹呈	敬白、謹白、謹言、再拝、頓首再拝	「謹啓」与「敬具」亦可对应使用。
急用の手紙	急啓、急呈、急白	草々、早々、忽々、不一	现在多用「草々」「不一」。
前文省略の手紙	前略、冠省、略啓	草々、忽々、不一、不具、不悉、不尽、不宣、不備	
返事の手紙	拝復、拝答	敬具、拝具、拝白	最常见的对应用法。
儀礼的な返信	復啓、敬復、謹答、拝披	敬白、謹白、謹言、再拝、頓首再拝	亦可使用「敬具」。
女性の手紙	拝啓、一筆申し上げます	かしこ、かしく、あらあらかしこ	女性亦可使用「敬具」。

四、後付け

"前文""主文""末文"之后是"後付け",其中包括"日付け""署名""宛名""わき付け"等。

1. 日付

"日付"即写信的日期,在日本一般多按日本年号,如"昭和五十二年三月二日""平成二十三年五月十五日"来写,国际信件多按公历的写法,如"二〇一二年三月三日"。亲友间也可以写成"弥生尽日(三月三十一日)""クリスマス・イヴの夜""成人式の前夜"等。但数字一般用汉字数字,尤其竖写时不用阿拉伯数字。重要书信有时还要用大写汉字数字,如"平成弐拾参年伍月拾伍日"。"日付"也要另起一行,竖写时由上空一格或两格,横写时由左空一格或两格写。

2. 署名

"署名"也叫"発信者名",即写信人的署名。"署名"要写在"日付"一行的末端或另起一行,竖写时由下空一格或两格,横写时由右空一格或两格写,和"敬具"并齐。"署名"要注意以下几点:

1) 社交书信,署名一定要写完整,如"田中太郎"等;亲朋好友或家人之间可以省去姓,如:"太郎より""父より"等。

2) 要注意正确使用人名用汉字,杜绝使用生僻字、简笔字,更不能随意造字,注意字体工整。

3) 如果信的内容是电脑打印,署名一定要手写。

4) 如果是由他人代笔写的信,署完发信人姓名后,要在其名字的左下方用小一号字写上"代"或"代筆"字样。如果是妻子为丈夫代笔也可以写成"内"。

孩子家长因故给孩子学校老师或班主任写信时,要写"田中太郎の父"或"田中太郎の母"。

毕业已久的学生给自己的恩师写信时,为使恩师马上明白发信者何人,一般要写"平成二十一年 文学部卒"等。

如果是集体联名写信,主要责任人署名后,在其名字的左下方用小一号字写上"外クラス一同"或"外会員一同""外十五名"等。

总之,署名一定要让收信人马上明白发信者为何人。

3. 宛名

"宛名",即收信人姓名。收信人姓名也要另起一行,空一格,用大一号的字写,一般姓和名之间空一格。要注意以下几点:

1) 社交书信,收信人姓名一定要写完整,并带敬称,如"田中太郎様"等;亲朋好友或家人之间可以省去姓,如:"太郎さま""御父上様"等。

2) 要注意正确使用人名用汉字,杜绝使用生僻字、简笔字,更不能随意造字,注意字体

工整。

日本人名用字中同音多字现象非常普遍，如"梅"和"楳"都读"うめ"，"澤"和"沢"是繁简不同的同一个字，都读"さわ"，"大田"和"太田"都读"おおだ"，"坂口"和"阪口"都读成"さかぐち"。又由于习惯或某种原因有的人名选择不同的字体，如"齋藤"与"斉藤""嶋岡"与"島岡""濱田"与"浜田"等，书写收信人姓名时一定要认真核实，以免写错收信人姓名而失礼。

3) 如果收信人为复数，就要按收信人的职务、年龄、长幼的顺序一次写。如是夫妻就在丈夫姓名的左侧写上"御奥方様"或"ご令室様"；如是一家人就在家长姓名左侧写上"御一同様""ご令息様""ご令嬢さま"等。

4. 敬称

"敬称"，这里指写在收信人姓名后的称呼。常用"敬称"词语如下表：

敬称	受信者	注
様	敬称としては、最も一般的な形である。目上、同輩、目下、又は男女の区別もなく、用いることが出来る。	给下级或家人写信时可以写假名「さま」。
殿	公用文や商業文で用いる。但し、商業文でも一般顧客に対しては「様」である。社交手紙の場合は、目上に「様」、目下に「殿」と区別したこともある。現在は目下に対しても「様」がよい。	
君	友人や目下の男子に対して用いるが、社交手紙としては用いない。	给朋友写信时还可以写「兄」「雅兄」「大兄」「学兄」「賢兄」，但一般多用「様」。
先生	恩師などをはじめ、医師、弁護士、代議士、牧師、僧、書家、画家などに対し、敬意を込めて用いることがある。	「先生様」等于敬称重复，不这样用。
各位	同一性格の多数の者に対して出す場合に用いる。例えば「会員各位」など。	

5. わき付け

在收信人姓名下加敬称，是较常见的形式。但如果要对收信人进一步表示敬意，就要在收信人姓名左侧写上"わき付け"。增加"わき付け"的意思是"直接その人にあてるのが失礼だとし、そのそばにいる秘書役を通じて届ける"。常用"わき付け"如下表：

受信者	わき付け	注
目上に対して用いる。	侍史、台下、尊下、閣下、貴下、玉机下	秘書役を通じて届けると言う意味。
同輩に対して用いる。	机下、机右、座右、座下、案下、足下	机の下に置くという意味。
女性の場合に用いる。	御前、御前に、みもとに、みまえに	その前に置くという意味。
会社、官庁、学校、団体などにあてる場合に用いる。	御中	「御中」也是写在信封上的"わき付け"。

五、副文

"副文",顾名思义是"主文"的追加部分,也有的把它叫做"添え文"或"添え書き"等。"副文"一般放在信的最后,即"宛名"后空一行或两行,竖写时由上空一格或两格,用小一号字写,以区别于"主文"。其主要作用如下:

1)对"主文"中遗漏的内容进行追加。如信写完之后,在阅读检查时发现要写的内容有所遗漏,这时可以通过"副文"的形式追加。

2)提醒或引起收信人的注意。如去信中有特别需要提醒或引起收信人注意的内容时,发信人特意用"副文"的形式引起收信人的注意。

3)使信的内容层次鲜明、简洁易懂。如要写的内容太多,如果全部写入"主文"会让收信人感到主次不分、繁杂冗长,这时要将重要内容写入"主文",次要内容写入"副文"。

"副文"中也有"頭語"和"結語",但多数场合只写"頭語"而省去"結語"常用的有:

手紙の種類	頭語	結語	注
通常の手紙	追って、なお、なおなお、なおまた	以上	「追って」的意思是「付け加えて申し上げます」。
儀礼的な手紙	二伸、追伸、追白、再白、再伸	再拝	「二伸」的意思是「再び申し上げます」。

副文常用说法有:

★ 追って、準備の都合もございますので、ご出席の有無、来る五月二十日までにご一報下さるよう、お願い申し上げます。

★ 追って、当地の果物少々、別便をもってお送りいたしましたので、ご笑納いただければ幸いと存じます。

★ 二伸、お礼のしるしまでに、別便をもって当地の味少々お送りしました、ご笑納いただければ幸いと存じます。

★ 二伸、別便をもって、ご子息様あて万年筆一本お送り致しましたので、ご受納の程、お願い申し上げます。

第三节　信纸与信封

在日本,写信使用的信纸和装信用的信封,都有统一规定的格式和尺寸,可以随时到商店购买使用。信纸的日语是"便箋"(びんせん),信封的日语是"封筒"(ふうとう)。

一、便笺

一般社交书信使用的信纸是带格或划线的白色纸,大小同 B5 纸型。信纸如果过于高级会给人奢侈感,过于粗糙又让人感到寒酸,所以多选用中上等的质料。航空信使用的信纸因为考虑到信的重量问题,多选用较薄一些的纸张。

社交书信一定要使用专用信纸，不能用稿纸或打印纸代替。机关学校、公司企业一般都有印着本单位名称的专用信纸，私人信件为避免收信人误解，尽量不用。

社交书信一般要求一次使用两张以上信纸为好，所以内容如果不是太少一定要适当调整，使之跨越两张信纸。但是如果内容实在太少，只能写满一张信纸，装入信封时也要将另一张相同的空白信纸放在下面叠在一起装入，以示郑重。

信纸装入信封时，一定要将有字的一面叠入内侧。

社交书信要求"後付け"部分，即写信日期、发信人姓名以及收信人姓名不能出现在信纸的开头一行，如果正好遇到这种情况，也要将前面的"末文"部分内容进行添加或调整，使"後付け"部分尽量往下延伸，避开开头一行。

总之，信的内容有长有短，但是在使用信纸时一定注意调整，使其达到最佳状态。

社交书信不仅对信纸，对笔墨也有要求。过去多用毛笔，现在可利用的笔很多，有钢笔、圆珠笔或各种水性笔，笔的粗细也各不相同，但严格要求不能用铅笔写信。

笔的颜色，以蓝黑为好，单用黑色或蓝色亦可。黑色给人庄重之感，蓝色显得清新明快，可以根据信的内容选择适当的颜色，但是不能使用红色笔写。

二、封筒

社交书信使用的信封主要有两种，一是传统的日本式竖写的"縦封筒"（たて ふう とう），二是横写的"角封筒"（かく ふう とう）。除此之外就是一些专用信封，如"航空郵便用封筒""現金書留用封筒""窓付き長封筒"等，多为横写。

标准的竖写用信封长度为(20.5×宽 9)厘米，横写用信封长度为(16×宽 11.5)厘米，普通信封的颜色多为白色，公务用信封多为茶色或浅黄色，印有图案或小型信封多为女性用信封。但是小型信封规定长度也不能小于(14×宽 9)厘米。

竖写信封有单层和双层之分。双层信封是封内增加一层蓝色的薄纸，防止信封透明，增加郑重感，特别是给长辈、上级、恩师写信时多用双层信封。但是，收信人遇到不幸事件时，为避免不幸重复发生，忌讳使用。

1. 封筒の書き方

信封的写法，一般信封正面右侧由上至下写收信人的邮政编码、详细地址、收信人姓名等。收信人姓名一定要用大一号字写，具体该用几号字还要根据地址的字数多少决定。收信人姓名后也要写敬称，其敬称用法与"後付け"部分敬称相同不再重复。在信封上写收信人的邮政编码、详细地址、收信人姓名时，一定要用和写信的内容相同的颜色的笔写。

背面上写发信人的邮政编码、详细地址、发信人姓名等。如：

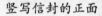

竖写信封的正面　　　　　　　竖写信封的背面

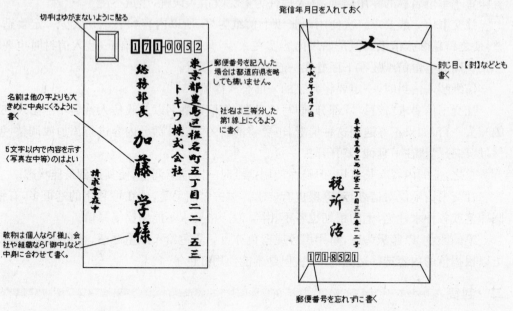

横写信封的正面

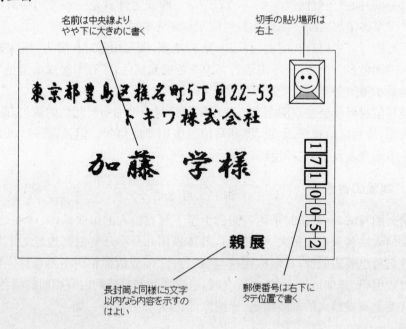

横写信封的背面

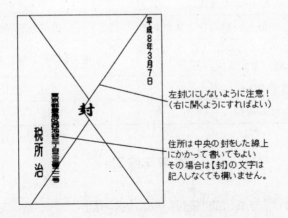

2. 封筒用わき付け

"わき付け"有两种，前面已在"後付け"中介绍了写在"敬称"左侧的"わき付け"，这里要介绍的是写在信封上的"わき付け"。写在信封上的"わき付け"，其主要作用是提前告知收信人信中内容，即收信人拿到信后在开封以前，看到"わき付け"就会大致了解来信内容。下面是信的种类与"封筒用わき付け"一览表：

手紙の種類	わき付け	注
重要でも緊急でもない通常の手紙	平信、平安、無事、	也可以不写。
返事の手紙	拝答、返信、御返信、貴答、奉答、貴酬	也可以不写。
他見を禁ずる手紙	親展、必親展、直披、御親展、御直披	
急用の手紙	至急、急用、大至急	
重要な内容の手紙	要信、要用、至用	
返事を要求する手紙	求返信、待貴答、待貴報、乞返信	
公用の手紙	御中、公用、公信、公務用、官用、社用、商用	给机关团体发信时多用"御中"。
人に託す手紙	使状、使信、幸便、○○○○君に託す	
人を通して手渡す手紙	気付	汉语的"转交"之意。
内容を明示する手紙	御礼、御願、御弔辞、○○在中	「写真在中」等
紹介される本人が持っていく手紙	持参、拝託○○○○	「拝託田中氏」等

3. 封じ目

信封写好以后，装入信纸，最后要将信封好。封信一定要使用浆糊，不得使用透明胶带或订书机。

信封好之后，在封口处写上"封字"，常用"封字"有：

封字の種類	手紙の種類	注
〆	シメと読む。最も一般的な封字である。	也可以写「締」「封」等汉字。
緘	カンと読む。「口を閉じる」と言う意。重い場合に用いる。	也可以写「封緘」「緘封」「厳緘」等汉字。
寿、賀	祝儀の場合に用いる。	但是一般社交书信不用。
つぼみ	女性の場合に用いる。	也可以写「蕾」「莟」等汉字。

思考与练习

1. 公用文的"前付け"与书信的"後付け"有什么不同?
2. 往复公用文和许可证、证明书、奖状、感谢状等公用文在格式上有什么不同?
3. 社交书信中,写在"前文"里的"陳謝"与写在"末文"里的"陳謝"有什么不同?
4. "わき付け"有两种,有哪两种? 有什么不同?
5. 在什么样的情况下写信"わき付け"用"気付"?

第二章
常 用 条 据

概 述

　　条据,就是作为凭证的条子。在日常生活以及工作和学习中,借到、收到、领到或归还钱物时都要写张条子交给对方(个人或单位)作为凭证。当生病或因事必须缺勤、缺课、迟到、早退时,也要写张条子交给领导或老师加以说明。这些作为凭证的条子,我们在这里统称为条据。

　　条据,就其内容和性质,大致可分为凭证条据、说明条据和说明凭证条据等。条据的写法都有一定的格式,但不像公用文书那样严格。有的机关团体将各种条据印制成固定的表格,需要时只要按表格要求填写就行,既方便又正规。

　　条据,首先要写明该条据为什么而写。如借条,就在第一行的中间写上"借用証書",缺勤的假条就在第一行的中间写上"欠勤届"等。另外,还要写明该条据是写给谁的,一般要写上职务和姓名,姓名后加敬称"様"或"殿",同时还不要忘记写明年月日等。

第一节　凭证条据类

　　日语凭证条据类有"領収書""領収証""受領書""預り証""借用証書""保管証"等。

一、領収書（りょうしゅうしょ）、領収証（りょうしゅうしょう）

　　"領収書"和"領収証"(收条、收据)是收到的钱或物后写给对方的字据。收条一定要写明收到的是钱还是什么物品,如果收到的是钱,钱数一定要用大写。一般收到的金额超过三万日元时,收条上要根据金额的多少贴上印花税票。

例—1

```
                         領収書
                                              ○○年○○月○○日
    ○○協議会  御中
                                              住所
                                              氏名○○○○  [印]

        下記の金額を受け取りました。
        金＿＿＿＿＿＿＿円
            内訳  謝金＿＿＿＿＿＿円
                  所得税＿＿＿＿＿＿円
                  小かわせ料＿＿＿＿円
                  渡高＿＿＿＿＿＿円
            但し  ○○協議会委員手当
```

例—2

```
                         領収書
    金  弐万陸千円也
      但し  食料品一ヵ月分代金として上正に領収いたしました。
                                              ○○年○月○日
                                              ○○○○  [印]

    ○○○○様
```

例—3

```
                         領収書
    NO：                                       ○○年○○月○○日
    ○○○○ 殿
                         ┌──┬──┬─┬─┬─┬─┬─┬─┐
                         │  │  │¥│5│0│1│0│0│
                         └──┴──┴─┴─┴─┴─┴─┴─┘
    ☑現金   □小切手   □振込   □手形
    上記金額正に領収いたしました。
    但し  航空券代として。
                                              ○○交通株式会社
                                              責任者○○○○  [印]
                                              取扱者○○○○  [印]
```

➡ 例—4

```
                           領収証              NO: 202167
    _____様      ¥_____        ○○年○○月○○日
                                              ┌────┐
                                              │印 紙│
                                              └────┘
  但し、航空費・乗船費など
  ☑ 現金          株式会社　京都長城旅行社
  □ 小切手        京都市左京区一乗寺茶山町3—23
  □ 振込          〒666—5858　TEL 075—123—3210
```

➡ 例—5

```
                           領収証
    _____様
  金額_____
  但し、ご乗車代金
  ご乗車区間(        京都→大阪・関空        )
  上記のとおり領収いたしました。
  ○○年○○月○○日
  車番 J511                      社員名              [印]
  エムケイ株式会社                〒606—5999　TEL 075—312—3201
                                  京都市南区西九条68—86
```

➡ 例—6

```
                         貸家敷金領収証
  一、金        万円也
        名古屋市中野区若葉町1—123
           木造瓦葺二階建て住宅一棟
           床面積百二十五平方メートル
     前記家屋を賃貸いたしましたので、その敷金として前記金額確かに受領いたしまし
  た。この敷金は後日あなたが移転の場合、双方立会いの上故障なく家屋を明渡し、賃貸
  料延滞または建物造作に損害のないことを確認、本証書引換えに返金いたします。但
  し、この敷金のあることを理由とする賃貸料支払いの遅延は認めないものとします。
     また万一、故意過失による建物造作の焼失のときにはその損害の一部に充当すること
  をご了承いただきます。
     さらにまた、この敷金には利息等はいっさい付さないことを申し添えます。
        ○○年○○月○○日
           賃貸人 ○○○○ [印]
           賃借人 ○○○○ [印]
```

➡ 例—7

```
                    領収書
                                              ○○年○○月○○日
   国際交流基金　日本研究部長　殿
                                     受領日   ○○年○○月○○日
                                     機関名
                                     代表者名  ○○○○ 印

   ○月○日付貴信により送付された岩波書店版広辞苑（第5版）を3冊間違いなく受領
   しましたのでお知らせします。
```

➡ 例—8

```
                    受領書
                                              ○○年○○月○○日
   文化庁○○部○○課長　殿
                                     住所
                                     氏名
                                          ○○○○ 印

   図書を確かに受け取りました。
                  （記略）
```

二、借用証書（しゃくよう しょうしょ）

"借用証書"（借条）是从机关、团体或个人那里商借了钱或物品时，写给对方作为凭据保存的条子。钱或物品归还对方时，该条子要收回作废。

商借的内容是钱时，如果带利息，要写清楚是年息或月息是多少，如何支付利息等。商借的内容不管是钱还是物品，借条上都要写明归还日期。另外，还要写清楚如果到期不还，或在借用期间物品损坏时其责任和损失如何分担等。

➡ 例—1

```
                    借用証書
   金_____円也
    但し　利息1カ月○分
    上記の金額確かに借用いたしました。
    ついては、元金は○○年○○月○○日、利息は毎月末日、いずれもあなたの住所に持参
   してお支払いいたします。万一、利息の支払いが一ヶ月でも遅滞したときは期限にかか
   わらず、元金と遅滞による利息を一度に請求されても、異議は述べません。
    ○○年○○月○○日
                                     住所
                                     借受人   ○○○○ 印
                                     住所
                                     貸し主   ○○○○ 印
```

例—2

> 借用証書
> 一、金　叁万円也
> 　上記の金額、本日貴殿より確かに拝借いたしました。上記借受金は〇〇年〇〇月〇〇日まで責任をもって返済いたします。
> 　後日の証として本書を作成し貴殿に差し入れます。
> 　〇〇年〇〇月〇〇日
> 　　　　　　　　　　　　　　　　　　　　　住所
> 　　　　　　　　　　　　　　　　　　　　　氏名　〇〇〇〇　印
> 　　　　　　　　　　　　　　　　　　　　　住所
> 　　　　　　　　　　　　　　　　　　　　　氏名　〇〇〇〇殿

例—3

> 借用証書
> 一、自動車（日産平成3年型、〇〇〇〇CC）一台。
> 　上記自動車を無償にて借用することになり、〇〇年〇月〇日確かに受領しました。
> 　つきましては、上記借用物は自家用として使用する他はほかの用途に使用いたしません。また第三者に使用させないのはもちろん、借用物を使用するに当っての通常の費用は私が負担します。
> 　上記借用物は〇〇年〇月〇日にはあなたの指定する場所に返還し、万一私の責を負うべき事由により借用物に破損を生じた場合には私が弁償いたします。
> 　後日のため借用証書を差し入れます。
> 　〇〇年〇月〇〇日
> 　　　　　　　　　　　　　　　　　　　　　住所
> 　　　　　　　　　　　　　　　　　　　　　借主　〇〇〇〇　印
> 　　住所
> 　　貸主　〇〇〇〇殿

三、返還請求書（へん かん せい きゅう しょ）

　　借了钱或物品，到了归还日期不还，借出方就要催促归还。催促归还时可以口头提出要求，但由于多数场合出于情面，一般还是转交"返還請求書"（归还请求书）为妥。归还请求书一般要写明，何年何月借了什么，约定何年何月归还，希望收到归还请求书后几月几日归还等。

例—1

> 返還請求書
> 　〇〇年〇〇月〇〇日付、私があなたとの間に結んだ使用貸借契約により、あなたに対し（日産平成3年型、〇〇〇〇CC）一台を貸し渡しました。〇〇年〇〇月〇日、この契約は満了しましたが、貴方からは上記の自動車の返還を得ておりません。上記の自動車は、私方にて使用する必要が生じましたので、〇〇年〇月〇〇日までにご返還くださるよう請求いたします。
> 　〇〇年〇〇月〇〇日
> 　　　京都市左京区一乗寺茶山町12—21
> 　　　　貸主　　　〇〇〇〇
> 京都市左京区丸太町123—567
> 　　　借主　　　〇〇〇〇

➡ 例—2

```
                          返還請求書
    ○○年○月○日
         東京都港区赤坂 123 番地 58 号
              貸主    ○○○○
    東京都中野区中央 2―1―8
              借主    ○○○○
    拝啓　早春の候、ますますご健勝のことと存じます。
    さて、○○年○○月○日、貴方に対しお貸しいたしました金八拾万円については、返済
  期日定めませんでしたが、都合により○○年○○月○○日（あるいは本状到着後十五日
  以内）にお返しいただきたく、ここに催告いたします。
                                                 敬具
```

四、預り証（あずかりしょう）

　　"預り証"（存条）是为他人寄存或保管钱物时，写给对方做为领取时凭据的条子，领取钱物时要以此为证据。与"預り証"起相同作用的还有"保管証"（代管条），平时也常用。

➡ 例—1

```
                          預り証
  一、平成 3 年型日産乗用車　　壱台
     但し、上記は車輪修理のためお預り致します。
     ○○年○○月○日
                                          住所
                                          氏名    ○○○○ 印
                                          ○○○○ 様
```

➡ 例—2

```
                                          文書記号番号
                                          ○○年○○月○○日
  ○○○○　殿
                                          文部科学省大臣官房会計課長
                                              ○○○○ 印
                          保　管　証
  ……………………………………の借受金担保物件に対する下記の火災保険契約証券
  を保管します。
                          （記略）
```

第二节 说明条据类

　　说明条据是一方向另一方需要说明什么时所写的简明字据,实际上是一种简单的书信。但与书信不同的是它不用通过邮政部门投递,而是直接提交或托人代交。
　　日语说明条据,常用的由"欠席届"、"欠勤届"、"特别休暇届"、"遅刻・早退・代休届"、"忌引届"等。

一、欠席届（けっせきと どけ）

　　学生因有病不能到学校上课,需要请假时,要写"欠席届"（缺课假条）。"欠席届"必须要写明缺课者的姓名、所在班级、缺课的原因理由及时间等。如果事先知道要缺课时,要提前写假条,这时要写"欠席願い"。如果生病需要缺课一周以上时,必须有医生的诊断书。

➡ **例一 1**

```
                    欠席届
                                          ○年○組
                                          ○○○○
  上記の者○○年○○月○○日病気のため欠席いたさせました。ここにお届けいたし
ます。
                                          保護者
                                          ○○○○  印

  ○○小学校長殿
```

➡ **例一 2**

```
                    欠席届
  ○○中学校長殿
                                          ○年○組
                                          山本由加
    期間      ○○年○○月○○日から○○年○○月○○日間
    事由      風邪発熱のため
    事後の処置  なお2～3日の間は、体操などは見学させて頂ければ幸いです。
    上記のとおりお届けいたします。
    ○○年○○月○日
                                          保護者
                                          ○○○○  印
```

➡ 例—3

```
                    長期欠席届
    ○○私立○○中学校長
                                            第一学年五組○○番
                                                    ○○○○
     上の者、水痘のため、当分の間欠席させていただく、別紙診断書を添えて、お願い申し
  上げます。
        ○○年○○月○○日
                                            保護者  ○○○○ 印
```

➡ 例—4

```
                      欠席届
                                            氏 名
     上記の者（病気）のため、○○月○○日から○○月○○日まで欠席いたしましたので、
  お届けいたします。
        ○○年○○月○○日
                                        上 本人  ○○○○ 印
                                          保証人  ○○○○ 印
        ○○○○学校長  殿
```

➡ 例—5

```
                      欠席届
     いつもお世話になっております。
      昨晩から、○○が熱を出し、下痢が続いています。今朝体温は三十九度あります。
  病院へ連れて行こうと思いますので、本日は欠席させていただく、お願い申し上げます。
  お知らせやプリント類は○○○○君に頼んでおりますので、お渡してください。
        ○○年○○月○○日
                                        ○○○○ 母  ○○ 印
        ○○○○先生
```

二、欠勤届（けっきん とどけ）

工薪人员有事、有病不能到单位上班，需要请假时，要写"欠勤届"（缺勤请假条）。如果因病缺勤一周以上时，需要有医生的诊断书。

➡ 例—1

```
                      欠勤届
                                                    私こと
     風邪発熱のため、○○月○○日から○○月○○日まで○○日間、欠勤いたしましたか
  ら（医師の診断書を添えて）お届けいたします。
        ○○年○○月○○日
                                            ○○課
                                            ○○○○ 印
        ○○株式会社長
           ○○○○殿
```

例—2

```
                    欠勤届
                                            ○○年○○月○○日
  総務課長　○○○○殿
                                            営業課○○○○　[印]
                                                        私こと
  　腸炎手術のため○○月○○日から○○月○日まで○○日間欠勤させていただきました。別紙の通り医師の診断書を添えてお届けいたします。
                                                        以上
```

例—3

```
                    欠勤届
                                            ○○年○○月○○日
  ○○○○　人事部長
                                            経理部　○○○○　[印]

  このたび、下記のとおり欠勤いたしますので、お届けいたします。
    期　間　○○月○○日から○○月○○日（○○日間）
    事　由　亡父三回忌法要のため
    連絡先　携帯：　○○○—○○○○—○○○○
```

缺勤请假条，有些机关单位还印制了固定的统一格式的表格，需要时按表格要求填写即可。如：

例—1

所属部課長				人事担当		
課長代理	課長	部長		係	係長	課長

欠勤届

一、事由
二、期間
三、欠勤中の連絡先
右の通り欠勤いたしたくお届けいたします。

○○年○○月○○日

所属部課名
○○○○　[印]

○○株式会社
○○○○殿

31

例―2

○○年○月○日　届出				
総務部長　　　殿				
	部署名	社員コード	氏名	印
	営業2課	01234	○○○○	

休暇・欠勤・代替休日届

日　数	月　日から　月　日まで　計　日間
該当欄をマルで囲んでください	
1. 年次有給休暇（事前申請の場合に限り）	連絡先
2. 特別休暇	結婚・妊娠・産前・妻出産・夏休み休暇 ・忌引・公傷・公務・被災・交通遮断 ＊忌引以降は内容を記入してください （　　　　）
3. 欠勤	理由
4. 代替休日	1. 休日出張勤務 2. 休日勤務
右の欄内の病名に○を記入してください。欄内にない病気の場合、（　　）にその病気名を記入してください。	風邪　胃痛　打撲　肝臓　脚気　頭痛 腹痛　骨折　腎臓　痔核　発熱　下痢 腰痛　心臓　耳鼻　咽喉　火傷　腫物 （　　　　　　　　　　　　　　　）

　妊娠休暇、産前・産後休暇および暦では7日以上の病気欠勤には、医師の診断書を添えてください。（妊娠休暇と産前休暇には、出産予定日を記入してください。）

労務係

三、遅刻・早退届（ちこく・そうたい とどけ）

　　因为有事不能按时上课或上班时也要请假，这时一般要写"遅刻届"（迟到假条）。反之需要早退时，则要写"早退届"（早退假条）。"遅刻・早退届"一般要事先写，即事先请假。

➡ 例―1

```
                    遅刻届
○○小学校校長
○○○○殿
                                              ○年○組
                                              ○○○○

　上記の者、下記理由により○○年○○月○○日、午前中授業にて二時間遅刻いたさせ
たく、お届けいたします。
　事由　祖父○○一週忌法要参加のため。
                                              ○○年○○月○○日
                                              保護者○○○○　㊞
```

➡ 例―2

```
                    遅刻届
                                              ○年○組○○番
                                              ○○○○

日　付　○○月○○日（○曜日）
理　由　野球部の訓練中に右手首を打撲し、○○整骨院で診断・治療を受けるため。
　　　　登校は午前11時過ぎになると思いますので、よろしくお願いいたします。
                                        保護者氏名　○○○○　㊞
```

➡ 例―3

```
                    早退届
○○中学校長
○○○○殿
                                              ○年○組
                                              ○○○○

　上記の者、下記理由により○○年○月○日、午前中授業にて早退いたさせたく、お届け
いたします。
　事由　親戚の婚礼に参加するため。
                                              ○○年○月○日
                                              保護者○○○○　㊞
```

➡ 例―4

遅刻・早退届

総務部長　○○○○殿　　　　　　　　　　　　　　　　　○○年○○月○○日

所属/氏名	営業部　2課　　　黒田和夫
日時	○○年○○月○○日午前10時より （早退・✓遅刻 3時間）
理由	長男発熱のため、病院付き添い

月　日承認

	検印		

早退请假条,有些机关团体也备有印制好的专用表格,需要时按表格要求填写好,请有关部门领导同意盖章即可。如：

				承認印	記入者印
月日			事由		
出社	予定	時　分	連絡先		
	実施	時　分			
退社	予定		氏名	年　月　日	
	実施				印

四、特別休暇届（とく べつ きゅう かと どけ）

"特別休暇届"（特殊事假条）是因为结婚、分娩、工作变动、迁居、丧事等需要请假时写的假条。

▶ 例—1

```
                    忌引届
○○小学校校長
    ○○○○殿
                                    ○年○組
                                    ○○○○
  上記の者、下記のとおり忌引きいたさせたくここにお届けいたします。
    1. 事由　祖母あや死去のため
    2. 期間　○○年○月○日より○月○日まで　日間
                                保護者○○○○　印
```

▶ 例—2

```
                    出産休暇届
                                    ○○年○月○○日
総務課長　○○○○殿
                                    総務課○○○○　印
  出産のため、下記のとおり休暇いただく、お願い申し上げます。
    1. 期　　間　○○年○月○日
    2. 出産予定日　○○年○月○日
    3. 添付　書類　大山産婦人科診断書1通
```

特殊事由请假条,某些机关团体也有印制好的专用表格。如:

```
                         特別休暇届
                                              年    月    日
                                          所属
                                          氏名            印
┌──────┬─────────────────────────────────────────────────┐
│ 区分 │ 結婚  子女出産  産前・産後  転勤  その他(    )  │
├──────┼─────────────────────────────────────────────────┤
│ 期間 │   年   月   日より                              │
│      │   年   月   日まで (    )日間                   │
├──────┼─────────────────────────────────────────────────┤
│ 事由 │                                                 │
├──────┼─────────────────────────────────────────────────┤
│連絡先│                                                 │
└──────┴─────────────────────────────────────────────────┘
```

第三节　说明凭证条据类

说明凭证条据类,是兼有说明条据和凭证条据两种性质的条据,也有的称其为凭证文书。如改变住址、姓名、工作单位时的报告,以及契约、誓约书、检讨书等。这一类的条据与公务文书中的部分内容很相近,但实际上是不同的。说明凭证条据是个人与个人、个人与其所属部门间只用于说明或作为凭证而写的条子,一般没有法律作用和行政约束。

一、住所変更・家族異動届(じゅう しょ へん こう・かぞ く い どう と どけ)

住址发生变化是日常生活中常有的事,或因新建,新买住宅,或因工作地点变动。这时都要将变动后的住址告之所属上级有关部门或亲友,以便将来有事联系。如果因工作地点变动而改变住址,并且家属同时迁移时,要写"家族異動届"。

▶ 例一1

```
                         住所変更届
     旧住所  〇市(県)  〇区(郡)  〇町(村)  〇番
     新住所  〇市(県)  〇区(郡)  〇町(村)  〇番
     上記のとおり住所を変更いたしましたから、明細図を添えてお届けいたします。
                                          氏名 〇〇〇〇  印

     〇〇株式会社〇〇銀行支店長
              〇〇〇〇殿
```

➡ 例―2

> 住所表示の変更
> 　このたび当地にて住所表示の改正が行われ、去る〇〇月〇日より次のように変更になりましたので、お届けいたします
> 　旧住居表示　〒330―8120　　横浜市港区青山町二十番
> 　新住居表示　〒330―8121　　横浜市港区青山東町十八番

➡ 例―3

> 住所変更届
> 　　　　　　　　　　　　　　　　　　　　　　　　　　　　私こと
> 　〇〇年〇月〇日より下記のとおり住所変更いたしますのでお届けいたします。
> 　　　　　　　　　　　　　　　　　　　所属部課
> 　　　　　　　　　　　　　　　　　　　氏名　　〇〇〇〇　[印]
>
> 　　新住所　〇市(県)　〇区(郡)　〇町(村)　〇番
> 　　旧住所　〇市(県)　〇区(郡)　〇町(村)　〇番
> 　　総務部長　〇〇〇〇殿

➡ 例―4

> 家族異動届
> 　　　　　　　　　　　　　　　　　　　　　　　　　　　　私こと
> 　このたびの人事異動により、大阪支店勤務を命ぜられ、家族ともに異動いたしましたので、お届けいたします。
> 　　勤務先　〒456―1234　大阪市西区大山町十八番
> 　　　　　　新興工業株式会社大阪支店
> 　　新住所　〒456―1235　大阪市西住宅二区十八番
> 　　　　　　　　　　　　　　　　　　氏名〇〇〇〇　[印]

二、氏名変更届（しめい へん こう とどけ）

　　在日本，女子出嫁随男姓，男子入赘随女姓的风俗至今尚存，因此遇到这种情况时都要改姓。改姓后一般要将情况告之所属上级或亲友，以便将来有事联系。

➡ 例―1

> 氏名変更届
> 　　　　　　　　　　　　　　　　　　　　　　　　　　　　私こと
> 　このたび母方の実家に養子として入籍し、後記のとおり改姓いたしましたので、お届けいたします。
> 　　　　旧姓　　〇〇
> 　　　　新姓　　〇〇

➠ **例―2**

　　　　　　　　　　　　　氏名変更届
　　　　　　　　　　　　　　　　　　　　　　　　　　　　　　私こと
　　このたび亡夫関係ご一同様のご了解を得て婚家を離れ、生家の姓を称することになり
ましたのでお届けいたします。
　　　　婚家姓　　〇〇
　　　　生家姓　　〇〇

➠ **例―3**

　　　　　　　　　　　　　氏名変更届
　　　　　　　　　　　　　　　　　　　　　　　　　　　　　　私こと
　　このたび裁判所のご許可を受け、和男と改名いたすこととなりましたので、お届けい
たします。

➠ **例―4**

　　　　　　　　　　　　　　改姓届
　　　　　　　　　　　　　　　　　　　　　　　　　　　　　　私こと
　　〇〇年〇月〇日付にて、婚姻により、〇〇姓に改姓いたしましたので、ここにお届け
いたします。
　　〇〇年〇月〇日

　　　　　　　　　　　　　　　　　　　　　　　人事課　　〇〇〇〇　㊞
　　　　　　　　　　　　　　　　　　　　　　　　　　　（旧姓　〇〇）

　　人事部長　　〇〇〇〇

三、始末書（しまつしょ）

　　"始末书"（检讨书）是由于自己的失误而给对方造成不便或损失时，向对方写得检讨。
　　检讨书一定要写明自己出现失误的原因，因自己的过失而给对方造成的损失如何赔偿，
并保证今后不再重犯等内容。

➠ **例―1**

　　　　　　　　　　　　　　始末書
　　このたび私の不注意により貴家にご迷惑をお掛け致しまして、まことに申しわけござ
いません。これからこのようなことのありませんよう十分注意いたします。
　　なお、貴家に及ぼした損害については速かに弁償いたします。
　　〇〇年〇〇月〇〇日

　　　　　　　　　　　　　　　　　　　　　　　住所
　　　　　　　　　　　　　　　　　　　　　　　氏名　〇〇〇〇　㊞

➡ 例―2

始末書

　○○年○月，貴社のご依頼によります中元贈答品の配送をお引受けいたしましたところ、下記の如き不始末をひき起こしました。
　一、一部の贈答品について配送先を相違してお届けいたしそのままに放置いたしましたこと
　二、一部の贈答品について中元期を過ぎてお届けいたしてしまいましたこと
　上記は、中元繁雑期のためアルバイト学生を多数採用いたしました不馴れによりますものとはいえ、弊社の監督不行届きに原因いたしますこと、まことに申し訳なく、深く陳謝いたします。
　以後は決してこのような不始末は繰り返しませんことをお誓いいたします。今回の不始末につきましては、なにとぞご寛大な措置をお願い申し上げる次第です。
　　○○年○月○日

　　　　　　　　　　　　　　　　　　　　　　　　　　株式会社
　　　　　　　　　　　　　　　　　　　　　　　　　　代表○○○○　㊞

○○商事株式会社
　　○○○○殿

➡ 例―3

始末書

　私の次女○○は、○月○日に区立児童図書館にて、友人と勉強中、言い争いとなり、その際図書三冊を損傷いたしました。親としての指導が行き届かず、まことに申し訳ございまん。本人には厳重に訓戒を加え、以後このようなことは絶対に起こさぬことをここに誓って申し上げます。
　なお、損傷いたしました図書につきましては、青木書店を通じまして、速やかに弁償する努力をいたします。

　　　　　　　　　　　　　　　　　　　　　　　○○区○○町二ノ十八番
　　　　　　　　　　　　　　　　　　　　　　　　　　　　○○○○
　　　　　　　　　　　　　　　　　　　　保護者　　○○○○　㊞

○○区立児童図書館長殿

四、誓約書（せいやくしょ）

"誓約書"是一种保证书，是对约定内容进行说明和作为立约人一定遵守约定内容的凭证。保证书的内容一定要写明立约人和立约时间及约定有效期限，还有必须遵守的条款等。

➡ 例―1

誓約書

　私が貴殿より貸借致すマンション一室につき、貸借中備え付け家具を破損したり、移動したり、火の不始末による火災を招かぬよう、十分気をつけます。
　なお、貴家損害を及ぼした場合は、速やかに弁償いたします。
　　○○年○○月○○日

　　　　　　　　　　　　　　　　　　　　　　　氏名　　○○○○　㊞

○○○○殿

> **例ー2**

> 誓約書
>
> 　拙宅では学校二年生の息子○○が毎日二時間ずつバイオリンの練習をしておりますため、ご近所にはつねづねご迷惑をおかけしておりますことを申し訳なく思っておりました。ことに○○○○様には、ご病気の方がおられたとのこと、最近になって知ったこととは申せ、まことに心苦しく存じます
> 　息子につきましては、将来は本人が希望するならば音楽の道を歩ませたいと考えております。いずれは自宅外に練習の場を持つことになりましょうが、当分の間は、ご迷惑ながら拙宅で練習を続けさせます。つきましては、○○○○様のお申し越しに従い、夜間八時以降、および休日の午前中の練習を控えることにいたします。
> 　上記、誓約申し上げ、後日のために本状を差し入れます。
> 　　○○年○月○日
>
> 　　　　　　　　　　　　　　　　　　　　　　　　　　　住所
> 　　　　　　　　　　　　　　　　　　　　　　　　　　　氏名　○○○○
>
> ○○○○殿

五、その他

　工薪人员在单位工作，自己或家里发生一些重要事情，需要写个东西告知所在单位。日语常以"～届""～願"的形式提交，这和"法律书状"（参照第七、八章）不一样，一般没有法律作用和行政约束。

> **例ー1**

> 　　　　　　　　　　　　　結婚届
> 　このたび、下記のとおり結婚致しましたので、お届け致します。
> 　　　　　　　　　　　　　　記
> 　　配偶者氏名　　　　三木純子（みきじゅんこ）
> 　　結婚年月日　　　　○○年○○月○○日
> 　　結婚後住所　　　　現住所に同じ
> 　　扶養の要否　　　　扶養の義務あり
> 　　　　　　　　　　　　　　　　　　　　　　　　　　　　以上
> 　営業部　　　　　　　　　　　　　　　　　　　　　三木○○　㊞
> 　　人事部長　　○○○○

> **例ー2**

> 　　　　　　　　　　　　　離婚届
> 　このたび、一身上の都合より協議離婚を致し、○○姓より旧○○姓にもどりましたので、ここに戸籍抄本を添えて、お届け致します。
> 　　○○年○○月○○日
>
> 　　　　　　　　　　　　　　　　　　　　　　営業部　○○○○　㊞
> 　　　　　　　　　　　　　　　　　　　　　　　（旧姓　○○）
>
> 　○○○○　　人事部長

➡ 例—3

```
                            出産届
                                         総務部　○○○○　[印]
　下記とおりお届け致します。
                              記

　氏　　名　　○○○○
　性　　別　　男(女)
　生年月日　　○○年○○月○○日
　続　　柄　　長男
　添付書類　　出生証明書　　一通
                                                        以上
　○○○○　　人事部長
```

➡ 例—4

```
                           資格取得届
　このたび、下記の資格を取得致しましたので、お届け致します。
                              記
　名　　称　　一級土木施工管理技士
　取得年月日　○○年○○月○○日
　添付書類　　資格合格証　　（写し）
                                              土木部　○○○○

　人事部長　　○○○○
```

➡ 例—5

```
                            休職願
                                              ○○○○　[印]
　下記のとおり休職を申請します。
　期　　間　　○月○日から○○月○○日（○○日間）
　事　　由　　○月○日の全国社会人空手選手権に出場、試合中に右足靭帯を損傷した
              ので、都立の○○病院に入院、その後の自宅療養を含む
　添付書類　　○○病院診断書　一通

　人事部長　　○○○○
```

例—6

```
                    退職願
                                                   私儀
    一身上の都合により、来る〇〇月〇〇日をもって退職いたしたく、ここにお届け致し
ます。
    〇〇年〇〇月〇〇日
                                            営業部   〇〇〇〇

株式会社〇〇商事
代表取締役社長    〇〇〇〇  殿
```

思考与练习

1. 日语的条据有哪些类型？
2. 写凭证条据一般要注意写什么？
3. 凭证条据与说明条据有什么不同？
4. 一般在什么样情况下写"誓約書"？
5. 用日语各写一份"遅刻・早退届"。

第三章
常用公文

概　述

　　公文,就是公务文书。它是指机关、团体、企事业单位在处理各种事务中形成的体式完整、内容系统的各种书面材料。

　　公文就其使用范围而言,又可分为专用公文和通用公文两大类。这里主要介绍通用公文,即通用于各机关、团体、企事业单位中的命令、申请、决定、通知、告示、证明、报告等。它们的使用范围非常普遍。日语中通常所说的"公用文""社内文書",实际就是指这一类。

　　公文写作的基本要求,首先是词章(公文的结构、逻辑、文法、修辞等)必须准确、严密、鲜明、生动,这是公文能够具有较高质量的重要因素之一。具体地说,应特别注意以下几个方面:

　　一、条理要清楚。内容要清楚明了、有主有次、层次分明、中心突出、一目了然。反之,一份思路不清、主次不分、前后矛盾的公文,必然使人费解或造成误解,以致失时误事。

　　二、文字要简明扼要。公文的语言文字要求庄严郑重、朴实无华、简明扼要、通俗易懂。只要把意思表达清楚,篇幅该短就短。反之,冗长杂乱、矫揉造作、故弄玄虚,则会把本来十分简单的问题复杂化,使人费解,影响工作。

　　三、遣词造句要准确。措辞用语要准确地反映客观实际,做到文如其事、恰如其分。反之,模棱两可、含糊其词,往往会产生歧义。

　　关于公文的用语用字问题,日本政府先后颁布了《公用文作成の要領》和《法令用語改正要領》以及《公用文における当用漢字の音訓使用及び送り仮名のつけ方について》等,作出了详细的说明和具体的规定。

　　文体方面,要求一般公文使用"である"体,往复公文,或向特定的对象说明或通知某件事情时,原则上使用"ます"体。在普通公文中,一般不用"ございます"、"存じます"等特别的敬语。

第一节 通知、通报类

　　日文通知、通报类公文包括"通達"、"通知"、"案内"等。这些公文相互之间既有共同之处，也在某些方面有差异。以下分别加以分析介绍。

一、通達（つうたつ）

　　"通達"是根据指挥监督权，在行政上对所管辖的下级机关下达的有关行政工作方针、具体任务等的指示性文件。它不光起到通知的作用，而且还具有对下级机关的约束力。"通達"主要是对行政事务运行上的具体事项下达指示性的文书，而对行政事务运行上的基本事项下达命令时，要采取"訓令"的形式。

　　另外，根据法律规定将所管辖的行政机关的行政处理内容等通知非所属的机关人员时，有时也采用"通達"的形式。

　　"通達"最后一部分是工作的指示部分，一般都具体详细的写明该"通達"的目的及如何完成"通達"规定的内容的方法等，十分重要。

➡ 例—1

```
                                          文書記号番号
                                          ○○年○○月○○日
各都道府県教育委員会
    教育長   ○○○○殿
                                      文部科学省事務次官
                                          ○○○○ 印

              正常な学校運営の確保について（通達）
    最近、全国にわたって振り替え授業が行われました。これは○○の指令によるものと
伝えられていますが、かりにも児童・生徒に対する教育上の配慮に基づかないで、学校
の運営を左右するようなことは、正常な学校教育の運営を阻害するものであって、教育
上はなはだ遺憾であります。
    伝えられる振り替え授業の実施にも、それぞれ事情の違うものがあると思われますの
で、もとよりすべてを一律に論ずることはできません。しかしながら、もしもこの実施
について学校の校長そのほかの職員の中に、いやしくも職務上の義務に違反し、職務の
励行を怠るなど法令の規定に違反するような行為をしたものがあるとしたならば、これ
らに対しては、厳正な処置をとるべきであります。それとともに、今後、このような正常
でない事態が再び発生し、学校の適正な運営が阻害されることのないよう、十分注意を
払うべきであります。
    貴管下市町村教育委員会に対して、至急この旨を周知徹底させ、適切な指導を与えて
ください。
```

➡ 例—2

```
                                              文書記号番号
                                              ○○年○○月○○日
  ○○町長　○○○○殿
                                              ○○県民生部長
                                              ○○○○　印
            ○○年度国庫補助金の交付について（通達）
    別紙のとおり交付されることになりました。ついては、下記事項に留意し、遺憾の無
  いようにしてください。
                        （記略）
```

➡ 例—3

```
                                              文書記号番号
                                              ○○年○○月○○日
  関係各国立大学長　○○○○殿
                                              文部科学省大学学術局長
                                              ○○○○　印
          ○○年度文部科学省内地研究員の決定について（通達）
    本年○月○日付文大庶第○○号で、本年度内地研究員の適任者の推薦を依頼しました
  が、このたび別紙のとおり決定しました。
    なお、この件については、次の事項にご注意ください。
  注意事項
  1. 研究員に事故（研究中止そのほか）があった場合は、速やかに報告すること。
  2. 研究員の受け入れ機関からまだ受け入れの承認を得ていない場合は、至急その機関
     の長の承認を得て、承認書の写しを提出すること。
  3. 研究終了の際は、別紙様式によって、研究成果報告書を○○年○月○日までに提出す
     ること。
    おって、旅費支給の方法、及び手続きについては、後日連絡します。
```

➡ 例—4

```
                                              文書記号番号
                                              ○○年○○月○○日
  ……各保健所長　○○○○殿         ○○県衛生部長　○○○○　印
              赤痢予防対策の強化について（通達）
    このたび、別紙のとおり赤痢予防実施要領を作成しました。ついては、この要領によ
  って、本年度は赤痢の予防に特に遺憾のないようにご配慮願います。（別紙省略）
```

二、通知（つうち）

"通知"（通知）与"通达"有所不同，它是对特定的对象就某一事实及处理意见进行通知的文书。通知原则上对对方没有约束力，而是告知性的文书。

第二章 常用公文

▶ 例—1

```
                                              ○○年○○月○○日
  社員各位
                                              社長　○○○○ 印
                        夏季休暇について(通知)
  本年度の夏季休暇は、以下の要求で取り扱います。
                              記
  1. 期間 7月1日(月)～9月30日(月)
  2. 日数 上記期間のうち5日間
  3. 実施要綱 有給休暇とする。
    休暇届を6月25日(水)までに各課で取りまとめ、総務課に提出のこと。
```

▶ 例—2

```
                   雇用保険料の変更について(通知)
   ○○年年度の労働保険料に係る保険料率等の改正にともない、貴殿の雇用保険料を下
  記の通り変更します。
                              記
  1. 新雇用保険料　_____円
  2. 変更実施　　　○○年○○月分給与から
                                                       以上
```

▶ 例—3

```
                                              文書記号番号
                                              ○○年○○月○○日
  各都道府県教育委員会教育長　　○○○○殿
                                              文部科学省管理局長
                                              　○○○○ 印
                  ○○年学校給食計画の全国会議開催について(通知)
    この度下記によってこの会議を開催します。ついては、貴教育委員会の学校給食主管
  課長及び主任者を出席させてください。
                              記
    日時　　○○年○月○○日―○○日(3日間)　午前10時―午後4時
    場所　　文部科学省第1会議室(3階304号室)
    議題　　○○年学校給食計画について
    持参する資料　　ア、_____
                  イ、_____
                  ウ、_____
```

45

例—4

　　　　　　　　　　　　　　　　　　　　　　　　　　○○年○○月○○日
株式会社大阪支店　　○○○○様
　　　　　　　　　　　　　　　　　　　　　　　　　　○○○○株式会社
　　　　　　　　　　　　　　　　　　　　　　　　　　営業部○○○○　㊞

　　　　　　　　　　　　書類送付のお知らせ
拝啓　時下ますますご清栄のこととお喜び申し上げます。平素は格別のお引き立てを賜り、厚く御礼申し上げます。
　さて、本日、下記書類を同封いたしますので、ご査収の上、よろしくお取り計らいのほどお願い申し上げます。
　　　　　　　　　　　　　　　　　　　　　　　　　　　　　　　　敬具
　　　　　　　　　　　　　　記
1. 新商品○○の仕様説明書
2. 同製品見積書
3. ○○用リスト

例—5

　　　　　　　　　　　　　　　　　　　　　　　　　　　文書記号番号
　　　　　　　　　　　　　　　　　　　　　　　　　　○○年○○月○○日
○○○○　殿
　　　　　　　　　　　　　　　　　　　　　　　　　　○○市長　○○○○　㊞

　　　　　　　　　　　裁判書の交付について（通知）
　○○年○月○日、あなたから提出された○○に関する審査請求に対して、別紙のとおり裁決されましたので、裁決書を交付します。
　なお、同封の裁決書受領書に署名押印して折り返し返送してください。
（別紙略）

例—6

　　　　　　　　　　　　　　　　　　　　　　　　　　　　人第○○号
　　　　　　　　　　　　　　　　　　　　　　　　　　○○年○○月○○日
開発部開発1課
　　○○○○　殿
　　　　　　　　　　　　　　　　　　　　　　　　　　株式会社エムケイ
　　　　　　　　　　　　　　　　　　　　　　　　　　社長　○○○○　㊞

　　　　　　　　　　　　　懲戒処分（通知）
　審議の結果、就職規則第12条第1項の定めにより、貴殿を○○年○月○日から出勤停止7日間の懲戒処分に付する。
　理由は（省略）
　　　　　　　　　　　　　　　　　　　　　　　　　　　　　　　　以上

➡ 例一7

```
                                          ○○年○○月○○日
    ○○○○  殿
                                          水谷物産株式会社
                                          社長  ○○○○ 印

                        解雇通知
    ○○年○○月○○日付をもって、就職規則第8条第6項の定めにより、下記の理由で
貴殿を解雇することを予告する。
                          記
（解雇の理由）
  1. 就職規則第8条第3項違反（たび重なる遅刻・早退・欠勤）
  2. 就職規則第8条第4項違反（無届での欠勤）
                                                       以上
```

➡ 例一8

```
                       停電のお知らせ
    ビルのメンテナントのため、下記の通り停電となります。停電時はエレベーターの使
用が出来ませんので、ご了承ください。
    停電時のOA機器は一切使用できなくなります。予定時刻には予告なく停電が発生
しますので、あらかじめデータの保存をするように気をつけてください。
    なお、停電に伴うデータ破損、消失などのトラブルについては一切責任を負いません
ので、よろしくお願い致します。
                          記
    日時     ○○月○○日  （○曜日）  午後○○時～○○時
    場所     当ビル○階～○○階
                                                       以上
```

三、案内（あん ない）

"案内"与"通達"、"通知"又有所不同，它主要是向那些对某情况、某地点不了解的有关人员介绍或引导使之了解的文书。因此，"案内"多用于举行会议、展览、说明会、商业活动、忘年会等告知事项。因此，"案内"的内容尽量要有吸引力，让人感到"值得一去"。

"案内"的格式与内容，开头也可以和一般书信一样写上"拝啓"，正文后也可以写"敬具"等，亦可不写。尽量不用像"ご臨席""ご光来""ご光臨"等不常用的词，而用"御出席"等常用说法。

考虑到参与者的方便，"案内"通常要将会场的地点写清楚。如果能告知通往会场需乘坐的车次或就近下车的车站，或画上车站通往会场的略图则更好。

▶ 例—1

　　　　　　　　　　　　　　　　　　　　　　　　　文書記号番号
　　　　　　　　　　　　　　　　　　　　　　　　　〇〇年〇〇月〇〇日
　　〇〇〇〇　殿
　　　　　　　　　　　　　　　　　　　　　　　〇〇市総務課長　印
　　　　　　　　　　電子計算機ショーの開催について(案内)
　　このたび、国産電子計算機の展示説明会が下記の通り開催されます。ご参考になることもあろうかと思いますので、ご案内します。
　　　　　　　　　　　　　　　　　記
　　1. 主催　　　　〇〇〇〇
　　2. 日時　　　　〇〇年〇月〇日(日)
　　　　　　　　　　午前10時〜午後5時
　　3. 場所　　　　〇〇〇〇〇〇
　　4. 出品機種＿＿＿＿＿＿＿＿＿＿＿＿

▶ 例—2

　　　　　　　　　　　　　　　　　　　　　　　　　〇〇年〇月〇日
　　社員各位
　　　　　　　　　　　　　　　　　　　　　　　　　総務部総務課
　　　　　　　　　　厚生施設のご利用について(ご案内)
　　夏季休暇中の厚生施設の利用について、下記の通りお知らせいたします。
　　　　　　　　　　　　　　　　　記
　1. 利用できる施設
　　① 青山荘(〇月〇日〜〇月〇〇日)
　　　　神奈川県湯川町〇〇番
　　　　温泉（　露天風呂）　あり
　　② 清水荘(〇月〇日〜〇月〇〇日)
　　　　山梨県南部清水町〇〇番
　　　　温泉のほか、テニスコートあり
　2. 利用資格
　　　社員及びその家族
　3. 申し込み方法

➡ 例—3

```
                                           ○○年○○月○○日
  ○○各位
                                           営業部長　○○○○
                    本年度○○会議の開催について（案内）
    本年度の○○会議を開催致しますので、○○の方はご出席願います。
    なお、当日までに別紙資料に目を通して置いてください。
                              記
    1. 日時      ○月○日（○曜日）午前○時～○○時
    2. 場所      本社○階　会議室
    3. 議題      本年度の○○について
    4. 備考      上記議題に関する資料持参のこと
    5. 資料      別紙参考
                                                  以上
```

四、お願い（お ねが い）

　　作为下行公文的一种形式，也常用"お願い"传达事项。但"お願い"与上述"通達"、"通知"、"案内"都不同，它含有"委托"甚至"拜托""请求"对方的意思，常用于发件机关或个人通知收件机关或个人，要求下属部门或个人做某事时。因此它是介于"请求书"和一般通知间的一种公文形式。

➡ 例—1

```
                                           ○○年○○月○○日
  ○○○○殿
                                           ○○市○○課○○係
                  「○○年度○○調査」の一部訂正について（お願い）
    先月お送りしました「○○○○」の集計結果に、一部誤りがありました。別紙のとおり
  訂正してくださるようお願い致します。
```

➡ 例—2

```
                                           ○○年○月○日
  株式会社○○販売
  営業1部○○○○様
                                           株式会社○○電気工業
                                                 ○○○○係
                        納期延期のお願い
    去る○月○日付でご注文いただきました「○○○○」100台の件、現在鋭意生産中でご
  ざいますが、下請け業者からの部品納入の際に事故が発生したため、期日○月○○日に
  は間に合いそうもございません。
    つきましては、勝手なお願いでまことに恐縮に存じますが、納期を3日後の○○日に
  させていただくわけには参りませんでしょうか。
    ご迷惑をおかけまして申しわけございませんが、諸事情ご賢察の上、なにとぞご了解
  のほどお願い申し上げます。
```

第二节　报告、申请类

　　报告和申请都是行政机关和社会团体的下级部门或个人向主管上级报告或请示工作的上行公文。

一、報告（ほうこく）

　　"報告"（报告），多数场合是按照法令或契约的规定，并按一定的格式写成书面形式。但是，有些非正式的场合和简单的工作汇报也可用口头汇报的方式。

　　报告可细分成报告和请示报告。报告往往都是写在事情发生之后，将事情发生的原因、经过及处理意见等如实写下来向主管上级汇报，而请示报告则要写在事情发生之前，在这一点上二者有所不同。

　　公司和机关内部的报告，有时还会有"日報""週報""月報""年報"等。以下主要介绍一般性报告。

➡ 例一 1

```
                                              文書記号番号
                                              〇〇年〇〇月〇〇日
〇〇大臣　〇〇〇〇殿
                                              〇〇県知事
                                              〇〇〇〇　㊞
          国民健康保険条例の一部改正の認可について（報告）
　甲野町国民健康保険の財政は、一月月報で報告しましたように、危機におちいっています。この危機を切り抜けるため、甲野町長から、別紙のように条例の一部改正の申請がありましたので、一時的にはやむを得ないものと認め、認可しました。
　添付書類
　1. 認可書の写し
　2. 申請書の写し
```

例—2

```
                                            文書記号番号
                                            ○○年○○月○○日

  ○○大臣　○○○○殿
                                            ○○研究所長
                                            ○○○○　㊞

              国有財産の異動について（報告）
  当研究所所属の国有財産に、下記のとおり異動がありました。
                       記
    1. 台帳記載事項
    2. 異動理由及び異動年月日
      添付書類
      土地所有権移転登記嘱託副本
```

例—3

```
                                            文書記号番号
                                            ○○年○○月○○日

  ○○財務局長　○○○○殿
                                            ○○県財務部長
                                            ○○○○　㊞

              今回の台風による被害について（報告）
  昨日、当県に襲来した台風によって管下各地方が受けた被害については、交通通信の
回復が十分でないため、詳細が判明するに至っておりません。現在までに県災害対策本
部に集まった情報は、別紙のとおりです。
```

例—4

```
                                            ○○年○○月○○日
                   出張報告
                                            ○○課○○係
                                            ○○○○　㊞

  ○○製品販売促進のため、○○エリアへ出張しましたので、下記の通り報告いたし
ます。
                       記
    1. 出張先       ○○県　○○エリア
    2. 期間         ○○年　○○月○日
    3. 目的         ○○製品促進のための取り扱い店開拓
    4. 結果         （略）
    5. 添付資料     （略）
```

二、申請（しんせい）

　　"申請"是请示报告中最常用的一种形式。使用范围较广，凡下级机关或个人请求主管上级对某事给予批准、认可、许可或向主管上级请求某事时，都可用申请的形式。

➡ 例—1

> 　　　　　　　　　　　　　　　　　　　　　　　　　文書記号番号
> 　　　　　　　　　　　　　　　　　　　　　　　　　〇〇年〇〇月〇〇日
>
> 　〇〇大臣　〇〇〇〇殿
>
> 　　　　　　　　　　　　　　　　　　　　〇〇県知事　〇〇〇〇　[印]
>
> 　　　　　　〇〇年度国庫負担通常砂防工事設計 変更の認可について（申請）
> 　　この工事は、〇〇年8月6日付で認可を受け施行中でありますが、下記の理由によって、別冊のとおり設計変更をしたいと思いますので、認可してくださるようお願いします。
> （別冊略）

➡ 例—2

> 　　　　　　　　　　　　　　　　　　　　　　　　　文書記号番号
> 　　　　　　　　　　　　　　　　　　　　　　　　　〇〇年〇〇月〇〇日
>
> 　〇〇大臣〇〇　〇〇〇〇殿
>
> 　　　　　　　　　　　　　　　　　　　　〇〇県知事　〇〇〇〇　[印]
>
> 　　　　　　　　〇〇年度〇〇基金補助金の交付について（申請）
> 　　〇〇年度に〇〇事業を下記のとおり実施したいと思います。ついては、〇〇基金造成事業補助金交付要項の規定によって、補助金の交付を申請します。

➡ 例—3

> 　　　　　　　　　　　　　　　　　　　　　　　　　〇〇年〇〇月〇〇日
>
> 　〇〇県知事　〇〇〇〇殿
>
> 　　　　　　　　　　　　　　　　　　　　　　　　　申請者住所
> 　　　　　　　　　　　　　　　　　　　　　　　　　〇〇〇〇　[印]
>
> 　　　　　　　　　　保健指導医師（保健婦）指定申請書
> 　　児童福祉法施行規則第7条の規定による保健指導医師（保健婦）として、下記のとおり指定してください。

三、願い（ねがい）

　　"願い"也是下级机关或个人向上级部门申请批准、认可等的上行公文。"願い"纯属请求，故只用于下级对上级，个人对部门。这一类的"願い"也属于"願書"（がんしょ）的一种。

第二章 常用公文

▶ 例—1

```
                                              文書記号番号
                                              ○○年○○月○○日

○○大臣　○○○○殿
                                              財団法人○○協会理事長
                                              ○○○○　印

            文部科学省後援名義使用について(願い)
　このたび○○展覧会を下記の通り開催します。ついては、文部科学省後援名義の使用
を許可願います。
                        記
    1. 趣旨
    2. 主催者
    3. 期間
    4. 会場
    5. 後援者(文部省のほか)
```

▶ 例—2

```
                                              文書記号番号
                                              ○○年○○月○○日

○○大臣　○○○○殿
                                              ○○協会理事長
                                              ○○○○　印

            大臣臨席(並びに祝辞)について(願い)
　○○○○新築落成祝賀式を、下記によって挙行致します。ついては、当日大臣のご臨
席を得(かつ祝辞をいただき)たくお願いいたします。
                        記
    1. 日　　時　　○○年○○月○○日　(○曜日)　午前○○時～○○時
    2. 式次第　　　ア
                  イ

添付書類
```

▶ 例—3

```
                                              ○○年○○月○○日

○○講習所所長　○○○○殿
                                              住所
                                              氏名　○○○○　印

                  入所願い
　貴所(○○科)講習生として入所したく、関係書類を添えて御願いします。
```

例—4

```
                                          ○○年○○月○○日
   ○○市議会議長　○○○○殿
                                          ○○市議会議員○○○○ 印
           辞職願い
   このたび○○のため議員を辞職したいと思いますので、（地方自治法第126条の規定
によって）許可してくださるよう願います。
```

四、上申（じょう しん）と具申（ぐ しん）

"上申"（呈申）和"具申"（呈报）与上述"申請""願い"有所不同。"上申"和"具申"是下级机关向主管上级机关提出建议或意见，或请求上级给予人事方面的任免，或要求叙位叙奖方面的批准时的呈报、提案书。

例—1

```
                                          文書記号番号
                                          ○○年○○月○○日
   ○○大臣　○○○○殿
                                          大臣官房総務課長
                                          　　　　○○○○ 印
                     上　申
   下記のように発令願います。
                     記
                                          文部科学事務官○○○○
   大臣官房総務課勤務を命ずる。
   ○○年○○月○○日
                     文部科学省
```

例—2

```
                                          文書記号番号
                                          ○○年○○月○○日
   ○○大臣
        ○○○○　殿
                                          ○○財務局長　○○○○ 印
           相互銀行の営業内免許について（具申）
   ○○相互銀行から別添のとおり営業内許可申請書の提出がありましたので、具申いた
します。
   なお、当局の意見は、下記のとおりであります。
                     記
   1. _____。
   2. _____。
```

例―3

```
                                          文書記号番号
                                          ○○年○○月○○日
○○大臣
                                          ○○県知事○○○○ 印

                    叙位叙勲について（具申）
  本籍
  住所
                                                 従七位○○○○
                                                 ○○年○月○日生
   上記の者は、○○月○○日病死しましたが、生前、下記のように教育界、学界その他各
  方面に大きな功績をたて、広く一般から敬慕されていましたので、叙位叙勲の栄を賜わ
  りたく、関係書類を添えて具申いたします。
                         記
   1. 教育界での功績
   2. 学界での功績
   3. その他の功績
```

五、進達（しん たつ）と副申（ふく しん）

通过法令规定的行政官厅将个人或下级组织的申请报告等转递到上级官厅时，附在申请报告上的文书要用"進達"（转呈）。而在申请报告上需附上转递部门的调查核实意见时要用"副申"。

例―1

```
                                          文書記号番号
                                          ○○年○○月○○日
○○大臣　○○○○殿
                                          ○○県記事　○○○○ 印

                甲野国立公園特別地域採掘許可願について（進達）
    下記のとおり許可願がありましたので、進達します。
                         記
  ○○県東郡甲野        乙野鉱業株式会社
                       乙野鉱業所鉱業代理人
                            ○○○○
```

例―2

```
                                          文書記号番号
                                          ○○年○○月○○日
○○県知事　○○○○殿
                                          ○○県○○保健所長 印

                温泉堀さく許可申請について（進達）
    ○○郡○○町（氏名）からの申請を一部受けましたので、温泉監視員の調査復命書と共
  にお送りします。
```

例—3

```
                                    文書記号番号
                                    ○○年○○月○○日
  ○○大臣　○○○○殿
                                    ○○県知事○○○○　[印]

              学校法人○○学院設立について(副申)
    学校法人○○学院設立発起人○○○○からの申請をを受けました。その設立内容を
  調査しましたところ、教育基本法の趣旨に基く学校法人として適当と思われますから、
  その認可をお願いします。
```

第三节　命令、批复类

　　命令类公文是上级行政机关，特别是政府机关对其下级机关或所属职员下达命令，如宣布行政处理意见时发布的带有强制性、领导性的文件。日语常用的有"命令""訓令""達"等。
　　批复是上级机关向其下级机关或个人告知其申请、请示给予批准、答复与否时使用的一种公文、日语常用"指令"等。

一、命令（めいれい）

　　"命令"（命令）是上级行政机关，特别是政府机关向其下级机关或个人发布的带有强制性、领导性的文件。

例—1

```
                                    蔵管第○○号
              命令書
                                    ○○県○○市○○町○○号
                                    ○○株式会社
                                    代表取締役○○○○

    国財産の返還などに関する政令(○○年政令第6号)第13条第1項第3号の規定によ
  り、貴社の所有する下記の財産を○○年○○月○○日までに○○石油株式会社(○○県
  ○○市○○区○○町○○号)に譲渡し、かつ引き渡すことを命ずる。
    ○○年○○月○○日
                                    大蔵大臣○○○○　[印]
```

➡ 例—2

> 内閣訓令第1号
>
> 　　　　　　　　　　　　　　　　　　　　　　　　　　　　各行政機関
> 　　　　　　　　「当用漢字音訓表」の実施について
> 　さきに、政府は、〇〇年内閣告示第2号をもって「当用漢字音訓表」を告示したが、その後の実施の経験等にかんがみ、これを改定し、本日、内閣告示第1号をもって、新たに「当用漢字音訓表」を告示した。
> 　今後、各行政機関においては、この表を当用漢字表に掲げる漢字の音訓使用の目安とするものとする。
> 　なお、〇〇年内閣訓令第2号は廃止する。
> 　〇〇年〇月〇日
> 　　　　　　　　　　　　　　　　　　　　　　　　　内閣総理大臣〇〇〇〇　印

➡ 例—3

> 内閣訓令第2号
>
> 　　　　　　　　　　　　　　　　　　　　　　　　　　　　各行政機関
> 　　　　　　　　「送り仮名付け方」の実施について
> 　さきに、政府は、〇〇年内閣告示第1号を持って「送り仮名の付け方」を告示したが、その後の実施の経験等にかんがみ、これを改定し、本日、内閣告示第2号をもって、新たに「送り仮名の付け方」を告示した。
> 　今後、各行政機関においては、これを送り仮名の付け方のよりどころとするものとする。
> 　なお、〇〇年内閣訓令第1号は、廃止する。
> 　〇〇年〇月〇日
> 　　　　　　　　　　　　　　　　　　　　　　　　　内閣総理大臣〇〇〇〇　印

➡ 例—4

> 　　　　　　　　　　　　　　　　　　　　　　　　　　〇〇県達予第〇号
> 　　　　　　　　　　　　　　　　　　　　　　　　　　〇〇年〇〇月〇〇日
> 　　　　　　　　　　　入院命令書
> 　　　　　　　　　　　　　　　　　　住所
> 　　　　　　　　　　　　　　　　　　保護義務者〇〇〇〇
> 　精神衛生法第99条の規定によって、貴殿が保護している下記の者を、〇〇年〇月〇日、〇〇県指定病院〇〇病院に入院させることを命ずる。
> 　　　　　　　　　　　　　　　記
> 　住所
> 　性別　　　男
> 　氏名　　　〇〇〇〇
> 　生年月日　〇〇年〇月〇日
> 　　　　　　　　　　　　　　　　　　　　　　　〇〇県知事〇〇〇〇　印

二、指令（しれい）

"指令"（指令）的内容一般包括两个方面：一是告知情况，即将下级提出的申请、请示的批准情况告知申请、请示机关或个人；二是表明态度，即对下级提出的申请或请示内容表明是许可、认可还是承认等。

▶ 例—1

```
                                          文書記号番号
                                          ○○年○○月○○日
  ○○○○町長　殿
    ○○年度○○○法第○○条による国庫補助金として、下記の金額を交付します。
                                    ○○県知事○○○○　[印]

                         記
  金＿＿＿＿＿＿＿円
```

▶ 例—2

```
                                          文書記号番号

                              住所
                              氏名
    ○○年○月○日付で申請のあった飲食店営業については、食品衛生法（○○年法律第
  233号）第○条の規定に基づき、下記の条件を付けて許可します。
    ○○年○○月○○日
                                    ○○県知事○○○○　[印]
  1. 営業許可の有効期間              ○○年○月○日
                                         ～○○年○月○日
  2. 許可を受けた日から3ヶ月を経過しても開業せず、または、届出をしないで6ヶ月以
     上休業したとき、営業の許可は効力を失う。
```

▶ 例—3

```
                                          文書記号番号
                              住所
                              氏名
    ○○年○月○日付けで申請のあった公衆浴場営業については、下記の理由で許可しま
  せん。
    なお、この処分に不服があるときは、この通知を受けた翌日から起算して60日以内
  に、厚生大臣に対して審査を請求することができます。
    ○○年○○月○○日
                                    ○○県知事○○○○　[印]
                         記
  1. 公衆浴場法施行条例（○○年○○県条例第○号）第○条に規定する居住人口が○○
     人に達しない。
  2. 同条例同条第○号の特例を適用すべき特殊性がない。
```

例一4

```
                                    指令第〇〇号
                                大阪市〇〇区〇〇町〇〇号
                                〇〇〇事務所〇〇〇〇
　〇〇年〇月〇日から〇〇年〇月〇日まで税関貨物取扱人の業務に従事することを免
許する。
　業務に従事するに当たっては、下記の規定を厳守しなければならない。
　年　月　日
                                  大阪税関長　〇〇〇〇　印

                （記略）
```

三、辞令（じれい）

"辞令"（任免令）是行政机关任免职务时，任免机关交给被任免人的文书。任免职务时有时也用"委任状"。

例一1

```
                      辞令
（氏名）〇〇〇〇
〇〇市事務吏員に任命する。
行政職〇等級〇号給を給する。
〇〇部〇〇課勤務を命ずる。
主事を命ずる。
〇〇年〇〇月〇〇日
                              〇〇市長　〇〇〇〇　印
```

例一2

```
                      辞令
                              開発部新素材課
                              主事補〇〇〇〇
　あなたを〇〇年〇〇月〇日付をもって、営業部販売第三課課長代理に任命し、資格を
主事とします。
　〇〇年〇〇月〇日
                              黒強カーボン工業株式会社
                              代表取締役社長　〇〇〇〇　印
```

▶ 例—3

```
                        辞令                      NO. 20112000106
  ○○○○　様
    あなたを○○年○○月○日付をもって、○○大学の教授に任じます。
      ○○年○○月○日
  月額 643.800 円

                                              学校法人  [印]
```

▶ 例—4

```
                       退職辞令
  (氏名)○○○○                        (現職名)○○市事務吏員
  辞職を承認する
        ○○年○○月○○日

                                    ○○市長    ○○○○  [印]
```

▶ 例—5

```
                                              文書記号番号
                       委任状
                                          日本銀行○○支店
                                              ○○○○
  ○○○○を○○大臣の代理人と定め、下記の権限を委任する。
  ○○年○○月○○日

                                       大蔵大臣○○○○  [印]

                        (記略)
```

第四节 咨询、答复类

咨询类公文是行政机关向咨询部门或行政机关之间，就某一事项进行了解或征求意见的文书。日语常用的有"諮問""照会"等。而答复类公文是对咨询的事项进行回答时的文书。常用的有"答申""回答"等。

一、諮問（しもん）

"諮問"（咨询）是行政当局向特设的咨询部门，就法律上规定的某事项征求意见的文书。属于下行公文。咨询部门对此的意见用"答申"的形式答复。

➡ 例―1

```
                                    文書記号番号
                                    ○○年度諮問第○○号
                                    私立大学審議会
　○○年度から開設する短期大学設置のため、下記の学校法人設立について認可の申請
がありましたので、私立学校第31条によって諮問します。
　○○○短期大学
　○○○学　園
　○○年○○月○○日
                                    文部科学大臣　○○○○ 印
```

➡ 例―2

```
                                               文文国第○○号

国語審議会
　次の事項について、別紙理由を添えて諮問します。
　国語施策の改善の具体策について
　○○年○○月○○日
                                    文部科学大臣　○○○○ 印
```

➡ 例―3

```
                                    文書記号番号
                                    ○○年○○月○○日
○○市(町・村)　特別職報酬等審議会
                          ○○市(町・村)長　○○○○ 印
            　市(町・村)長等の給料の額の改定について
　下記のように改定することについて、貴審議会の意見を求めます。
                          記
  市(町・村)　　長　　　給料月額　　　○○○円
  助　　　　　　役　　　給料月額　　　○○○円
  経　　　　　　理　　　給料月額　　　○○○円
```

二、照会（しょう かい）

　　"照会"（函询）是行政机关之间或行政机关向个人就某事项征求意见、调查了解时使用的文书。因此它不完全是下行公文，这一点与咨询有所不同。函询的内容一般有① 函询目的；② 函询事项；③ 答复形式与期限等。对函询的答复一般用"回答"。

例—1

```
                                            文書記号番号
                                            ○○年○○月○○日
○○市長　○○○○殿
                                            ○○県経綒部長
                                              ○○○○　㊞
              麦の病虫害の発生状況調査について（照会）
  貴管内の実状について調査のうえ、下記様式で取りまとめて、○月○日までに○○課
に必着するよう御回答ください。
                        （記略）
```

例—2

```
                                            文書記号番号
                                            ○○年○○月○○日
○○省○○局長　○○○○殿
                                            ○○県教育委員会教育長
                                              ○○○○　㊞
              ○○法第○条の解釈について（照会）
  下記の事項について疑義が生じましたので伺います。
                         記
  1. _____。
  2. _____。
```

例—3

```
                                            文書記号番号
                                            ○○年○○月○○日
○○○○殿
                                      ○○県○○部長　○○○○　㊞
              従業員の雇用状況について（照会）
  ご多用のところ恐縮ですが、労働行政上参考にしたいと思いますので、下記事項につ
いて回答願います。
                        （記略）
```

➡ 例—4

<pre>
                納入品の数量不足について(照会)
前略　○月○日付注文書(伝票番号125)で注文いたしました貴社問題集、本日東洋急送
(株)のトラック便にて着荷いたしました。早速納品書と突き合せましたが、下記のとお
り品物が不足しておりました。
　　何かの手違いによるものと思いますが、お取調べの上、不足分を至急ご追送ください
ますようお願い申し上げます。
　　なお、領収書は運転手の○○氏立会いの上、訂正させていただきました。
                                                                   草々

納品書数   着荷数
1年用　　50冊   47冊
2年用　　50冊   50冊
3年用　　50冊   49冊

                                                                   以上
</pre>

三、答申（とうしん）

"答申"是对咨询内容的答复。

➡ 例—1

<pre>
                                                    ○○年○○月○○日
○○県知事　○○○○殿
                                              ○○県特別職報酬等審議会会長
                                                    ○○○○　㊞

                県議会議員等について(答申)
　○○年○○月○日付の諮問に対して、当審議会は下記のように議決しました。
                        （記略）
</pre>

➡ 例—2

<pre>
                                                    ○○年○○月○○日
○○大臣　○○○○殿
                                                    国語審議会会長
                                                    ○○○○　㊞

                国語施策の改善の具体策について(答申)
　○○年○○月○○日付の諮問に対して、当国語審議会は下記のように表決しま
した。
                        （記略）
</pre>

四、回答（かいとう）

"回答"是对函询事项进行答复时的文书。如果函询要求按规定的形式和期限答复时，一定要按其要求答复。

➡ 例—1

```
                                           文書記号番号
                                           ○○年○○月○○日
   ○○省○○局長　殿
                                           ○○○新聞社長
                                           ○○○○ 印
              委員の委嘱について（回答）
   　○○年○月○日付○○第○○号で、照会のあった本社（役職名）○○○○を○○審議会
   委員に委嘱することは、差し支えあります。
   　　なお、本人の承諾書並びに履歴書を添付します。
```

➡ 例—2

```
                                           文書記号番号
                                           ○○年○○月○○日
   ○○県○○部長　殿
                                           ○○県総務部長
                                           ○○○○ 印
              文書の整理保存制度について
             （○月○日付の第○号に対する回答）
   　御照会のことについては、下記のとおりです。
                     （記略）
```

➡ 例—3

```
                                           文書記号番号
                                           ○○年○○月○○日
   ○○県労働部長　殿
                                           ○○町長
                                           ○○○○ 印
             民芸会館に関する参考事項について
          （○○年○○月○日○○第5号に対する回答）
   　上記日付のご照会ですが、当県では民芸会館を設置していません。
```

第五节　委托、协商类

　　委托对方个人或机关部门协助办理某些事情时使用的公用文书是委托书，日语常用"依頼文"。协商多以商量的口气提出自己的要求和意见，请求对方同意或认可。

第二章 常用公文

一、依頼（いらい）

"依頼"是委托特定的单位或个人做某件事。

➡ 例—1

```
                                              文書記号番号
                                              ○○年○○月○○日
    ○○省○○局　○○○○殿
                                              ○○○○長
                                              ○○○○ 印

              講師派遣について（依頼）
    下記の講習会に、貴局○○課事務官○○○○を、講師として派遣してください。
                           記
    1. 名称      2. 目的      3. 主催者      4. 期日
    5. 場所      6. 講師      7. 受講者      8. 講師の旅費
                                                        以上
```

➡ 例—2

```
                 資料ご送付の依頼
    拝啓　毎々格別のお引き立てありがとうございます。
    さて、来週末、当セクションでイベントが行われます。つきましては、貴社製品「FX－
203」の参考資料をご送付いただく依頼申し上げます。
                                                    敬具
```

➡ 例—3

```
                                              文書記号番号
                                              ○○年○○月○○日
    ○○○○殿
                                              文部科学省大学学術局長
                                              ○○○○ 印

              審議会委員の委嘱について（依頼）
    このたび文部科学省では、文部大臣の諮問機関として、○○について審議するため、
○○審議会が設けられました。ついては、あなたにこの委員を委嘱したいと思います。
ご多用とは思いますが、ご承諾くださるようお願いいたします。
```

例—4

```
                                        文書記号番号
                                        ○○年○○月○○日
○○省○○局長　殿
                                            ○○県知事
                                            ○○○○　印

              ○○史料の借用について（依頼）
　本県では、○○月○○日において○○展示会を開催します。ついては、貴省所蔵の○○史料を下記によってお貸しいただくお願い致します。
　　　　なお、御承諾願えますならば、出品物の大きさ・点数など、折り返しお知らせください。
                         記
1. 借用者
2. 借用品名
3. 借用期間
4. 借用条件
                                            以上
```

例—5

```
                                        ○○年○月○○日
株式会社○○工業
　　　　○○○室　御中
                       修理依頼
前略　昨年○月購入の貴社製品「HR－K211」が不具合となりました。プリントアウトの際、用紙が何枚も同時に入ってしまい、たびたび紙詰まりをおこす状態です。近日中にエンジニアを派遣していただき、修理をお願いいたします。
                                            草々
```

二、協議（きょうぎ）

"協議"与"依頼"相比，带有商量的语气。

例—1

```
                                        文書記号番号
                                        ○○年○○月○○日
○○大臣　殿
                                            ○○県知事
                                            ○○○○　印

            生活保護法による保護施設の設置について（協議）
　○○年度に、下記のように保護施設を設置したいと計画しておりますので、ご承諾くださるようお願いいたします。
                                          （記略）
```

例―2

```
                                           文書記号番号
                                           ○○年○○月○○日

    ○○○○事務次官  殿
                                           文部科学事務次官
                                             ○○○○  印

         社団法人○○会定款の一部変更の認可について（協議）
     ○○年○月○日付○○第○○号で申請のこのことについて、別紙原義写しに申請書副
    本1部を添えて協議します。
     なお、文部科学省は、○○年○○月○○日認可の決裁がありました。
                                                 （別紙省略）
```

第六节　公告、告示类

　　公告、告示都是国家或公共团体向国民公布某些政策法令、重大事项以及有些机关单位向一定范围的人公布应当注意或遵守的事项时所发布的公文。日语常用的有"公告"、"告示"、"公布"、"公示"等。

一、公告（こうこく）

　　"公告"（公告）是国家机关或公共团体，把需要一般民众广泛注意、了解、遵守和执行的事项进行公布或宣传时使用的公文。"公告"也可以在机关报纸上或一般报纸上登载。

例―1

```
                                                    ○○第○○号
                         収容貨物満期公告
     下記の収容貨物は、収容後3か月以上を経過しましたから、関税法（○○年法律第61
    号）第79条第1項の規定によって公告します。
     ○○年○○月○○日
                                                    ○○税関  印
```

収容番号	記号	種類	数量	備考

67

例—2

流感予防接種について（公告）
　いよいよインフルエンザの流行する時期になりました。本年の冬は長期予報によると好天続きで寒さが厳しいとのことです。本診療所は下記のとおり流感の予防接種を行ないますので、できるだけ受けるようおすすめします。
記
1. 対象
2. 日時
3. 場所

二、告示（こくじ）

"告示"（告示）是国家机关或公共团体向其下属部门或个人宣布新的决定、要求时的公文。

例—1

内閣告示第〇号
〇〇年〇〇月〇〇日
当用漢字音訓表について
　一般の社会生活について現代の国語を書き表すための漢字の音訓使用の目安を、次の表のように定める。
　なお、〇〇年内閣告示第〇号は、廃止する。
〇〇年〇〇月〇〇日

内閣総理大臣〇〇〇〇　印

例—2

内閣告示第〇〇号
現代国語の口語文を書き表す仮名づかいを、次のように決める。
〇〇年〇〇月〇〇日

内閣総理大臣〇〇〇〇　印

例—3

内閣告示第〇号
〇〇年〇〇月〇〇日
国語を書き表す場所に用いるローマ字のつづり方を次のように決める。
〇〇年〇〇月〇〇日

内閣総理大臣〇〇〇〇　印

➡ 例—4

```
                                    ○○県告示第○号
                                    ○○年○○月○○日
                                    ○○県知事
                                      ○○○○ ㊞

 ○○県食品衛生検査規則を次の通りに定める。
            ○○県食品衛生検査規則
（条文省略）
```

第七节　证明、证书、奖状、感谢状类

一、証明書（しょう めい しょ）

　　"証明書"即证明书、证明材料，是以机关、团体或个人的名义凭确凿的证据，证明某人的身份、经历，或证明有关事件的真实情况的文书。

➡ 例—1

```
                  証明書
                              住所
                              氏名
                              ○○年○○月○○日生

 上記の者は、○○○○であることを証明する。
   年　月　日

                              ○○県知事○○○○ ㊞
```

➡ 例—2

```
               行政書士登録証明書

 ㊞ 第○○号
   下記は、○○県行政書士として行政書士名薄○○年第○○号に登録された者で
 ある。
                              ○○県○○市○○○○
                              ○○年○月○日生

   ○○年○○月○○日
                              ○○県知事○○○○ ㊞
```

➡ 例—3

　　　　　　　　　　　　　年収証明書

　　　　　　　　　　　　　　　　　　　　　　　職　名
　　　　　　　　　　　　　　　　　　　　　　　氏　名
　　　　　　　　　　　　　　　　　　　　　　　生　〇〇年〇〇月〇〇日

　　上記の者、〇〇年の給与支払い見込み総額は、〇〇〇〇〇〇〇円(非課税通勤手当を含む)であることを証明します。
　　〇〇年〇〇月〇〇日

　　　　　　　　　　　　　　　　　　　　　京田辺市興戸南鉾立97—3
　　　　　　　　　　　　　　　　　　　　　〇〇〇〇大学
　　　　　　　　　　　　　　　　　　　　　学長　〇〇〇〇　㊞

➡ 例—4

　　　　　　　　　　　　　在職証明書

　　職　名
　　氏　名
　　生　〇〇年〇〇月〇〇日
　　上記の者、本学〇〇〇〇大学、専任教員(身分　教授)として、下記のとおり在職していることを証明します。
　　　　　　　　　　　　　　　記
　　1. 契約期間　　　〇〇年〇〇月〇日から
　　　　　　　　　　　〇〇年〇〇月〇日まで

　　　　　　　　　　　　　　　　　　　　〇〇年〇〇月〇〇日
　　　　　　　　　　　　　　　　　　　　京田辺市興戸南鉾立12—3
　　　　　　　　　　　　　　　　　　　　〇〇〇〇大学
　　　　　　　　　　　　　　　　　　　　学長　〇〇〇〇　㊞

➡ 例—5

　　　　　　　　　　　　　在職証明書

　　　　　　　　　　　　　　　　　　　　　　　職名
　　　　　　　　　　　　　　　　　　　　　　　氏名
　　　　　　　　　　　　　　　　　　　　　　　生〇〇年〇〇月〇〇日
　　　　　　　　　　　　　　　　　　　　　　　現住所
　　上記の者、〇〇大学の客員教員(身分　教授)として、在職していることを証明します。
　　なお、業務委嘱期間は〇〇年〇月〇〇日～〇〇年〇月〇〇日までである。
　　〇〇年〇月〇日

　　　　　　　　　　　　　　　　　　　　京田辺市興戸123—45
　　　　　　　　　　　　　　　　　　　　学校法人　〇〇学園
　　　　　　　　　　　　　　　　　　　　理事長　〇〇〇〇　㊞

➡ 例—6

```
                        研究証書
 [印] 第○号
                                          国　籍
                                          姓　名
                                          ○○年○月○日生

   研究科目：日本語学
   本学人文学部において研究員として○○年○月から○○年○月まで頭書の科目について研究したことを認める。
     ○○年○○月○○日
```

➡ 例—7

```
                                                    文書番号記号
                        規則認証書
                                          宗教法人名　○○○○
                                          代表者名　○○○○

   ○○年○月○日付で申請のあった宗教法人「○○○○」の規則を、宗教法人法（○○年法律第126号）第14条の規定によって認証します。
     ○○年○○月○○日
                                                  ○○県知事
                                                  ○○○○ [印]
```

二、賞状（しょう じょう）

"賞状"（奖状），是为了对工作、学习等方面的优秀者表示鼓励或表扬而发给的证书。奖状上主要写受奖者的成绩，和对此鼓励或表扬的话。有时也用"表彰状"（ひょう しょう じょう）。为向获奖人表示敬意，一般写"賞状"要注意省略标点符号，但要空一格。

➡ 例—1

```
                        賞状
                                                    ○○○○
   あなたは○○年度芸術祭に参加し「演劇の題名など」において優秀な成績をおさめわが演劇の進歩に著しい貢献をされた、よってこれを賞する
     ○○年○○月○○日
                                          文部科学大臣○○○○ [印]
```

➡ 例—2

```
                                          ○○年○○月○○日
○○○○　殿
                      賞状
　　○○年度○○○主催○○○展覧会に出品したあなたの作品「○○○○」は　審査の結
果、優秀を認められました　よって記念品を贈りこれを賞します
                                          ○○県知事○○○○ 印
```

➡ 例—3

```
                                          ○○年○○月○○日
                      表彰状
                                          ○○○○　殿
　　○○年○月○日の水害の際　あなたは一身の危険をも顧みず　○○川堤防の決壊防
止のために努力されました　よって　ここで金一封を贈って表彰します
                                          ○○県知事
                                          ○○○○ 印
```

三、感謝状（かんしゃじょう）

"感謝状"是为了感谢对方的支持或帮助而写的谢函。它不仅有感谢的意思，还有表扬的意思。和"賞状"一样，写"感謝状"也要注意省略标点符号，但要空一格。

➡ 例—1

```
                      感謝状
                                          ○○○○
　　あなたは○○年度の芸術祭に協力し　わが国文化の進展に多大の貢献をされました
よって感謝の意を表します
　　○○年○○月○○日

                                          文部科学大臣○○○○ 印
```

思考与练习

1. 日语常用公文的写作基本要求是什么？
2. 写常用公文具体要特别注意哪几方面的问题？
3. 日语常用公文写作一般需要什么文体？
4. 常用公用文中"通達"和"進達""達"以及"お願い"和"願い"有什么不同？
5. 大致说明"依頼文"和"協議文"的不同。

第四章
社交明信片

概　述

　　明信片，日语叫"はがき"，有时标写汉字"端書・羽書・葉書"，是日本"郵便はがき"（ゆうびんはがき）的简称。

　　明信片，在日本作为正式的邮递信件的一种，开始于1873年（日本明治6年）。根据日本邮政法，规定明信片为第二种邮件（第二種郵便物）。

　　在日本，明信片的使用十分广泛，种类丰富多彩。如按明信片发行机构的性质，可以分为"官製はがき"和"私製はがき"；如按明信片的印刷形式，可以分为无图案、同一颜色的"無地はがき"，印有照片、插图、肖像等的"絵はがき"，和下端印有企业广告的"エコはがき"；如按邮递形式，可以分为"通常はがき"和"往復はがき"等。

　　明信片，与其他信件不同，无须装入信封，正面从右往左写上收件人地址和姓名、寄件人地址和姓名，背面写上信件内容，如果你使用的是非"官製"明信片，再贴足邮票，直接投入邮筒即可。因此，明信片让寄件人感到快捷、方便，使收件人感到轻松、亲切。多用于信件内容无须保密，投递快捷方便的非郑重场合。如："年賀状"（贺年片）和各种"見舞状"（问候信）等都使用明信片，这早已成为一种习惯。一年当中写得最多的要属"年賀状"，其次是作为季节问候的"見舞状"。近几年随着通讯手段的迅速发展，电脑、电话和手机的普及，一般场合的明信片越来越少。

第一节　祝贺新年用明信片

　　祝贺新年用明信片简称"贺年片"，是过新年时上下级之间、师生之间以及亲朋好友之间相互祝福的一种简便书信形式。就像平时大家见面后相互口头问好一样，新年过后大家见

面一般习惯相互口头祝福。把新年相互口头祝福的话写在明信片上寄给对方,就成了贺年片。

一、年賀状(ねんがじょう)

"年賀状"(贺年片)是向对方祝贺新年的简便的信件。每当新的一年即将来临时,人们都习惯向自己的上级,师长,亲朋好友寄上一张贺年片,以表祝贺。有时候,由于种种原因,一年当中很少与自己的上级,师长,亲朋好友联系,为避免相互之间感情上的疏远,新年也可以寄上一张贺年片,以此来联络感情。

日本的贺年片,有从邮局买来印刷的邮政贺年片,也有家庭自制的贺年片。近几年,多数家庭都是先买来印刷的邮政贺年片,然后再在上面印上自己设计的当年的生肖图案、家庭成员的照片,也有印上自己喜欢的宠物照片等。过去不管哪一种贺年片,收件人地址和姓名,寄件人地址和姓名一般要手写,以示郑重,但现在也有的收件人地址和姓名以及寄件人地址一律印刷,只手写寄件人姓名的。

日本的贺年片一般都在12月15日至28日期间寄出。当地邮局将其集中起来,等到新一年的元月1日早上投递。但贺年片上的日期一定是"××年元旦"或"××年一月一日","××年初春"。因此,元月1日早上起床以后,都会一次收到几十张,甚至上百张的贺年片,这是日本贺年片在投递上的一大特点。早饭过后,一家之主要将收到的所有贺年片一一过目,如果发现收到了自己没有寄贺年片的人那里寄来的贺年片时,要立刻复寄,以示感谢。

贺年片一般竖写。靠右上方写贺词,如写"贺春""颂春""謹賀新年""恭賀新年""あけましておめでとうございます"等。贺词之后,写一些祝福或请求关照的客套话。贺年片还可以顺带告知一些其他事情,如告之工作变动,结婚或迁新居等。

➡ 例—1

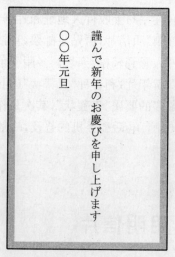

謹んで新年のお慶びを申し上げます

○○年元旦

➡ 例—2

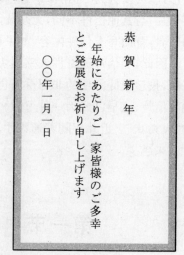

恭賀新年

年始にあたりご一家皆様のご多幸
とご発展をお祈り申し上げます

○○年一月一日

例—3

旧年中　一方ならぬご高配にあずかりまことに有難うございました
本年も相変わらずご指導のほどとろしくお願いいたします
謹んで新年のお祝いを申し上げます

〇〇年一月一日

例—4（順帯告之情況）

新春のお慶びを申し上げます
東京本社から大阪支社へ転勤となって早くも九ヶ月が過ぎました。営業三課に配属も決まって、仕事は担当地域の代理店やお得意先をまわることから始まりました。最初のうちは先輩に同行してもらったのでよかったのですが、そのあと、ひとりでまわるようになってからは、お得意先の顔と名前が一致せず、冷や汗をかいたり見知らぬ町に迷い込んだりと失敗の連続でした。最近はようやくそれにも慣れてまいりましたし、大阪らしい「うまいもん」の店も覚えて、営業まわりの楽しさも加わりました。
今年は昨年にもましてがんばるつもりです。ご指導のほどよろしくお願いいたします。

〇〇年一月一日

例—5（兼通知各類事項）

謹賀新年
一月一日をもって、次のように住居表示を変更になりますので、併せてごあいさつ申し上げます

旧表示　東京都新宿区戸塚町
　　　　　一―一六四七
新表示　東京都新宿区西早稲田
　　　　　一―六―一

〇〇年元旦

例—6

明けましておめでとうございます
十二月一日より電話番号が次のように変更になりますのでここにご通知申し上げます

旧電話番号：〇七五―〇七七
　　　　　　　五―〇七七五
新電話番号：〇七六―〇七七
　　　　　　　六―〇七七六

〇〇年一月一日

例—7（回信用賀年片）

謹賀新年
早々ご丁寧なお年賀状ありがとうございました

〇〇年元旦

例—8

明けましておめでとうございます
早々と年賀状をいただき　誠にありがとうございました　お元気で新春を迎えられ、心からお喜び申し上げます
皆様には本年も何かとお世話になることと存じます　どうかよろしくお願いいたします

〇〇年正月

▶ 例―9

謹賀新年
はやばやご丁寧な年賀状を頂き、恐縮至極に存じます　昨年中はいろいろお世話になりましたこと心から御礼申し上げます　本年も何とぞご指導を賜りますようよろしくお願い申し上げます
〇〇年元旦

▶ 例―10

頌春
年始にあたりご一家皆様のご多幸とご発展をお祈り致します
〇〇年元旦

第二节　季节问候用明信片

　　为了保持社交上的某些关系，交际者之间相互经常进行联系是很有必要的。贺年片一年只能寄一次，不能重复。社交书信，邮寄太烦琐、形式太郑重，在一年中的几个特殊季节里利用明信片的形式进行季节问候，就成了保持社交关系最好的方式。然而，在春光明媚或秋高气爽的季节进行相互问候实在没有意义，于是就一年中的几个特殊季节相互寒暄、问候，这就是"寒中見舞い""梅雨見舞い""暑中見舞い"等。

一、寒中見舞い（かんちゅうみまい）

　　"寒中見舞い"（寒冬问候），即一年当中最冷的时候写给自己的上级，师长，亲朋好友的问候，因为是问候信，内容不会太多，也无须保密，所以通常用明信片的形式。在日本，寒冬问候信的投寄时间为阳历1月中下旬，也就是每年的阴历1月初6，即小寒过后一直到立春（2月4日）期间都行。时间上不像贺年片那样严格，这是区别于贺年片的不同之处。寒冬问候信一般也是竖写。靠右上方写"寒中お見舞い申し上げます""謹んで寒さのお見舞いを申し上げます"等问候的话。然后也可以写一些请求关照或感激的话，以及顺带告知一些事情，但内容不能太长，这和贺年片一样。如果立春之后天气仍然很冷，这时写的问候信叫做"余寒見舞い"（よかんみまい）。

第四章 社交明信片

➡ 例—1

謹んで寒中お伺い申し上げます
○○年○○月

➡ 例—2

寒中お見舞い申し上げます
今年は東京も雪が多く、寒さ厳しい毎日ですが、ご家族の皆様いかがお過ごしでしょうか。スキー場のペンションを経営しておられますと、今が一番忙しい時期でしょう、どうぞ、風邪などひかれませんようにご自愛ください。
○○年○○月

➡ 例—3

寒中お見舞い申し上げます
厳しい寒さが続きますがお風邪などお召しにならぬようくれぐれもお体を大切にしてください
○○年○○月

➡ 例—4

余寒お伺い申し上げます
○○年二月
〒389—0854
長野県飯山市大字飯山
一八八二—二

山田三郎

➡ 例—5（回信用寒冬問候）

寒中お見舞い申し上げます
このたびはご丁寧な寒中お見舞いありがとうございました　おかげさまにて一同無事消光しておりますゆえ　何とぞご放念のほど　お願い申し上げます

➡ 例—6

余寒お見舞い申し上げます
このたびはご丁寧な余寒見舞いを接し、ありがたく御礼申し上げますおかげさまにて、一同異状なく起居しておりますので　何とぞご休心の程お願い申し上げます
○○年○○月

二、梅雨見舞い（つゆみまい）

"梅雨見舞い",顾名思义是指梅雨季节里的问候。日本是四面环海的岛国,每年自南至北都有大约一个月的梅雨季节。梅雨季节里阴雨连绵,空气潮湿燠热,令人郁闷。这时一般利用明信片的形式,亲朋好友之间互相问候生活得如何。日本每年的4月为一年诸事项的开始,如新生入校,毕业生就业,工作变动等一般都在4月进行。经过一段时间安排之后稳定下来时,时间也就到了五六月份,所以多数都利用梅雨季节里的问候信,顺带告知对方自己的工作,学习以及生活的变动情况。

例—1

例—2

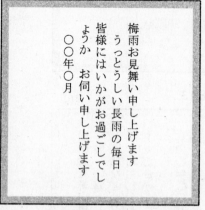

例—3

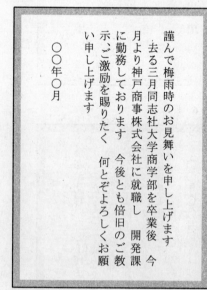

例—4（回信用梅雨季节的问候）

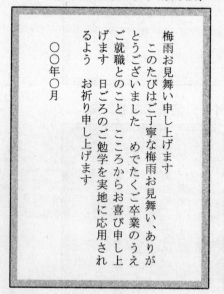

三、暑中見舞い（しょちゅうみまい）

按照日本的季节变化,梅雨过后炎热的夏季就到了。在酷热的盛夏时节,亲友之间有互相写信问候的习惯。日语叫"暑中見舞い"（盛夏问候）。一般也采用明信片的形式。相互

写盛夏问候信的时间,大约是在梅雨季节后到立秋这段时间里,按阳历计算每年的7月23日前后为二十四节气的大暑,8月8日前后是立秋。因此,盛夏问候信一般都是在这一段时间里寄出。如果立秋之后仍然炎热难熬,亲朋好友之间也要写问候信,日语又叫"残暑見舞い"(ざんしょみまい)(残暑问候)。所谓"残暑"就是我们常说的"秋老虎"。

每年一进入7月,各地邮局就开始出售盛夏问候专用的明信片,明信片上的图案与其他明信片不同,色彩多淡雅,给人以凉爽感。盛夏问候的明信片也可以自制,也可以用一般的明信片。

➡ 例—1

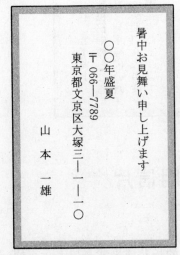

➡ 例—2

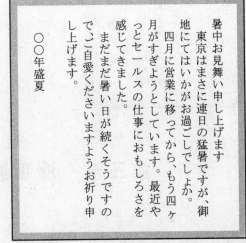

➡ 例—3

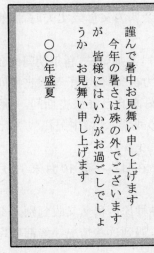

➡ 例—4(回信用盛夏问候)

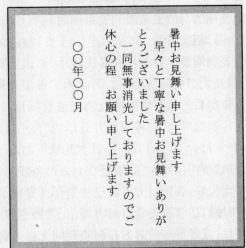

▶ 例—5

残暑お見舞い申し上げます
立秋とはいえ　まだまだ暑さが続いて
おりますので　ますますお元気でありま
すよう　お祈り申し上げます
　〇〇年〇〇月

▶ 例—6

謹んで残暑のお見舞いを申し上げます
四月以来東南アジアを視察中のところ
このほど任務を終わり　無事帰国いた
しました
　留守中何とかお世話になりま
したこと　ここに厚く御礼申し上げます
　〇〇年〇〇月

第三节　服丧通知用明信片

在日本,遵照传统礼俗,要在一定的时期内对刚刚故去的长辈或平辈亲属表示哀悼。日语叫做"丧中"(もちゅう),即服丧期间。

服丧期因与故去亲属的关系而时间有长有短。一般故去亲属为父母或丈夫时,服丧期为13个月,祖父母为150天,妻子、子女、叔伯父为90天。

服丧期间禁忌参与各种喜庆活动,如相互贺年、互寄贺年片,参加婚礼、新年期间的各种聚会,以及大型娱乐活动等。因此为父母服丧期间自不用说,为祖父母、妻子等服丧期间正好在新年前后的也要禁忌接收和寄送贺年片。为了告知亲朋好友自己在服丧期间,一般要写明信片通知对方,这种明信片日语叫"丧中はがき"(もちゅう葉書)、"丧中欠礼状"(もちゅうけつれいじょう)或"年贺欠礼状"(ねんがけつれいじょう)。

寄送"丧中はがき"应该赶在对方准备或邮寄贺年片以前。在日本一般10月末12月初期间寄到为好,否则对方可能已将贺年片寄出了。

有时候,尽管服丧者给对方寄出了"丧中はがき",但由于种种原因仍然又收到别人寄来的贺年片,或者不知道对方在服丧期间无意中寄去了贺年片等,遇到这些情况一般都要写相应的明信片。

写"丧中はがき"是为了告之对方自己在服丧期间,不宜参加一些活动和接收和寄送贺年片,所以"丧中はがき"是通知性的信件。

"丧中はがき"一般首先要写因服丧期间新年前后不能拜年或寄送贺年片,为此表示歉意的话,如"喪中につき年末年始のご挨拶を失礼させていただきます/服丧期间恕不拜年

（或寄送贺年卡）"等。然后要写故去者故去的时间、与故去人的关系、故去者的名字、享年多少等，最后顺带写上对收信人一直给予关照表示感谢。但也有省略故去者基本情况的时候。"喪中はがき"一般也要省略标点符号的情况较多。

一、亡くなった人の情報を記載しない場合

➡ 例－1

喪中につき年末年始のご挨拶
ご遠慮申し上げます
なお 時節柄一層のご自愛の程お祈
り申し上げます
　　〇〇年〇〇月

➡ 例－2

喪中につき 年末年始のご挨拶
ご遠慮申し上げます
本年中に賜りましたご厚情を深謝
致しますと共に 明年も変わらぬご
指導のほどお願い申し上げます
　　〇〇年〇〇月

➡ 例－3

年頭のご挨拶を申し上げるべきところ 喪中
につき失礼させていただきます
本年中のご芳情を厚く御礼申し上げます 明
年も変わらぬご厚誼のほどお願い申し上げ
ます
　　〇〇年〇〇月

➡ 例－4

服喪中のため新年のご挨拶を
失礼させていただきます
皆様にはどうぞよいお年をお迎えください
向寒の折 ご自愛のほど念じ上げます
　　〇〇年〇〇月

二、亡くなった人の名前や続柄を記載する場合

例—1

喪中につき年末年始のご挨拶ご遠慮申し上げます
本年十月に祖母 華子が八十三歳にて永眠いたしました ここに本年中に賜りましたご厚情を深謝申し上げ 明年も変わらぬご指導のほどお願い申し上げます

〇〇年〇〇月

例—2

喪中につき年末年始のご挨拶ご遠慮申し上げます
〇月〇日に父太郎が八十歳にて永眠致しました ここに本年中に賜りましたご厚情を深謝致しますとともに 明年も変わらぬ厚誼のほどお願い申し上げます

〇〇年〇〇月

〒四六四—〇〇七五
名古屋市中区広小路通り一丁目一番地
電話(〇五二)一二三—四五六七

安心 太朗
　　 洋子

例—3

新年のご挨拶を申し上げるべきところ 亡父の喪中につきご遠慮申し上げます
なお 時節柄一層のご自愛の程お祈り申し上げます

〇〇年〇〇月

例—4

亡夫潤一郎の喪中につきお年賀の礼は差し控えさせていただきます
皆様にはよき新年をお迎えくださいますようお祈り申し上げます
なお 寒さ厳しき折柄 いっそうのご自愛のほどお祈り申し上げます

〇〇年〇〇月

三、お二人の方が亡くなった場合

例—1

喪中につき年末年始のご挨拶ご遠慮申し上げます
九月に祖母　幸子七十八歳
十月に祖父　一郎八十二歳　が永眠いたしました
ここに本年中に賜りましたご厚情を深謝致しますと共に明年も変わらぬご交誼のほどお願い申し上げます
〇〇年〇〇月

例—2

喪中につき年頭のご挨拶を失礼させていただきます
十月二十二日母親　幸子が七十八歳
十二月十七日父親　和夫が八十二歳　でなくなりまして
これまで賜りましたご厚情に、故人になり代わりまして厚く御礼申し上げます
〇〇年〇〇

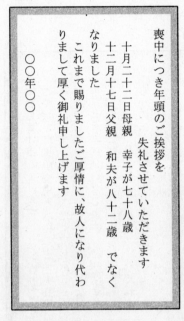

四、喪中に年賀状が届いた場合

　　由于进入12月以后亲人故去，而未来得及寄送"喪中はがき"，或虽然寄送了"喪中はがき"但由于种种原因对方未能收到而发来了贺年片时，一般不要马上回复，而是等正月十五过后，以"寒中見舞い"的形式回复。如：

例—1

寒中お見舞い申し上げます
新年早々お年賀有りがたく頂戴いたしました
当方からご挨拶申し上げるべきところ喪中につき失礼いたしました
なお本年も相変わりませずよろしくお願い申しげます
〇〇年一月

例—2

寒中お見舞い申し上げます
このたびは年始状を頂戴いたしまして有難うございました
実は昨年十二月に夫幸雄が他界いたしまして私共服喪中でございますために年賀のご挨拶を失礼いたしました
皆様のご健康とご成功をお祈り申し上げます
〇〇年〇月

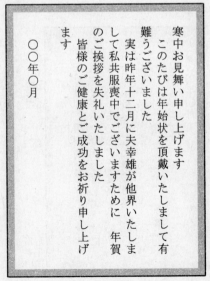

五、喪中はがきが届いた場合

如果收到对方"喪中はがき"时，当年就不能寄送贺年片，一般要选择适当机会以"寒中見舞い"的形式回复。

➡ 例—1

寒中お見舞い申し上げます
このたびは御服喪中とは存じませず賀状を差し上げましてまことに申し訳ございませんでした 知らないでお伺いもしなかったことをお詫びいたします 遅ればせながら、謹んでご冥福をお祈り申し上げます ご一同様には、お身体大切にくれぐれもご自愛のほどお願い申し上げます

○○年一月

➡ 例—2

寒中お見舞い申し上げます
ご服喪中とのおはがきをいただき 驚き入りました 少しも存じませんで失礼いたしておりましたばかりか 年始状まで差し上げました心なしをどうぞお許し下さいませ 近くお伺いしてお詫びかたがたお話を聞かせていただきたいと存じております

○○年○月

六、喪中の相手に年賀状を出してしまった場合

在不了解对方服丧的情况下寄送了贺年卡时，也要在正月十五过后以"詫び状"（道歉）"お悔やみ"（吊唁）或"寒中見舞い"的形式或表示歉意，或表示吊言。内容只写正文，"拝啓""時候挨拶"等一律省略，吊唁信时最后要写"合掌"。

➡ 例—1

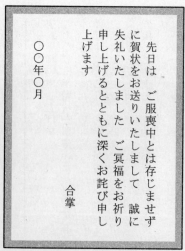

先日はご服喪中とは存じませずに賀状をお送りいたしまして誠に失礼いたしました ご冥福をお祈り申し上げるとともに深くお詫び申し上げます

合掌

○○年○月

➡ 例—2

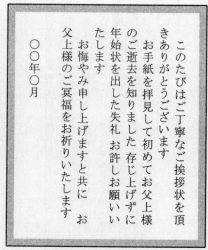

このたびはご丁寧なご挨拶状を頂きありがとうございます お手紙を拝見して初めてお父上様のご逝去を知りました 存じ上げずに年始状を出した失礼 お許しお願いいたします お悔やみ申し上げますと共にお父上様のご冥福をお祈りいたします

○○年○月

七、ビジネスでの場合

当公司内有人故去,特别是主要部门的人员和领导故去时,考虑到与关系单位或客户今后的业务来往,公司要以单位的名义给客户或关系单位寄去"喪中はがき"。内容与个人寄送的"喪中はがき"基本一样,只将致谢部分改为单位名义即可。如:

→ 例―1

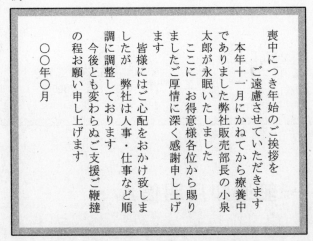

喪中につき年始のご挨拶をご遠慮させていただきます
本年十一月にかねてから療養中でありました弊社販売部長の小泉太郎が永眠いたしました
ここにお得意様各位から賜りましたご厚情に深く感謝申し上げます
皆様にはご心配をおかけ致しましたが弊社は人事・仕事など順調に調整しております
今後とも変わらぬご支援ご鞭撻の程お願い申し上げます

〇〇年〇月

八、ペット喪中はがきの場合

在日本,宠物热久胜不衰,围绕宠物的食品、用具、医院甚至美容院、宾馆、墓地等行业方兴未艾,形成了巨大的"宠物产业"。日本人一般不把宠物看成与人不同的动物,而是看作自家成员之一。所以有的家庭宠物死了也要为此服丧。如果服丧期间正好在新年前后,也要给亲朋好友寄送"喪中はがき"。宠物"喪中はがき"一般要省去开头的"喪中"二字,以避免让对方误解和感到过于郑重。

→ 例―1

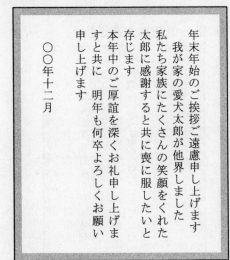

年末年始のご挨拶をご遠慮申し上げます
我が家の愛犬太郎が他界しました
私たち家族にたくさんの笑顔をくれた太郎に感謝すると共に喪に服したいと存じます
本年中のご厚誼を深くお礼申し上げますと共に 明年も何卒よろしくお願い申し上げます

〇〇年十二月

→ 例―2

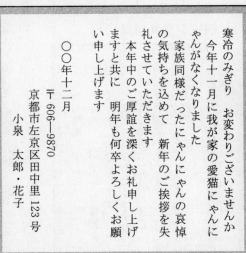

寒冷のみぎり お変わりございませんか
今年十一月に我が家の愛猫にゃんにゃんがなくなりました
家族同様だったにゃんにゃんの哀悼の気持ちを込めて 新年のご挨拶を失礼させていただきます
本年中のご厚誼を深くお礼申し上げますと共に 明年も何卒よろしくお願い申し上げます

〇〇年十二月
〒606―9870
京都市左京区田中里123号
小泉 太郎・花子

宠物"喪中はがき"也有横写的，如上述（例—2）也可以如下横写。

> 寒冷のみぎり　お変わりございませんか
> 　今年十一月に我が家の愛猫にゃんにゃんがなくなりました
> 　家族同様だったにゃんにゃんの哀悼の気持ちを込めて　新年のご挨拶を失礼させていただきます
> 　本年中のご厚誼を深くお礼申し上げますと共に　明年も何卒よろしくお願い申し上げます
>
> ○○年十二月
>
> 　　　　　　　　　　　　　　　　　　〒606—9870
> 　　　　　　　　　　　　　　　　　　京都市左京区田中里123号
> 　　　　　　　　　　　　　　　　　　TEL:075—234—7890
> 　　　　　　　　　　　　　　　　　　小泉　太郎・花子

第四节　一般通知用明信片

　　由于明信片是一种简便的书信，无须装入信封，"官製はがき"一般还印有"料額印面"（りょうがくいんめん），即邮资图案，国内邮寄无须再贴邮票。信的内容可以只写正文，类似"拝啓""拝復"等"頭語"，"新春の候"等"時候の挨拶""安否の挨拶"，以及末尾"伝言の挨拶"和"敬具"等"結語"一律省去，所以快捷方便，非郑重场合的通知等多用明信片。

一、通常はがきの場合

　　"通常はがき"（普通明信片）是无须收信人返回的明信片，以上1～3节中介绍的基本都属于"通常はがき"。

▶ 例—1（告知结婚）

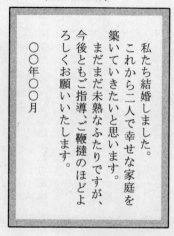

▶ 例—2（告知生孩子）

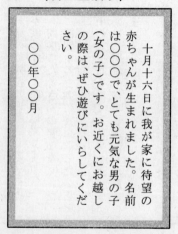

➡ 例一3（告知调动工作）

このたび〇〇勤務を命ぜられ、過日着任致しました。〇〇在勤中は公私にわたり大変お世話になり厚くお礼申し上げます。
新任地におきましても心を新たにして努力する覚悟でおりますので、今後とも一層のご指導ご鞭撻を賜わりますようお願い申し上げます。

〇〇年〇〇月

➡ 例一4（告知到任）

このたび、私こと、〇〇の後任として〇〇に就任いたしました。
もとより私にとりましては身にあまる重責ではありますが、一意専心〇〇発展に全力を尽くし、皆様のご期待に添うよう努力いたす所存でございます。
つきましては、何卒前任者同様、格別のご指導ご鞭撻を賜りますよう謹んでお願い申し上げます。
まずは略儀ながら書中をもちましてご通知を申し上げます。

〇〇年〇〇月

➡ 例一5（告知退职）

このたび一身上の都合により〇〇を退社することと相成りました。
在職中は格別のご厚情を賜りましたこと心から御礼申し上げます。
終わりに、貴社ならびに皆様のなお一層のご発展をお祈りし申し上げます。

〇〇年〇〇月

➡ 例一6（告知父母自己住院）

お父さん、お母さん、元気にしてますか。
突然だけど、私は先日から入院しています。数日前から体調が良くなく、病院で診察を受けたところ〇〇と伝われ、念のため検査入院することになりました。先生の話では大した病気ではないので、あんまり心配しないでください、近いうちに退院できるそうです。
それでは、遅くなったけどご連絡まで。

入院先：〇〇病院（〇〇科／第〇病棟〇〇号室）
住所：〇〇県〇〇市〇〇町〇〇号
電話番号：〇〇〇〇-〇〇〇〇-〇〇〇〇
〇〇年〇〇月〇〇日

二、往復はがきの場合

　　"往復はがき"（往返明信片）是"往信用はがき"（去信用明信片）和"返信用はがき"（回信用明信片）连在一起的邮政明信片。它与"通常はがき"不同的是，往返明信片需要收信人收到后进行回答并返回，因此邮寄费是普通明信片的两倍。往返用明信片的去信用部分正面印有淡蓝色的"料额印面"（邮资图案），图案下还印有"往信"字样；而回信用部分的正面则印有绿色邮资图案，图案下印有"返信"字样，一目了然。

去信时,在"往信用はがき"正面(淡蓝色邮资图案面)写(或印刷)上收信人姓名、地址等,其背面写(或印刷)上通知内容;回信时在"返信用はがき"正面(绿色邮资图案面)写(或印刷)上收信人姓名、地址等,其背面写明是否参加活动,并简单写明理由。

　"往復はがき"一般提前印好"ご出席(出席)""ご欠席(缺席)"的字样。如果出席时,划去"ご"字,在"出席"两字处画圈;缺席时划去"ご"字,在"欠席"两字处画圈,还要用双线将"ご出席"划掉,然后寄回。缺席时最好能简要说明理由,以求得对方谅解。

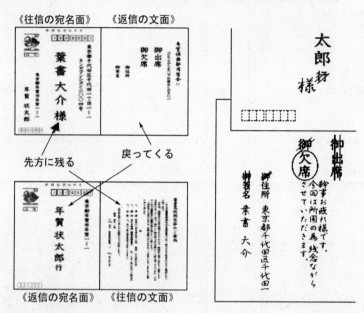

➡ 例―1（通知参加同窓会）

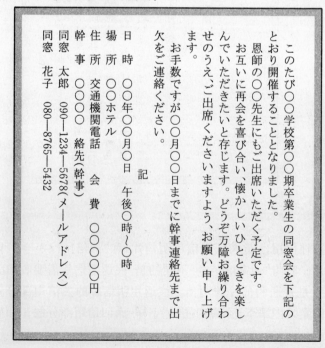

例—2（通知参加二次会）

このたび○○さんと○○さんがめでたく結婚することとなりました。つきましては披露宴のあと、ごく親しい仲間だけで二人の結婚パーティーを開きたいと思います。ぜひご出席ください。
お手数ですが○月○日までに幹事連絡先まで出欠をご連絡ください。

日時　○○年○月○日　午後○時～○時
場所　○○町○○号　蓬莱閣
住所・電話・交通機関
会費　○○○円
幹事　○○○○
○○○○連絡先・電話（メールアドレス）

例—3

○○年同窓会に
ご出席させていただきます。
ご欠席させていただきます。
　　　　ご住所
　　　　ご芳名
　　　　お電話

例—4

○○年度秋季クラス会
ご出席
ご欠席
ご近況
　　　ご住所
　　　ご芳名
　　　お勤め先

例—5（回复并说明理由）

このたびは、ご結婚おめでとうございます。
　出席させていただき、ご祝辞を申し上げたいと存じます。
　よろしくお願い申し上げます。

例—6（回复并说明理由）

> 欠席させていただきます。
> あしからずご了承の程、お願い申し上げます。

第五节　圣　诞　卡

日语的"クリスマスカード"，汉语叫"圣诞卡"。寄赠圣诞卡，最初是西方国家的习惯，但随着国际化的进展，目前在亚洲国家也十分普及。

在日本，每年一进入十一月份，各家文具店或商店都会出售各种印制精美的圣诞卡。有的早已将祝贺词用英文或日文印刷好，你只要填写上日期和署名就可以了。圣诞卡不像贺年片，邮局需要特别进行投递，一般只要对方在12月25日前收到即可，所以各地邮局都张贴有哪天邮寄对方能够如期收到的国家地区一览表。

据说圣诞卡最早始于1844年的英国，后来在欧洲国家流行，用这种写上祝贺词的卡片来互相祝贺圣诞和新年。寄赠圣诞卡，除表示庆贺圣诞的喜乐外，就是向亲友祝福，以表怀念之情。

圣诞卡的画面，多以圣诞意境的画面为主。常见的有"サンダさんのおうち""クリスマスツリー""サンダサンと雪だるま""クリスマスブーツ"等。圣诞卡从早期的单色印刷至今日的色音俱全，除了美丽的画面打开时还能听到悦耳的声音，使节日的气氛更加浓厚。

如果你有亲友在遥远的地方，平日忙于工作很少通讯，可寄上一张圣诞卡，表达怀念和祝福，相信对方必然欣慰万分。即使不是基督徒，用一张圣诞卡当贺年卡，同样是非常有意义的事。

例—1（クリスマスを祝う）　　　　例—2（クリスマスと新年を祝う）

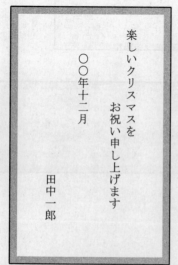
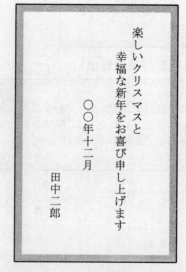

➡ 例—3(添え書きを付ける)

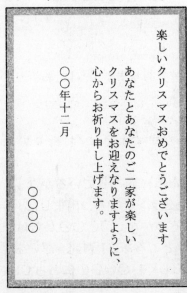

楽しいクリスマスおめでとうございます
あなたとあなたのご一家が楽しいクリスマスをお迎えになりますように、心からお祈り申し上げます。
○○年十二月
○○○○

➡ 例—4(添え書きを付ける)

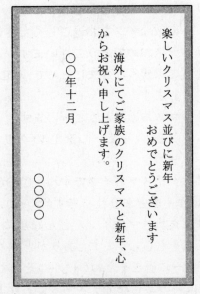

楽しいクリスマス並びに新年おめでとうございます
海外にてご家族のクリスマスと新年、心からお祝い申し上げます。
○○年十二月
○○○○

➡ 圣诞常用祝贺词：

★ クリスマスおめでとうございます
　　あなたの夢がかないますように、お祈りいたします。

★ クリスマスおめでとうございます
　　楽しいことがありますように、お祈りいたします。

★ クリスマスおめでとうございます
　　ドキドキすることがありますように、お祈りいたします。

★ クリスマスおめでとうございます
　　サンタさんからすてきなプレゼントが届きますように、お祈りいたします。

★ クリスマスおめでとうございます
　　笑顔いっぱいの素敵なクリスマスでありますように、お祈りいたします。

★ クリスマスおめでとうございます
　　これからも仲良しでいられますように、お祈りいたします。

★ クリスマスおめでとうございます
　　目的が叶いますように、お祈りいたします。

★ クリスマスおめでとうございます
　　穏やかで、しあわせいっぱいのクリスマスでありますように、お祈りいたします。

★ クリスマスおめでとうございます
　　あなたにとって素敵なクリスマスでありますように、お祈りいたし

ます。
- ★ クリスマスおめでとうございます
  素敵なイブをお過ごしくださいませ。
- ★ クリスマスおめでとうございます
  ご家族みなさまにとって、幸せなクリスマスでありますように、お祈りいたします。
- ★ クリスマスおめでとうございます
  笑顔いっぱいの楽しいクリスマスでありますように、お祈りいたします。
- ★ 今日はクリスマスイブですね。○○○○は、どんな風に過ごしているかなぁ。私は、いつものとおり仕事です(>_<)さっき、ちょっとランチで外に出ました。
- ★ 今日はクリスマスイブ。どんな風に過ごしているのかな。○○○○からはいつも元気をもらってます。ありがとう^^今年も残すところあと1週間。思いっきりハッピーに過ごそうね(*^^*)そして、来年もよろしく！○○○○にとって、笑顔いっぱいの幸せなクリスマスでありますように。
- ★ 『クリスマスイブなのに、私は仕事』なんて凹んだ気分だったんだけど、街を歩く楽しそうな人達を見て、私の心にも笑顔が戻ってきました(^―^*)せっかくのクリスマスイブ『楽しい気分で過ごそ～♪』っと決めました(笑)、○○○○にとっても笑顔いっぱいの楽しいクリスマスでありますように。

思考与练习

1. 明信片作为书信形式之一，其特点是什么？
2. 明信片与书信有什么不同？
3. 目前在日本明信片主要用于什么场合？
4. 在日本常用的明信片有哪些类型？
5. 按照本章示例给朋友写明信片。

第五章
社交书信(1)

概　　述

人们在社会生活中,互相之间的交际往来一般称之为社交。社交书信,就是指社交活动中往来的信件。社交书信不同于家人之间的书信,一般有一个大体公认的格式。社交书信是人们在日常生活中不可缺少的传递信息、互通情报、交流思想感情的工具。应用的范围十分广泛。

社交书信,就其形式和内容来分类的话,可分为祝贺信类、慰问信类、感谢信类、通知信类、请求信类、邀请信类、介绍信类以及推荐信类等。

社交书信一般要用信封封好邮寄或转交,这是形式上与明信片的不同。社交书信的信封书写格式有着约定俗成的规定,信的内容也都有为大家所公认的格式(参照 第一章)。如各种问候语和称呼语等,一旦使用不当就会涉及对收信人的礼貌问题,而且还会暴露出书写人缺乏常识和较低的文化素养,引起收信人的不快,影响相互间的关系。因此,了解各种社交书信的程式及其写法,是很必要的。

本教材将社交书信分为两章,就日本社会中常用社交书信的内容,加以介绍和说明。

第一节　祝　贺　信　类

在日本,当亲戚朋友有了喜庆之事时,如结婚、生孩子、过生日、升学、毕业、就职、晋升、获奖等,都要写信祝贺。祝贺信不能用明信片,一定要装入信封,有的还根据不同的贺信用不同的信封。写贺信至少要注意以下几点:

1. 祝贺信要简明扼要,语句朴实,把自己对对方的祝福和分享对方幸福快乐的心情表达出来即可。不必用华丽的语句和过分奉承的语言,这样对方更能理解自己的心情。

2. 贺信要写得及时,不要等时过境迁之后再写,如有礼物也应及时送到。

3. 祝贺信主要是祝贺对方，切忌借此机会宣传自己或自己公司的产品，这样会失礼。
4. 不同的场合，有许多不同的禁忌词，应切实注意，否则会招致对方误解和不快。

一、出産祝い（しゅっさん いわい）

祝贺喜得儿女的贺信要及时写，因为对方及时收到贺信会更加高兴。但是，对方希望生女孩却生了男孩，贺信也不要写安慰的话，贺信内容丝毫不要涉及这方面的事，只管祝贺。写祝贺喜得儿女的贺信时，有些词语需要忌讳。如：流れる（流产）、落ちる（坠落）、死ぬ（死亡）、敗れる（败北）、逝く（逝世）、詰まる（堵塞）、折れる（折断）、早い（早的）、弱い（弱的）、失う（丧失）、絶える（断绝）、崩れる（崩溃）、切れる（中断）等，一定不能在信中出现。

▶ 例一1

拝啓　奥様には、無事男の子ご出産とのこと、心よりお喜び申し上げます。
　　初めてのお子様とあっては、ご両親をはじめ皆様さぞお喜びのことと存じます。お父様に似て、勇敢で正義感の強いお子様になることでしょう。
　　これから暑さに向かいますが、お子様の健やかなご成長と、奥様のお肥立ちの早からんことをお祈りいたしております。
　　近いうちに心ばかりの品を携えてお伺いいたします。
　　まずは略儀ながら、書中にてお祝い申し上げます。
　　　　　　　　　　　　　　　　　　　　　　　　　　　　　　　　　　　　敬具

▶ 例一2

お兄さん　女の子誕生のお手紙、たった今受け取りました。
　　おめでとうございます。お義姉さんも赤ちゃんも元気だとのこと、母もたいへん喜んでおります。お手紙には男の子でなくて少しばかり残念だと書いてありますが、母は、一姫二太郎と言って最初は女の子のほうがよいと言っております。
　　これでお兄さんがパパで、お義姉さんがママ。私はおばさんというわけですね。なんだか変ですけど、非常に意義のあることだという気もします。
　　母は、すぐにでもそちらへ行きたいが、遠いし、もう少し暖かくなってから行くと言っております。
　　赤ちゃんの写真ができましたら送ってください。
　　どうか御義姉さんも赤ちゃんもお大事に。

▶ 例一3

○○○○様
　　ご出産おめでとうございます。
　　念願の男の子とのこと、ご主人をはじめご両親もお喜びのことでしょう。
　　母子共に健康だそうで、ひと安心です。
　　お祝いにベビー服一式をお贈りします。少しでも、お役に立てていただければ幸いです。
　　落ちつかれたころ、一度赤ちゃんの顔を見に伺うつもりです。
　　まずは取り急ぎお祝いまで。
　　　　　　　　　　　　　　　　　　　　　　　　　　　　　　　　　　○○○○

二、誕生日祝い（たんじょうびいわい）

在日本，祝贺对方生日的贺信可长可短。短的如生日贺卡，只写"お誕生日おめでとうございます"（祝您生日快乐）即可；也可以写的很长，但都是祝对方幸福，长寿的话。

➡ 例—1

> お誕生日おめでとうございます。
> 　春の日差しの中、木々がいっせいに芽吹き始めました。
> 　子供のころは、お誕生日ごとにご家庭へ招待されて、あなたや○○さんたちと、終日楽しく遊んだことを懐かしく思い出します。
> 　今年はお互いに受験ですね、せっかくの春休みですのに勉強家のあなたは連日講習会とか。少しは私を見習わないとお体にさわりますわよ。
> 　先日、あなたに似合いそうなブラウスを見つけましたので、お送りします。喜んでもらえるとうれしいのですが。
> 　春風にのどを痛めませんようお気をつけください。
> 草々

➡ 例—2

> 恵子ちゃん、四月八日、十三歳のお誕生日おめでとう。
> 　中学生にはなるし、お誕生日はくるし、恵子ちゃんには嬉しいことばかり続きますね。恵ちゃんの顔も見たいし、しばらくそちらへ帰っていないので、行きたいのが山々だけど、いろいろ仕事が忙しくていけません。とても残念です。
> 　では元気で。お父さん、お母さんにもよろしくね。

➡ 例—3

> 　伯父様にはますますご健勝に還暦のお誕生日をお迎えになられるよし、心からお喜び申し上げます。
> 　還暦六十歳をお迎えて童心にかえると、昔はいったそうですが、寿命の延びた今日では、むしろ一番の男盛り、働き盛りと申せましょう。外国には、愛のあるところ六十も青年のように若々しい、という言葉がございます。伯父様にもいつでも若々しく元気であって頂きたいと存じます。
> 　お祝いの品に電気カミソリを選び、別便にてお送りいたします。どうぞお受け取り賜りますように。

三、入学祝い（にゅうがくいわい）

祝贺升学的贺信，一般有两种情况。一是亲朋好友之间互相祝贺对方子女入学或升学的贺信。因为这是大人们之间的贺信，格式就比较正规。二是青少年之间互相祝贺对方升学的贺信。格式比较灵活，随便。

➡ 例―1（祝贺朋友的儿子升大学）

拝啓　早春の候、皆様にはご清栄のことと存じます。
　さて、承りますところ、○○様には名門○○大学法学部へご入学なされたとのこと、おめでとうございます。
　難関を突破され、今日の栄冠をかち得るまでには、ご本人の実力もさることながら、そのかげにご家族皆様の温かいご助力があってのことと存じます。まことにすばらしい限りです。
　○○様の今後いっそうのご精進のほど、お祈り申し上げます。
　まずは、略儀ながらお祝い申し上げます。

➡ 例―2（祝贺朋友的孩子上小学）

拝啓　ようよう春めいて、花の便りもちらほら開かれることの頃でございます。その後皆様にはお変わりございませんでしょうか、お伺い申し上げます。
　承りますに、この春ご令息○○様には小学校へご入学との御事、まことにおめでとうございます。
　ご入学の諸用意、もはやすべてお整いのことと存じますが、心ばかりのお祝いに学用品少々別便にてお届け申し上げました。ご笑納くだされば幸いに存じます。
　まずはお祝いまで

敬具

➡ 例―3（祝贺朋友考上大学）

　××君　きみがついに○○大学にパスしたと、今××君から聞きました。おめでとう。本当によくやりました。見事です。君の喜びはもとより、ご両親もさぞおよろこびのことでしょう。僕たち友人としてもまた大いなる喜びです。
　思えば、この一年間の浪人生活、君は一切の楽しみをたち、ひたすら受験勉強に取り組んできました。この闘いとった栄光は、君にとって一生忘れえぬ感激でしょう。この感激のもとに、将来の大成を期して、さらに奮励努力されることを切望しております。
　では君の万歳をとなえて筆をおきます。

四、卒業祝い（そつ ぎょう いわい）

　"卒業祝い"（毕业祝贺信）一般是对大专以上的专业的毕业者进行祝贺，中小学毕业无需祝贺。毕业祝贺信也和其他祝贺一样，发信要及时。得到对方毕业的消息后，要尽快投寄。毕业祝贺要注意的一点是：不管对方毕业时的成绩如何，都要写"優秀な成績"（优异成绩）等赞扬的话。如果知道对方已被某单位录用，也可在信中提及。因为一毕业就有单位录用也是成绩优秀的一种表现。

➡ 例―1

> 拝啓　陽春の候　ますますご健勝の趣慶賀に存じます。
> 　さて、このたびご令息〇〇様には優秀な成績で〇〇大学をご卒業のよし、心からお祝い申し上げます。また承りますに、ご就職先もすでに東都新聞社にご決定とのこと、〇〇様はもとよりご両親様のお喜びもさぞかしと拝察申し上げます。
> 　いずれも拝眉の機をえたいと存じますが、まずは書中をもちましてご祝辞を申し上げます。
> 　末筆ながら、〇〇様にはよろしくお申し伝えくださいますようお願い申し上げます。

➡ 例―2

> 　陽春三月、〇〇大学ご卒業のよしおめでとうございます。
> 　〇〇君はもとよりご両親もさぞお喜びのことでしょう。ご就職先もすでに昨年のうちにご決定を聞き喜びにたえません。
> 　いよいよ社会人として第一歩を踏み出されるわけですが、これまで学校で学びとられたものを生かして、大いなる希望と確信とを胸に仕事にご精進されますよう期待いたしております。
> 　ご健康とご幸運を祈りつつ、とりあえずお祝い申し上げます。

五、就職祝い（しゅう しょく いわい）

　"就職祝い"（就业祝贺信）和毕业祝贺信大致相同，而且多数场合都是毕业、就职同时祝贺，即在祝贺毕业的同时祝贺就业。当然也有例外，如有的毕业后迟迟不能就业，经过很长的一段时间的努力后才找到工作。这时的祝贺信，仍然多写祝贺的话，尽量不提为什么找不到工作的事。即使提到，也只能说由于经济不景气等不涉及对方主观方面的因素。

➡ 例―1

> 　妙子さん、ご卒業おめでとう。そしてご就職おめでとう。
> 　いよいよ社会人として一人立ちですね。聞けば、広告会社の製作部にお決まりとか。あなたの優れたセンスの生かせる職場で、本当にようございました。がんばってください。素晴らしいお仕事を期待しております。
> 　まずは手紙でお祝い申し上げますが、近々お会いしたく思います。

➡ 例―2

> 拝啓　陽春の候　皆様にはますますご健勝のこととお喜び申し上げます。
> 　このたび令息〇〇様にはめでたくご卒業、〇〇製作所にご就職なされた由、衷心よりお祝い申し上げます。
> 　〇〇様にはご学力の優秀に加えて、そのご性格は明朗闊達、スポーツで鍛えたお体は健康そのもの、実社会において必ずや目覚しいご活発を示されるものと信じて疑いません。ご両親様のご期待も大きなものと拝察いたしております。
> 　末筆ながら、〇〇様のますますのご活発を果たされますようお祈り申し上げます。
> 　まずは書中をもちましてお祝い申し上げます。

六、結婚祝い（けっこんいわい）

在日本,亲朋好友或其子女结婚,都要尽量参加婚礼。如果因故不能参加婚礼时,要写"結婚祝い"（结婚祝贺信）表示祝贺,结婚祝贺信主要写祝贺,祝福的话。如果认识或了解新郎、新娘的情况,也可写一些赞扬新郎新娘的美貌、人品、能力等方面的话,同时还要写明为什么不能出席婚礼的原因,并表示歉意。如果有礼物应提前寄到或送到。

另外还要注意不要使用禁忌的词语。如：去る（离去）、出る（出去）、別れる（分别）、離れる（离开）、切れる（断）、帰る（回去）、戻る（回去）、再び（再次）、退く（退出）、浅い（浅）、薄い（薄）、重ねる（重复）、飽く（厌倦）、絶える（断绝）等。

▶ 例—1

> 拝啓　平素はご交誼に預かり、厚く御礼申し上げます。
> 　承りますれば、このたびご令息〇〇様には〇〇様の御三女〇〇様との間にご婚約が整われ、近日めでたくご婚儀をお挙げなされます由、皆々様のお喜びを思い、ここにお祝い申し上げます。
> 　〇〇様は、御社の取締役重役として第一線でご活躍中であり、〇〇様は〇〇女子大学文学部ご出身の才色兼備の申し分なき方とのこと、まことに理想のご良縁と存じます。
> 　ご婚儀の後は、ご一家ならびに御社におかれましては、末広がりのご発想のこととは拝察申し上げます。
> 　ここに謹んで、お祝いのご挨拶を申し上げます。
> 　　　　　　　　　　　　　　　　　　　　　　　　　　　　　　　　　敬具

▶ 例—2

> 　ご結婚おめでとうございます。幸せそうなお二人の顔、ご両親のお喜びの様子が目に見えるようです。いつまでも仲良く、よい家庭をお築きください。社用やむなく、お二人の晴れ姿を拝見できなかったのが心残りです。近日中にお祝いの品を携えて参上,新家庭の円満なところを拝見させていただくつもりです。
> 　まずはとりあえずお喜びまで。

▶ 例—3

> 　友子さん、おめでとう。
> 　いよいよ結婚にゴールインと、お父様からお知らせをいただきました。心からお祝いいたします。皆さんたいそうなお喜びでしょう。
> 　お相手は、なかなか前途有望の好青年だと聞きました。二人力を合わせて立派な家庭を築き、常に幸福の満ちあふれた生活を送られるよう祈ってやみません。
> 　式にお招きいただきましたが、家族半数が目下風邪でふせており,参列はどうやら不可能です。残念でなりません。
> 　本日別便でお祝いの品をお送りしました。お役にたてば幸いです。
> 　まずは、お喜びまで。

七、新築祝い（しんちくいわい）

"新築祝い"（祝贺新居落成）是指对亲朋好友新建了房屋表示祝贺的信。贺信中除了写祝贺的话以外，有时还要写称赞的话以及赞扬新居周围环境美丽的话。写这类贺信时，也要注意一些词的使用。如：火（火）、煙（烟）、赤（赤）、焼ける（烧）、壊れる（坏）、崩れる（塌）、燃える（燃）、倒れる（倒）、失う（失去）、傾く（倾斜）等，都是忌讳的词，在信中不能使用。

➡ 例一 1

> 拝啓　桜の花もほころび、皆様にはますますご清福のこととお喜び申し上げます。
> 　　いよいよご新居も完成された由、お引越しの疲れも吹き飛ぶほどのお喜びでしょう。私どももお便りをいただき、早速、祝杯をあげました。
> 　　お便りによれば〇〇駅から十分ほどの、〇〇公園に近い閑静な住宅地の一角にお移りとのこと、自然に囲まれた美しい土地で、お子様を育てられるには、まさに最適の環境と申せましょう。
> 　　いずれ、お祝いかたがたご新居を拝見させていただきたく存じますが、まずは書中にてお祝い申し上げます。
> 　　　　　　　　　　　　　　　　　　　　　　　　　　　　　　　　　　　　敬具

➡ 例一 2

> 　　このたびお住まいを新築された由、お祝い申し上げます。
> 　　とうとうマイホームの夢を実現されましたね。おめでとうございます。目標を立て、これを予定どおりに実現したお二人の実行力にはただ驚き、また羨ましく存じます。
> 　　よく、楽しそうに設計プランをお話でしたが、どんなふうお住まいか拝見させていただくのが楽しみです。
> 　　何か心ばかりのお祝いをと、あれこれ考えましたものの、結局、いくつあってもお邪魔にはならないと思いましてスリッパにいたしました。たまたま〇〇デパートで洒落れたセットを見つけましたので、別便にてお届けいたしました。ご笑納くださいませ。
> 　　まずはお祝いまで。

八、開業祝い（かいぎょういわい）

"開業祝い"即祝贺开店、开业的贺信。在亲朋好友或熟人新开店、新开业时，往往写这类祝贺信。写这类信主要把握住三点：一是时间要准确，要在开店、开业前送到；二是写一些表示高兴的话；三是赞扬对方在开店、开业前所取得的成就和准备的辛苦。这类祝贺信也有一些禁忌词。如：破れる（破）、壊れる（坏）、終れる（结束）、つぶれる（倒闭）、さびれる（萧条）、落ちる（落下）、閉じる（关闭）、枯れる（枯萎）、失う（失去）、哀れ（哀）等。

➡ 例—1

> 拝啓　早春の候　いよいよご健勝のことと存じます。
> 　このたびは、かねてよりご計画の電気店を開店なされた由、まことにおめでたく心からご祝辞申し上げます。
> 　○○電気業において十年間にわたって積まれた、兄貴の豊かな経験と優れた才覚、さらには厚き人望と、まさにお店の前途は洋々たるものと申せましょう。
> 　ここに、貴店のご発展と皆様のご多幸をお祈り申し上げるとともに、兄貴のいっそうのご精励をご期待いたす所存でございます。
> 　なお、別送の品はご開店を祝してのほんのおしるしでございます。
> 　ご笑納いただければ幸いです。
> 　とりあえずお祝いのご挨拶まで。

➡ 例—2

> 拝啓　このたびは、立派なご店舗をお構えのうえ宿願の洋品店ご開業とのこと、慶賀至極に存じます。
> 　ご店舗は駅前の繁華街とのこと、そのうえ多年のご経験に基づくご独立とあっては、今後のご繁盛間違いなく、心からお喜び申し上げます。
> 　開業早々ご多忙のことと拝察し、一段とご自愛くださるよう、お祈り申し上げます。
> 　まずは、書中略儀ながら、お祝い申し上げます。
> 　　　　　　　　　　　　　　　　　　　　　　　　　　　　　　　　敬具

九、全快祝い（ぜん かい いわ い）

　　亲戚朋友久病康复是件令人高兴的事，一旦得到消息应马上亲自前往看望或写信祝贺。"全快祝い"（康复祝贺信）首先要写自己对对方病愈康复的喜悦心情，然后要写赞扬对方长期与疾病做斗争的顽强精神以及家人辛勤护理等内容。最后是一些祝福的话，写康复祝贺信时，也要注意有些词语的使用。如：戻る（回来）、再び（再次）、重ねて（重新）、苦しむ（受苦）、嘆く（叹息）等，一般忌讳而不使用。

➡ 例—1

> 拝啓　昨年末のご病気も全快されて、めでたくご退院との由、おめでとう存じます。なにぶん遠方でございますので、お見舞いにうかがうこともままならず、かげながらご案じ申しております。ご全快と知って心から安心いたしました。
> 　平素お元気でいらしただけに、手術後、退院なされたならばすぐにもお仕事を、というお気持ちお察しいたしますが、病後の用心こそが大切と申します。しばらくはご静養第一に。
> 　いずれ近いうちにご全快のお祝いにうかがいたいと存じますが、まずは書中にてお祝辞申し上げます。
> 　　　　　　　　　　　　　　　　　　　　　　　　　　　　　　　　敬具

例—2

> 謹啓　このほどご病気全快ご退院と承り心よりお喜び申し上げます。
> 　長いご闘病生活でございましたが、順調にご回復、ここにお祝い申し上げることのできますのは、まことに嬉しく、ご家族ご一同様のお喜びもひとしおと存じ上げます。
> 　今しばらくご自宅で静養と承りましたが、ご養生専一に一日も早くご健康を取り戻され、お元気なお姿を職場へお見せくださいますようお祈り申し上げております。
> 　まずはご全快のお祝い申し上げます。

例—3

> 　○○君　全快おめでとう。
> 　長い療養生活に終止符を打って、いよいよ社会へ復帰するという知らせを受けて、僕の気持ちも急に明るくなりました。本当によかったですね。一時手術の結果が思わしくないと聞いた時は心配を通り越して、こちらも病気になりかねなかっただけに、全快の報せを受けた今日の喜びはまた格別です。
> 　君は大事な時間を無駄に失って残念だといいますが、はたしてマイナスばかりでしょうか。長く苦しい闘病の日々から、君は必ずや人間の成長にプラスになる何ものかを学んでいると思います。これからの人生で、それがきっと大いに役立つことと信じております。急がず、無理せず、あきらめず、油断せず、新たな第一歩を力強く踏み出してください。
> 　そのうち全快祝いにうかがいます。では、お元気で。

十、其他

祝贺信的范围很广，除上述九种情况外，向亲朋好友晋升了职务、调动工作、受到表彰以及孩子的节日等都有必要写信祝贺，以此加深相互间的友谊。

例—1

> 　ご栄進おめでとうございます。奥様を始めご一家の方々、さぞお喜びのことと存じます。
> 　平素のご活躍ぶりから、ご栄進は間近かと拝察いたしておりましたが、入社後五年で早くも課長に抜擢されましたことは、驚きであると共に大変名誉なことでございます。後輩である私どもに目標を示された思いで、喜びと希望があふれてまいります。
> 　今後は、高い地位につかれて責任も重く、お仕事もますます忙しくなられることと存じます。
> 　どうかご健康に留意なされ、存分なるご活躍をお祈り申し上げます。
> 　まずは書中にて、ご栄進のお祝いまで。

➡ 例—2

> 拝復　ご丁重なご挨拶状、ありがたく拝見致しました。久しくご無音に打ちすぎましたこと、お許しくださるよう、お願い申し上げます。
> 　さて、承れば、大阪支店長にご栄進の趣、ご令室様もさぞお喜びのことと拝察いたします。これひとえに多年ご精励のたまものに相違なく、心からお祝い申し上げます。
> 　ついては、今後とも業界のために一層ご活躍の上、さらに一段とご面目を発揮されるよう、心からお祈り申し上げます。
> 　ご令室様も何とぞよろしくご伝言の程、お願い申し上げます。
> 　まずは、ご栄転のお祝い申し上げます。
>
> 　　　　　　　　　　　　　　　　　　　　　　　　　　　　敬具

➡ 例—3

> 拝啓　新聞の伝えるところによりますと、このたび県知事より篤農家としての表彰をうけられたとのこと、心からお喜び申し上げます。
> 　顧みれば、同級生の多くが都会を目指して離農したにもかかわらず、郷里に留まり、営々と農業に励まれて今日に至りましたこと、何よりも尊く存じ上げておりました。しかるところ、稲作多収穫のご名人とのこと、今回のご名誉もまた日頃ご精励され、併せて郷里の発展にご尽力くださるよう、心からお祈り申し上げます。
> 　まずは、とりあえずお祝い申し上げます。
>
> 　　　　　　　　　　　　　　　　　　　　　　　　　　　　敬具

➡ 例—4

> 　秋も深まり、朝夕には風の冷たさを覚えるようになりました。皆様、ますますご健勝のことと存じます。
> 　ときに、この十五日は、○○君の七五三のお祝いと伺い、おめでとうございます。まだまだ赤ちゃんのような気でおりましたのに、もうすっかり大きくなられ、今が腕白の盛りなのでしょうね。
> 　七五三のお祝いにと心ばかりの物をお送りいたします。お納めいただければ幸いです。
> 　まずは、お手紙にて、お祝い申し上げます。
>
> 　　　　　　　　　　　　　　　　　　　　　　　　　　　　草々

第二节　慰问信类

　　日语的慰问信是指对生病、受灾或遭到不幸的人表示安慰和鼓励的信。当亲朋好友生了病，或遇到地震、洪水、火灾以及交通事故等不幸的事情时，应该及时亲自去慰问。但由于种种原因无法前往时，也可以写慰问信，使遭遇不幸的人得到安慰和鼓励，并增强信心战胜疾病和灾害。

日语慰问信的形式，主要有"見舞状""慰問状"或"弔慰状"等。慰问信要及时写，一旦得到了准确的消息应尽快投寄。因为遭到不幸的人这时最希望得到亲友的安慰和鼓励。

慰问信一般都省去开头的客套话，直接写正文。"弔慰状"有时也省去结束语，只有正文，无关的事情信中一概不提。

一、被災見舞状（ひさいみまいじょう）

"被災見舞状"（受灾慰问信）是对遭受地震、洪水、火灾以及被盗等严重灾害的人表示慰问的信。受灾慰问信一般要省去开头的客套话，直接进入正文。内容是先写如何得到的受灾消息，再写对对方受灾表示震惊、同情，然后了解受灾的情况，最后给予安慰和鼓励。

➡ 例—1

> 　隣家の火事で〇〇様のお宅が類焼のご災難に遭われたことを知り、本当に驚きました。お慰めのしようもございませんが、皆様にお怪我のなかったのは不幸中の幸いと存じます。
> 　隣の市に奥様のご実家がおありとうかがいましたが、ひとまずはそちらにご避難なさることになるのでしょうか。当分は何かと身の回りのことにご不自由なことも多いとお察しいたします。
> 　私どもにも、〇〇様のお息子様と同じぐらいの子供がおりますので、そうした学用品や衣料などでしたら、すぐにでもお役に立てるかと存じます。ご用がございましたらお知らせください。
> 　近日中にお見舞いにうかがいたく存じますが、先ずはとり急ぎ、お見舞い申し上げます。

➡ 例—2

> 　冠省　承れば、御地に来襲の台風、被災殊の外多大とのこと、心痛しております。テレビにて拝見しますと、強風による家屋の倒壊、増水による床上浸水相当これあり、ご一同様にはご安否いかがかと案じております。なお、水害のあとには必ず悪疫流行とのこと、くれぐれもご自愛のうえ、ご再建に御奮起の程、お祈り申し上げます。
> 　先ずは、取り急ぎお見舞いまで
> 　　　　　　　　　　　　　　　　　　　　　　　　　　　　　草々

➡ 例—3

> 　急啓　ただ今テレビの臨時ニュースによれば、御地は近年まれな激震に見舞われ、被害も多大とのこと、驚きのほかはございません。ご一同様のご安否もいかがなものでしょうか。案じております。ついてはご安否の程ぜひご一報くださるよう、お願い申し上げます。
> 　上、お見舞いかたがた、お伺いまで
> 　　　　　　　　　　　　　　　　　　　　　　　　　　　　　草々

二、病気見舞状（びょうきみまいじょう）

　　病人、特别是久病不愈的病人，很需要安慰和鼓励。有的病人喜欢别人来到自己面前安慰，而有的病人则不喜欢别人这样做，这时最好的办法是写慰问信。"病気見舞状"（生病慰问信）一般也省去开头的客套话，直接进入正文。首先表达得知对方生病而感到震惊的心情，然后表示同情和询问病情。但一般不打听病名，即使知道也不提及。最后是安慰和鼓励，祝对方早日康复等。慰问信可写给患者本人，也可以写给家属。如写给家属，信中要写对家属的安慰和照顾病人辛苦等内容。

➡ 例—1

　　前略ごめんくださいませ。
　　承りますれば、〇〇様には今月〇〇日より〇〇病院にご入院のこと、存じ上げませんので、お見舞いにもうかがいませんでした。どうかご容赦くださいますようお願いいたします。
　　その後のご経過はいかがでございますか。平素からお仕事にご熱心でいらっしゃったのでお疲れが出たのでしょうか。ご案じ申し上げます。
　　入院を機会に、十分なご静養をなさってください。ゆっくりお休みになれば、まもなくご全快なさると信じております。
　　近日中には病院におうかがいしたく存じますが、まずは書中にてお見舞い申し上げます。

➡ 例—2

　　急啓　このたび、ご子息様には突然のご発病にてご入院、奥様のご看病も大変とのこと、まことに驚いております。ご病状はいかがおなりでしょうか、お伺い申し上げます。平素は至極お元気のように承っておりましたので、ご快復もお早いと存じますが、十分ご加療の程、お祈り申し上げます。奥様もさぞお疲れのことと拝察いたしますが、何とぞご自愛のうえご看病の程、よろしくお伝えくださるよう、お願い申し上げます。
　　先ずは、取り急ぎお見舞いまで
　　　　　　　　　　　　　　　　　　　　　　　　　　　　　　　　草々

三、不運の慰問状（ふうんのいもんじょう）

　　"不運の慰問状"（遭受不幸慰问信）是对那些一时运气不佳或处于逆境中的人表示安慰的信，其中包括被免职、破产、离婚、落榜以及事业受挫折的人等。对这些人如果能及时写信慰问，可以使他们得到安慰和鼓励，增强克服困难的信心和勇气，以此振作精神走出逆境。

例―1

> 急啓　このたび辞表を差し出されたとのこと、奥様より承り、全く驚き入っております。ご就職後すでに十余年、ご順調に出世街道をお進みのようにお見受けいたしましたが、これはまた何とされたことでしょうか。とかく有能の士は仲間から陥れられるとのこと、何か感情的な小さなわだかまりが遠因かと、残念この上もございません。しかしながら、周囲の反目を受けて勤めることほど、不愉快なことはないかと存じます。ついては、これを機として勇躍他に活路を求められること、かえって得策かとも存じます。何とぞご落胆なく心機一転、他日の大成を期されるよう、切望いたします。このたびのご勇退がご開運の好機となるよう、心からお祈り申し上げます。
> 　なお、一層のご自愛、併せてお祈り申し上げます。
> 　まずは、とりあえずご慰問まで
> 　　　　　　　　　　　　　　　　　　　　　　　　　　　　　草々

例―2

> 前略　承れば、再び司法試験もお見込み違いの由、さぞご落胆のこととお察しいたします。日ごろのご尽力拝承し、このたびこそはご成功疑いなしと存じ上げておりましたが、ご無念の程もいかばかりかと、ひそかに大息しております。
> 　顧みれば、小生も再度失敗の節は一寸先はやみとなり、この世に生き永らえることすら無意味に思われましたので、ご心中さぞやと拝察いたします。しかしながら、ご落胆は禁物、長い人生に一、二年のむだ足は何らの損失とならないこと、小生の例にても明らかかと存じます。何とぞご一考のうえ、次年のご成功を目ざして一層ご勉学の程、切にお祈り申しあげます。
> 　残暑厳しさを加える昨今、一段とご自愛くださるよう、ご念じ申し上げます。
> 　まずは、心からお慰め申しあげます。
> 　　　　　　　　　　　　　　　　　　　　　　　　　　　　　草々

例―3

> 急啓　承れば、ご事業の継続をご断念なされたとの趣、ご家族皆様のご落胆もさぞやと、残念至極に存じます。
> 　顧みれば、ご開店の華やかなご出発も、昨日のように思い出されます。それ以来五年有余、ますますご繁盛のご様子に承っておりましたが、昨今の不況にご堅実なそちら様まで影響を受けられるとは、まことに夢のようでございます。ついては、ご胸中さぞご無念のことかと拝察いたします。今後はいかようにお進みなさるのでしょうか。従業員の方もおられるゆえ、何とぞご慎重にご配慮の程、お祈り申し上げます。いずれ再起の道を講じられることと存じますが、十分ご自愛のうえ、災いを転じて福となされるよう、切望いたします。なお、お役に立つことがございます節は、何なりとお申し付けくださるよう、お願い申し上げます。
> 　上、とりあえずご慰問申し上げます。

四、弔慰状（ちょういじょう）

"弔慰状"（丧事慰问信）也叫做"弔問状"或"お悔み状"。在日本，当得知亲友家有人去世的消息后，一般要亲自前往参加告别仪式，如果不能参加时可去灵前守夜。如果是较亲密

的朋友，告别仪式和守夜都要参加。倘若相隔两地甚远，不能及时前往参加上述活动，可以写信慰问。在写丧事慰问信之前，一定要注意确认消息是否准确，不得轻率。丧事慰问信也和其他慰问信一样，得到准确消息马上写。格式也是省略前后客套话，只写正文。内容先是对去世的消息表示震惊，然后表示哀悼和自己悲痛的心情。最后讲明不能参加告别仪式和守夜的原因等。丧事慰问信使用的信纸和信封比较严格，一般用白地浅淡色格线的纸和信封。丧事慰问信在用词上也有一些要求，如：重ねて（再次）、重ね重ね（屡次）、再び（再次）、追って（随后）、再三（再三）、次に（下次）、続いて（继续）等，词一般忌讳使用。

➡ 例—1

このたびは、ご令室様ご療養の功もなくご他界とのご書状に接し、驚き入っております。ご幼少のお子様方を残して先立たれたお気持ち、お気の毒の至りに存じます。お子様を抱かれてご霊前にぬかずかれるそちら様のご心中、ご愁傷の程度、心からお悔み申し上げます。ついては、早速参上のうえ、お手伝い申し上げたいとは存じますが、何事も意に任せず、まことに申し訳ございません。何とぞご追善ご専一となさるよう、心からお祈りも申しあげます。

末筆ながら、同封の香資、ご霊前にお供えくださるよう、お願い申し上げます。

➡ 例—2

只今、〇〇ちゃんご急逝の悲しいお知らせをいただき一同胸のつぶれる思いでございます。交通事故とは何ということでしょう。〇〇ちゃんをこの世から奪った車に激しい怒りを覚え、体がふるえます。あなたの、そしてご家族の苦しみと痛みを思うと、どうお慰めしてよいものか。どのような言葉も今のあなたにとっては空しいだけのものでございましょう。

でも、お気を強くおもちになってください。一日も早くお立ち直りになってください。残されたお二人のお子さんのために、悲しみを抑え、力をふりしぼって頑張られることが、〇〇ちゃんへのこよなしご供養になるものと存じます。

お嘆きのあまりお体にさわるようなことがあっては、かえってご不幸を招くことにもなりましょう。どうかご自愛ご自尊してお立ち直られる日の早からんことを祈るばかりでございます。

離れておりますのでご焼香にもあがれませんが、何か〇〇ちゃんのお好きなものをご霊前に供えさせていただこうと思い、こころばかりの香料を同封いたしました。なにとぞお供えくださいませ。

➡ 例—3

承れば、ご尊父様かねてご療養のところ、昨日ご他界とのこと、全く驚いております。それほどのご年配でもなく、平素も殊の外お元気にお見受けいたしましたので、ご本人もさぞお心残りのことと拝察いたします。あれこれお世話になりましたこと先日のように思い出され、悲しみこの上もございません。それにつけても、ご家族ご一同様のご愁傷、さぞかしと深くお察しいたします。ついては、早速お伺いしたい本意ではございますが、何とも意に任せず、ひたすら悲しみに暮れております。同封いたしましたもの、何とぞご霊前にお供えくださるようお願い申し上げます。

五、其他

除上述几种情况发生后需要写慰问信外，其他如遇到交通事故、受伤等也要写信，以使对方得到安慰和鼓励，同时提醒对方以后多加注意，避免事故再次发生。

例—1

> 今朝新聞にてご主人様がご勤務先工場の爆発事故に遭われたと知り、ただただ驚いております。お怪我は幸い軽い打撲傷ですみましたようでございますが、ご家族ご一同様の驚きはいかばかりかと拝察申し上げます。お怪我の経過はその後いかがでございましょうか。案じております。
> 　近々お見舞いにうかがわせていただきますが、まずは書中をもちまして急ぎお見舞い申し上げます。

例—2

> ○○さん　昨夜の電車事故には、さぞびっくりなさったことでしょう。何気なく朝刊をひろげていて、あなたのお名前を発見した時には、本当に心臓が止まるかと思いました。それほどのお怪我ではなかったようですが、やはりお痛みでしょう。十分ご養生になってください。休養の時間とお考えになって、のんびりされてはいかがでしょう。
> 　この日曜日にはおうかがいします。とり急ぎお見舞いまで。

第三节　通知信类

在日常生活中，常常会发生一些事情，而这些事情又需要及时告知亲友和熟人，或让他们分享自己的快乐，或让他们了解自己的近况和变化。将发生的事情通知亲友时可以打电话、发短信、寄明信片，也可以用书信。相比之下，电话和短信的优缺点是通知迅速，但通知的内容一旦忘记就必须打电话重新询问。书信虽然速度较慢，但正规，内容还可以反复阅读，并可保留备查等。通过书信通知事情又显得郑重，因此通知的内容复杂或郑重场合多用书信。

在日常生活中，用以通知对方事情的信，日语叫"通知状"（通知信）。通知信的格式与一般书信的格式大致相同，只是需要特别注意的一点是，通知信的内容一定要简明扼要，通知的事情一定要写清楚，否则会使对方产生误解，失时误事。

一、婚約・結婚通知状（こんやく・けっこんつうちじょう）

➡ 例―1

　　私たち二人、このたび婚約いたしました。〇〇〇〇・二十八歳・太陽出版編集部勤務、〇〇〇〇・二十四歳・東都銀行証券課勤務――こうして皆様に婚約のご報告ができますことを心から嬉しく思い、これまでの暖かいお励ましや優しいご助言に深く感謝いたしております。皆様、本当にありがとうございました。
　　二人手を取り合って、素晴らしい未来を築く努力を重ねていきたいと思います。これからの私たちに今までと変わらぬお導き、お力添えをお願いいたします。
　　結婚式はこの秋、吉日を選んで挙げる予定でおりますが、その節は改めてお知らせいたします。
　　まずは婚約のお知らせと御礼まで。

➡ 例―2

　　謹啓　菊薫る佳い季節を迎え、皆様にはますますご健勝のことお慶び申し上げます。
　　さて私ども両名、このたび〇〇〇〇様ご夫妻のご媒酌により内々の式を挙げ、下記に新居を構えました。今後ともいっそうのご厚情とご指導のほど幾重にもお願い申し上げます。
　　改めましてご披露申し上げる予定でございますが、まずは上ご挨拶申し上げます。
　　〇〇年〇〇月〇〇日

　　　　　　　　　　　　　　　　　　東京都世田谷区経堂五――一三―九
　　　　　　　　　　　　　　　　　　　　　　　　山根雅彦
　　　　　　　　　　　　　　　　　　　　　　　　同　妙子
　　　　　　　　　　　　　　　　　　　　　　　（旧姓大野）

➡ 例―3

　　拝啓　秋冷の候、皆様ご清栄のことと喜び申し上げます。
　　さて、私どもは、〇〇〇〇様ご夫妻のご媒酌により、〇月〇日に結婚式を挙げました。
　　かような新生活に入ることができましたのも、ひとえにご媒酌の労をおとりいただいた〇〇〇〇様ご夫妻のご尽力と、日頃から私どもをご指導くださいました皆様のおかげと存じます。厚く御礼申し上げる次第でございます。
　　未熟なわたしたちではございますが、二人で力を合わせて、よい家庭を築いてゆきたいと願っております。今後とも倍旧のご芳情を賜りますようお願い申し上げます。
　　末筆ながら、皆様のご多祥を心からお祈り申し上げます。
　　　　　　　　　　　　　　　　　　　　　　　　　　　　　　敬具
　〇〇年〇〇月吉日
　　　　　　　　　　　　　　　　　　東京都新宿区南本町〇〇番
　　　　　　　　　　　　　　　　　　　　　　　　井上安男
　　　　　　　　　　　　　　　　　　　　　　　　紀子（旧姓大友）

二、出産通知状（しゅっさん つうちじょう）

➡ 例―1

> 　　今朝四時、無事男の子が生まれました。僕は男でも女でもよいのですが、家内は男の子であったことを非常に喜んでおります。体重三二〇〇グラム、よく肥えて、見るからに頼もしい男児です。
> 　　何しろ初めてのことなので、一時はどうなることから心配しましたが、きわめて安産おかげさまで母子ともに健全です。ご安心ください。
> 　　僕もこれで一児の親となったわけですが、この感想はいずれ改めてお話しするとして、まずは急ぎお知らせいたしました。家内からもよろしくとのことです。

➡ 例―2

> 　　私に赤ちゃんが生まれました。男の子です。主人が博文とつけました。どこからか拝借してきたような名前なので、しばらくは気に入りませんでしたが、毎日「博文ちゃん」と呼んでいるうちに、今ではこの名前でなくてはならないと思うようになりました。
> 　　初めてのお産だったのでとても心配しましたし、恐ろしくさえあったのですが、本当に「案ずるより産むがやすい」でした。元気な子です。もう退院して家に帰っておりますから、一度見物に来てください。
> 　　では、お知らせまで。

三、転居・地番変更通知状（てんきょ・ちばん へんこう つうちじょう）

　　"転居・地番変更"（住址変更通知信）需要特别注意的是要写明变更后的详细地址、门牌、电话号码。如果地处偏僻或不好找时也可画一张简单的线路图,告知如何乘车,如何走等。如果新住址的地名汉字读音复杂,也可以在汉字旁注上假名；二要简单地说明住址变更的原因和新住址周围环境的情况。

➡ 例―1

> 　　前略　このたび当地一帯の町名ならびに地番の変更がありましたのでお知らせいたします。旧町名の「入新井三丁目」が「大森北四丁目」と改められ、合わせて地番も下記のように変わりました。お手許の御控えおきお願いたく存じます。

➡ 例―2

> 　　拝啓　風薫る季節になりました。皆様いかがお過ごしでしょうか。
> 　　さて、私、〇〇月〇日に長く住みなれた新宿から郊外の武蔵野市へ引越しました。新宅の場所は〇〇線〇〇駅から歩いて約〇〇分ほどのわずかながら雑木林も残された閑静な住宅地です。
> 　　六畳二間の2DK、いささか手狭までですが、妻と二人、都心をはなれて、落ち着いた毎日を送っています。お近くにおいでの節はぜひ一度お立ち寄りください。楽しみにお待ちしております。
> 　　　　　　　　　　　　　　　　　　　　　　〇〇〇〇
> 　　　　　　　　　　　　　　　住所　東京都武蔵野市〇〇三九の五
> 　　　　　　　　　　　　　　　　　　コーポ・ハチス
> 　　　　　　　　　　　　　　　電話　〇四二二・〇〇・六二三二

四、入学・進学通知状（にゅうがく・しんがくつうちじょう）

"入学・進学通知状"（入学、升学通知信）主要告诉对方自己考入或升入某学校或大学的某系或某专业等。因此，在信中，这些学校、系或专业的名称要写清楚，必要时也可以介绍一下学校、系的大致情况。如果住址有所变化，也要写明变化后的情况及联系方式。

➡ 例一1

> お父様お母様　春たけなわ、花美しく光なごやかな季節となりました。お元気にお過ごしのことと存じます。
> 　この〇月、〇〇も小学校へあがります。もう今から毎日ランドセルをかついでは「イチネンセイ・イチネンセイ」を連発いたしております。早いもので、こちらへ嫁いでもう〇年になるかと感慨無量でございます。聞けば、お兄様のところの〇〇ちゃんも今年小学校だそうでございますね。〇〇を眺めながら、〇〇ちゃんもさぞ大きくなられたろうと想像いたしております。
> 　しばらく故郷へ帰りませんでしたが、今年の夏、〇〇最初の夏休みには親子三人でご厄介になる予定でおります。高戸浜の海が懐かしく、〇〇にも泳がせたいと存じまして。
> 　では、お知らせまで。お元気で。
> 　お兄様ご一家にもよろしくお伝えくださいませ。

➡ 例一2

> 　お変わりございませんか。いろいろと心配かけましたが、何とか〇〇医大に合格いたしました。到底ダメだろうと、半ばあきらめておりましたところ、思いがけなくも合格でした。ご安心ください。
> 　それにつけても何かと先輩にご指導いただいたのが役に立ったと感謝いたしております。両親もたいそう喜んでおり、御礼の言葉もないと申しております。そのうちお礼に伺い、後々のお教えをいただきたいと考えておりますが、とりあえずお手紙をもってお知らせとお礼を申し上げました。今後ともなにとぞよろしくお願いいたします。
> 　今、発表を見かえってきたところ、急いでペンを取った次第です。

五、転勤・退職通知状（てんきん・たいしょくつうちじょう）

在日常工作中，由于工作上的需要，工作地点难免要发生变化。特别是在日本，工薪人员工作地点变动，"单身赴任"的情况十分普遍。工作地点变动后，要及时将新工作地点，电话号码等通知亲友，以便联系。这种将工作地点变更情况告知对方的信，日语叫"転勤通知状"（工作调动通知信）。

退休离开工作多年的单位，通讯地址和联系电话自然也要发生变化。为了便于亲友联系，应及时将退休的消息写信通知他们，这就是"退職通知状"（退休通知信）。退休通知信主要告诉对方自己退休的时间，然后也可以简单地写一下自己对工作的回顾和评价，以及今后的打算等。

■➡ 例—1

> 謹啓　初夏の候　ご一家の皆様ますますご健勝のこととお喜び申し上げます。
> 　さて、小生このたび、〇〇〇〇支社営業部長として〇〇に勤務いたすことになり、近日中に家族をともない赴任の途につくこととなりました。本社に在勤中は公私共に賜りましたご厚情に有難く厚く御礼申し上げます。今後とも変わりませずご厚誼のほど幾重にもお願い申し上げます。
> 　新住所は居所確定次第お知らせいたしますが、ご都合の折にはぜひご来訪願わしく存じます。
> 　参上してご挨拶すべきでございますが、何分とも出発の準備に多忙を極めておりますので、略儀ながら書面をもちましてご挨拶申し上げます。
> 　　　　　　　　　　　　　　　　　　　　　　　　　　　　　　　　　敬具

■➡ 例—2

> 　秋気爽快の季節皆々様にはますますご健勝のこととお喜び申し上げます。
> 　さて、私、〇〇月〇〇日付けをもって〇〇商事株式会社を停年退職いたしました。在職〇〇年間大過なく勤務できたのはひとえに皆々様のおかげと、ここに厚く御礼申し上げます。
> 　この年内は静養をもって英気を養い、人生第二の出発について方針を考えるつもりでおります。今後ともよろしくご鞭撻、ご指導のほどひとえにお願い申し上げます。

■➡ 例—3

> 　拝啓　盛夏の候　いかがお過ごしでしょうか、お伺い申し上げます。
> 　さて、私こと、〇〇月〇〇日付で〇〇産業株式会社を円満退社し、〇〇サービス株式会社に入社することになりました。
> 　〇〇産業株式会社在社中は、公私にわたり多大のご厚情を賜り、流通業における貴重な勉強をさせていただきました。皆様方の温いご支援を感謝いたしております。
> 　このたびは、〇〇産業株式会社で学び得た流通サービスの仕事を専門的に取り扱う会社に職を得ましたので、非力ではありますが、できるかぎり自分の力を発揮してまいりたいと存じております。
> 　今後とも、何とぞ倍旧のご指導、ご鞭撻を賜りますようお願いいたします。
> 　本来ならば、直接お伺いし、ご報告申し上げるべきところですが、略儀ながら、書中を持ってご挨拶申し上げます。
> 　　　　　　　　　　　　　　　　　　　　　　　　　　　　〇〇〇〇
> 　　　　　　　　　勤め先　　〇〇サービス株式会社
> 　　　　　　　　　　　　　　東京都渋谷区〇〇町六の五五の一
> 　　　　　　　　　電話　　（〇三）〇〇〇〇九一八七
> 　　　　　　　　　自宅　　埼玉県川口市〇〇町五の三三の二
> 　　　　　　　　　電話　　〇四八二（二二）〇〇〇〇

六、入院・退院通知状（にゅう いん・たい いん つう ち じょう）

　"入院通知状"（住院通知信）常常省去开头的客套话，直接进入正文。首先写明住院的原因，即得了什么病。再写明所住医院的名称、地址以及医生对病情诊断的情况等。

　"退院通知状"（出院通知信）主要是通知对方病人康复出院，请勿挂念。

➡ 例—1

> 取り急ぎご一報申し上げます。
> 　先日来風邪でふせっておりました父が、急性肺炎を併発して、昨夜当地の〇〇病院に入院いたしました。なかなか熱が下がらず、衰弱も加えている様子、何分老齢でもありますので、一同不安に包まれております。
> 　病床にあって父が、しきりにあなた様にお会いしたいと申しておりますので、ご心配をお掛けしてまことに恐縮ですが、ちょっとご来院くだされたくお知らせ申し上げました。
> 　なお、当病院は国電国立駅北口前でございます。
> 　　　　　　　　　　　　　　　　　　　　　　　　　　草々

➡ 例—2

> 　少々長い療養でしたが、本日ようやく退院することができました。療養中にはいろいろとお心遣いをいただき、まことにありがとうございました。皆様のお励ましで病を克服し得たようなものでございます。
> 　医師の申しますにはもう完全に治癒したので、三週間ほど自宅で静養してから職場へ復帰する予定でおります。皆様のお顔を見るのを楽しみに、体力復帰に専念いたしたいと存じております。また外出はかないませんので、とりあえず書面をもちまして退院のご挨拶とさせていただきました。

七、死亡通知状（しぼうつうちじょう）

　"死亡通知状"（死亡通知信）有两种，一种是写在丧礼之前，主要是通知亲友等某人已故去；第二种是写在丧礼之后，主要是通知那些未能参加丧礼或是丧礼前来不及通知的亲友。死亡通知信的主要内容要写明死亡的时间、原因，以及对死者生前受到对方关照表示感谢的话等。还要写明谁为丧主，举行告别仪式的时间，地点等。

　在日本，丧葬形式有"本葬"（正式殡葬）和"密葬"（只有近亲参加的丧葬）两种。前者亲朋好友都可参加，后者只有少数近亲参加，所以通知要写明是哪一种。办理"密葬"大致有以下两种情况：一是忌讳或不愿让太多的亲友知道；二是丧事在年初年末。因此，"密葬"的通知信一般是在丧礼后发出，若丧事在元旦前后，则通知信必须在元月七日后发出，死亡原因可写可不写。

➡ 例—1

> 　夫中島〇〇儀　〇〇月〇〇日午後〇〇時急逝致しました。
> ここに生前のご交誼を深謝いたしますとともにお知らせいたします。
> 　〇〇年〇〇月〇〇日
> 　　　　　　　　　　　　　　　　　神奈川県川崎市〇〇町1—3—11
> 　　　　　　　　　　　　　　　　　　喪主　北村　久江
> 　　　　　　　　　　　　　　　　　　長女　増田　良子
> 　　　　　　　　　　　　　　　　　　次女　北村　文子

例—2

> 父善弥　かねて病気療養中のところ、〇月〇日午後〇〇時〇分逝去いたしました。ここに生前のご厚情を感謝し、謹んでご通知申し上げます。
> 　なお、葬儀は〇月〇日近親者のみにて密葬といたしました。
> 　　　　　　　　　　　　　　　　　喪主　　池長　貴一
> 　　　　　　　　　　　　　　　　　妻　　　　　　幸子
> 　　　　　　　　　　　　　　　　　女　　　　青山道子
> 　　　　　　　　　　　　　　　　　外　　　　親戚一同

第四节　邀请信类

按日语邀请信的特点，可大致分为两种。一种是"案内状"，一种是"招待状"。前一种用于邀请参加同学会、忘年会、送别会、祝贺会、纪念会以及参观等场合。其特点是所需费用由参加人员均摊，即AA制。主办人只主持这项活动，不负担全部费用。因此，这种邀请信一定要写明此会每人要交会费多少，以便参加者赴会时带来交纳。开会时设专人在会场收费。后一种用于邀请参加婚礼、婚宴、晚会及各种招待会、宴会等场合。除婚礼、婚宴外，其他场合的招待、宴请不需参加者负担费用。以同学会为例，主办人在向同学会成员发邀请信时，要发"案内状"；同学会邀请恩师参加时，发的邀请信应是"招待状"。

邀请信一定要写明举办活动的目的、时间和地点。必要时也可画上路线图，表明下车地点和下车后所走路线。如果是小型宴会，最好事先告知同席的其他人，以便对方考虑是否参加。

邀请信常常同时寄去一张回函用明信片，日语叫"出欠の返信"。请收信人在明信片上写明出席还是缺席，并在规定日期内寄回，以便主办人安排会场和饮食。

一、案内状（あんないじょう）

例—1

> 拝啓　日増しに秋も深まるこのごろ、皆様にはいよいよご健勝のことと存じます。
> 　さて、毎年秋に催してまいりました当クラス会、今回は特に恩師〇〇〇〇先生をお招きし、次のように開くことと相成りました。については、奮ってご参加くださるよう、ご案内申し上げます。
> 　　日時　〇〇月〇〇日午後六時から
> 　　場所　虎の門共済会館（電話〇〇—583—5381）
> 　　会費　金参千円（写真代その他を含む）
> 　なお、準備の都合上、ご出席の有無、来る〇〇月〇〇日までにご一報の程、お願い申し上げます。
> 　上、とりあえずクラス会ご案内まで

例—2

拝啓　今年も無事に最終の月を迎えるに至りましたこと、ご同慶の至りに存じます。
　さて、毎年のことながら当部の忘年会を催したく、別記のように準備いたしましたので、万障をお繰り合わせの上ご出席の程、お願い申し上げます。
　なお、ご出席のご都合、折り返しご連絡くださるよう、併せてお願い申し上げます。
　上、ご案内まで。

　　　　　　　　　　　　　　　　　　　　　　　　　　　　　　　　　　敬具
　　　　　　　　　　　　　　　　　　　　　　　　　　　○○年○○月○○日
　　　　　　　　　　　　　　　　　　　　　　　　　　　世話人　　○○○○

　　　　　　　　　　　　　　　記
　　日時　○○月○○日（土）午後五時
　　場所　新宿・みちのく（電話○○—341—3471）
　　会費　金弐千円（積立金から補助いたします）

例—3

拝啓　新緑の候、皆々様にはますますご発展のことと拝察し、心からお喜び申し上げます。
　さて、すでにご高承かと存じますが、このたび○○○○、○○○○のご両人には、めでたくご結婚の運びと相成りました。ついては、ここに祝賀会を催して両人の前途を祝したく、ご案内申しあげます。
　　と　き　○月○○（日）午後五時から
　　ところ　信濃町・明治記念館（電話 ○○—403—1171）
　　会　費　五千円（記念品代その他を含む）
　なお、準備の関係上、ご出席の有無を来る○○日までにご返信くださるよう、お願い申し上げます。
　まずは、ご案内申し上げます。

　　　　　　　　　　　　　　　　　　　　　　　　　　　　　　　　　　敬具
　　　　　　　　　　　　　　　　　　　　　　　　　　　　　○○年○月吉日

発起人代表　　○○○○

二、招待状（しょうたいじょう）

例—1

拝啓　陽春の候、皆様にますますご健勝のこととお喜び申し上げます。
　さて、このたび○○○○先生ご夫妻のご媒酌により、私どもは結婚式を挙げることになりました。
　つきましては、将来幾久しくご交誼、ご指導を賜りたく、披露をかねて、小宴をもようしたく存じますので、ご多忙中誠に恐縮でございますが、なにとぞご光臨の栄ご案内申し上げます。

　　　　　　　　　　　　　　　　　　　　　　　　　　　　　　　　　　敬具
　　日　時　○月○○日（日曜日）午後一時
　　場　所　品川○○ホテル（国鉄○○線○○駅下車）

　　　　　　　　　　　　　　　　　　　　　　　　　　　　　○○年○月吉日
　　　　　　　　　　　　　　　　　　　　　　　　　　　　　岡島　一郎
　　　　　　　　　　　　　　　　　　　　　　　　　　　　　　　　明子

ご出席のご都合を○月○○日までにお知らせください。

例一 2

拝啓　晩秋の候、先生にはお変わりもなくお過ごしでしょうか、お伺い申し上げます。私どもその後心ならずもご無音に打ち過ぎましたこと、誠に申し訳ございません。
　　さて、私ども〇〇年度卒業生一同、毎年秋にクラス会を催し、今日に及んでおりますが、今回は特に先生をお招きの上、次のように開くことと相成りました。
　　日時　〇〇月〇〇日午後六時から
　　場所　虎の門共済会館（電話〇〇—583—5381）
　　ついては、ご多忙中恐縮に存じますが、万障お繰り合わせの上ご光臨の栄を得たく、よろしくお願い申し上げます。なお、毎回の出席者は五十名内外にて、今回もほぼ同数の予定でございます。
　　上、とりあえずご案内申し上げます。

敬具

〇〇年〇〇月〇日
幹事代表　〇〇〇〇
電話　075—460—6378

〇〇〇〇　先生

思考与练习

1. 在当今电话、手机、邮件普及的时代，书信的特点与作用是什么？
2. 写祝贺信需要注意些什么？
3. 慰问信在内容上与感谢信有什么不同？
4. 邀请信中的"案内状"与"招待状"有什么区别？
5. 作为召集人，用日语写一份师生聚会的邀请信。

第六章
社交书信(2)

概　　述

　　本章是第五章的继续，主要介绍常用的委托信、介绍信、感谢信等社交书信。
　　本章要介绍的社交书信，和上一章的要求一样，一般要用信封封好邮寄或转交，信的书写格式、内容也都有为大家所公认的格式，要求称呼和措辞恰当、内容条理清楚、文字简明扼要、遣词造句准确、用语用字规范等。

第五节　委托信类

　　人们在日常生活中，总有一些事情自己难以做到，需要委托别人帮助。委托他人做事的方式很多，如可以当面口头委托，也可以打电话或发邮件、短信委托。但如果委托的事情比较重要，或者是公对公的郑重场合，一般还是要以书信的形式委托为好，这时就要写委托信，日语一般叫"依頼状"。
　　书信委托与口头、电话委托相比，其最大优点是可以避免被委托人需要拒绝时的尴尬，内容还可以留存备查。
　　书信委托与邮件、短信委托相比，书信正规、郑重。尤其公对公的场合，含有对对方的尊重和信任。
　　委托信的基本格式与其他类书信相同。但需要注意的是委托信一定要写明委托的理由、内容、以及时间、地点等。委托信一定要提前写，要给对方留有充分的准备时间。

一、保証人の依頼（ほしょうにんのいらい）

　　写信委托他人为自己做担保，一定要具体写明为谁做担保以及担保内容，还要说明委托

对方是无奈之举，一定不会给对方带来损失等，以免给对方增加思想负担。

例—1（身元保証人）

> 拝啓　初春の候、○○○○様におかれましては、その後おすごやかにお過ごしのことと拝察いたしております。
> 　　本日は、折り入ってお願いしたいことがございまして筆を取らせていただきました。
> 　　このたび、私は○○大学を卒業し、株式会社○○に就職することになりました。入社に当たり、両親以外の身元保証人を立てる必要があるとのことです。つきましては、○○○○様に身元保証人をお引き受け願えないでしょうか。
> 　　○○○○様にご迷惑をかけるようなことは決して致しませんことをお誓い申し上げ、日々精神してまいりますので、何とぞご承諾くださいますようお願い申し上げます。
> 　　はなはだご迷惑かと存じますが、ご承諾いただける場合は書類を持ってお伺い致します。
> 　　略儀ながら、まずは書中を持ちましてお願い申し上げます。
>
> 　　　　　　　　　　　　　　　　　　　　　　　　　　　　　　　　　　　敬具

例—2（身元保証人）

> 拝啓　春草芽生える季節を迎え、○○○○様にはその後ご壮健にてお過ごしのことと存じます。
> 　　本日は折り入ってお願いがあり、一筆申し上げた次第です。
> 　　実は、このたび長男○○が○○大学へ進学することになりました。入学にあたり、私ども両親のほかに、一名身元保証人を書面にて提出する必要があるとのことです。
> 　　つきましては、長くお付き合いのある○○○○様に在学中の身元保証人をお引き受け願えないものかと存じ、お願い申し上げる次第でございます。
> 　　○○○○様に、ご迷惑の及びませんよう、私どもも十分に監督致しますので、何とぞご承諾くださいますようお願い申し上げます。
> 　　先ずは、書中をもちまして、よろしくお願い申し上げます。
>
> 　　　　　　　　　　　　　　　　　　　　　　　　　　　　　　　　　　　敬具

例—3

> 前略　先日は突然の電話で失礼致しました。
> 　　電話でもお話いたしましたように、このたび独立し、○○会社を設立する運びとなりました。
> 　　そこで恐縮ですが、資金を借り入れる際の保証人になっていただけないでしょうか。○○銀行にはすでに○○○○万円の借り入れを頼み、○月から返済開始する予定です。誠に勝手なお願いですが、ご迷惑をおかけしないことをお誓いいたします。後日お伺わせて頂き、詳しく説明いたします。
> 　　どうぞよろしくお願いいたします。
>
> 　　　　　　　　　　　　　　　　　　　　　　　　　　　　　　　　　　　早々

二、連帯保証人の依頼（れんたいほしょうにんのいらい）

　　日语的"連帯保証人"，是指"主債務者と連帯して主たる債務の保証をする人です。/ 是与主债务人共同担保主要债务的人"。因此，"連帯保証"多与债务有关。

"連帯保証人"与"連帯債務者"非常相近,需要认真区别对待。

委托他人与自己共同担保,一定要具体写明担保的债务数额、计划何时还清债务、以何种形式还清等,同时也要说明委托对方是无奈之举,一定不会给对方带来不良影响等,以免给对方增加思想负担。

➡ 例一1

> 拝啓　新緑の候、〇〇〇〇様にはその後お変わりなくお過ごしのことと拝察いたしております。
> 　本日は、折り入ってお願いしたいことがあり、一筆申し上げた次第です。
> 　実は、〇〇市内の賃貸住宅を契約し、近い内に移転したいと考えております。
> 　つきましては、契約に際し、〇〇〇〇様に連帯保証人をお引き受け願えないでしょうか。他に信頼して頼める相手もおらず、失礼を承知でお願いする次第です。決してご迷惑をおかけすることのないようお約束いたしますので、何とぞご承諾くださいますようお願い申し上げます。ご承諾いただける場合は、必要書類一式を持ってお伺いしたいと存じます。
> 　恐縮でございますが、お返事の程、お待ちいたしております。
> 　先ずは、書中をもちまして、お願い申し上げます。
> 　　　　　　　　　　　　　　　　　　　　　　　　　　　　　敬具

➡ 例一2

> 拝啓　初夏の候、〇〇〇〇様にはご壮健にてお過ごしのこととお喜び申し上げます。
> 　さて、突然ではございますが、折り入ってお願いしたい事があり、筆を執らせていただきました。
> 　実は、〇年わたり営んでおります〇〇店の店舗拡張、新規出店のため、〇〇銀行の融資を受けることになりました。つきましては、連帯保証人として〇〇〇〇様のお名前をお借り願えれば幸いと存じ、不躾なお願いではございますが、ご懇願申し上げる次第です。
> 　融資額は〇〇〇〇万円で、月々の返済額は〇〇万円となっております。お陰さまで店舗業績も良く、決してご迷惑をおかけするようなことは致しません。
> 　なお、返済計画書及び経営計画書を同封させていただきます。
> 　後日、改めてお伺いいたしますので、何とぞご検討くださいますよう、先ずは書中をもちましてお願い申し上げます。
> 　　　　　　　　　　　　　　　　　　　　　　　　　　　　　敬具

三、借金・借用の依頼（しゃっきん・しゃくよう の いらい）

"借金・借用の依頼"更要具体写明借用的目的,借钱时还要写明数额、何时归还以及何种形式归还等,同时也要说明委托对方是无奈之举,一定不会给对方带来损失等,以免给对方增加思想负担。

例—1

拝啓　晩秋の候、皆様にはますます御清勝のことと拝察いたします。
　さて、誠に申し上げにくいのですが、私の当面の生活費用として、〇〇万円ほどご融通いただけないでしょうか。
　ご存知のとおり、長期にわたる入院そして〇〇手術において出費がかさみ、生活資金にも窮する状況でございます。他に頼める相手もおらず、ぶしつけなお願いとは承知の上、恥を忍んでお願い申し上げる次第です。
　〇月には職場復帰できるよう治療の見通しが立っておりますので、復帰しましたら、毎月〇万円ずつお返しし、〇〇月のボーナスをもちまして全額返済できる予定です。日頃のご厚意に甘えるばかりで誠に心苦しく存じますが、何とぞ窮状をお察し頂き、ご承諾くださいますよう伏してお願い申し上げます。
　近く、改めてお願いに参りたいと存じますが。先ずは書中にてお伺い申し上げます。

敬具

例—2

拝啓　秋爽やかな好季節、〇〇〇〇様にはお元気でご活躍のことと存じます。
　さて、突然のお願いで恐縮ですが、〇〇〇〇様ご所蔵の〇〇〇を拝借お願いしたく、筆を執らせていただきました。
　期間は、〇〇年〇〇月〇〇日までの〇〇日間で、〇〇〇のために使用させていただく存じます。他に借用をお願いできる相手に心当たりもなく、ご迷惑は重ね重ね承知で〇〇〇〇様にお願い申し上げる次第でございます。
　取り扱いには十分注意し、用件が済み次第速やかにお返しいたしますので、事情ご賢察の上、何とぞご了承くださいますようお願い申し上げます。

敬具

例—3

前略　先日は突然の電話で失礼致しました。
　電話でもお話いたしましたように、このたび〇〇のため暫くの間、ワゴン車をお借りできませんでしょうか。もし拝借できるようでしたら、ご都合のいい時にこちらから伺わせていただきます。
　まずは取り急ぎ、お願いまで。

草々

四、縁談の依頼（えん　だん　の　いらい）

　"縁談の依頼"多数是父母为子女，也有的是为其本人。委托他人介绍婚姻，一定要具体写明委托方的子女或本人的年龄、学历、工作单位、性格特点、兴趣爱好，以及为什么至今未能嫁娶的原因等，以便让对方有所了解，考虑人选。必要时还要带子女和被委托人见面，详细介绍情况。

➡ 例—1（子供の縁談）

拝啓　初夏の季節を迎え、〇〇〇〇様にはますますご健勝のこととお喜び申し上げます。
　さて、このたびは長男〇〇の縁談について、お願いを申し上げたく筆をとらせていただきました。
　長男〇〇は、〇〇大学を卒業後、株式会社〇〇へ勤務し〇年になり、今年で〇〇歳を迎えました。ようやく結婚を考えられるゆとりも出てきたようではございますが、男性ばかりの職場ゆえ、なかなか良縁に恵まれません。
　そこで、交際範囲が広く、周囲から信頼も厚い〇〇〇〇様に、どなたかよい方をご紹介いただければと思い、お便りを差し上げた次第です。明るく誠実な方であれば幸いに存じます。誠に勝手なお願いではございますが、何とぞよろしくご高配のほど、お願い申し上げます。
　後日、長男〇〇ともども改めてお伺いしたく存じますが、先ずは書中にてお願い申し上げます。

敬具

➡ 例—2（本人の縁談）

拝啓　晩秋の候、皆様にはますます御清勝のことと拝察いたします。
　本日は折り入ってお願いしたい事があり、筆を執らせていただきました。
　私は仕事柄、なかなか女性と知り合う機会に恵まれないまま今年で〇〇歳を迎えてしまいましたが、ようやく家庭を築くゆとりも出てまいりました。
　そこで、お顔の広く周囲からの信頼も厚い〇〇〇〇様に、どなたか素敵な女性を紹介していただけないかと思い、厚かましくお願い申し上げる次第です。健康で明るく、子供の好きな女性が希望ですが、どなたかお心当たりがございましたら、ぜひ紹介いただけないでしょうか。ご多忙中のところ恐縮ではございますが、よろしくご高配を賜りますよう、お願い申し上げます。
　後日、履歴書と写真を持ってご挨拶に伺いしたいと存じますが、先ずは書中をもちましてお願い申し上げます。

敬具

第六节　介　绍　信　类

把自己的亲友、熟人或一些事物、情况，介绍给别人时写的信叫介绍信。介绍信日语叫"紹介状"。

介绍信一定要写清楚被介绍人的姓名、身份、与自己的关系以及介绍的理由，也就是要求对方协助办理的事项。介绍信要实事求是、文如其事，必要时也可以说明被介绍人的优缺点。

介绍信写完之后，应尽快打电话或利用其他方式与对方打招呼，以免被介绍人持信拜访时，对方因不认识而感到突然或吃惊。被介绍人拿到介绍信后，也应该尽早前往拜访，最好不要拖得太久。介绍信最好先请被介绍人当面看过内容之后再装入信封内或交被介绍人带走。

介绍信内容简单时，可写在自己的名片上。如果事情重要，须在自己的名下盖章，以示郑重。如果内容较多或比较重要，以及介绍某人时，最好还是用书信的形式，以便将内容写得全面、清楚。

一、名刺による紹介状（めい し に よる しょう かい じょう）

将介绍的内容写在名片上时，如果内容只有一两句话，可以写在正面。横版印刷的名片一般在自己名字的上方，竖版印刷的名片一般在自己名字的右侧空白处写上介绍的话，或被介绍人的姓名等，然后写明日期并在自己的名字下加盖印章。如果内容需要多写几句，也可以写在名片的背面。

➡ 例一1（横写）

```
産業教育短大
  ○○○○先生
  私どもの企画部員○○○○をご紹介いたします。統一伝票についてご意見をお聞か
せください。
                                              ○○年○○月○○日

フジ経理協会
    企画、指導部長
○○○○  [印]

                                              東京都新宿区番衆町127号
                                              TEL  ○○○○○○○○
```

➡ 例一2

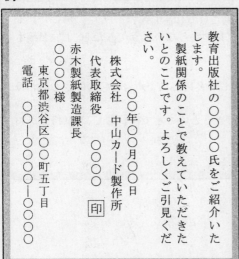

➡ 例一3

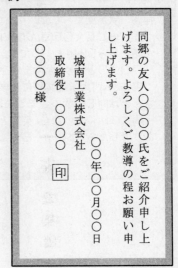

例—4（名片背面）

　　〇〇〇〇さんをご紹介します。家内の友人の娘さんで、就職の件について相談に乗ってあげてください。

二、封書による紹介状（ふうしょによるしょうかいじょう）

例—1

急啓　先日はご多忙中をお邪魔し、失礼いたしました。
　さて、営業のできる社員を採用したいとのお話でしたが、私の親戚すじに出版社に勤めている者がおり、ご紹介いたします。
　〇〇〇〇と申しまして、年齢は三十五歳、現在は公共図書館や大学図書館を回っているそうです。
　まじめで仕事熱心、その上独創性に富んでおりますので、貴兄の会社にはうってつけてはないかと存じます。近いうちに本人が伺わせますので、よろしくご配慮のほどお願い申し上げます。
　とりあえず書面にてお願い申し上げます。
　　　　　　　　　　　　　　　　　　　　　　　　　　　　　　　　草々

例—2

〇〇〇〇様をご紹介申し上げます。家内の遠縁の者ですが、ご子息の皮膚疾患の治療を先生にお願いしたいと申しております。一年あまりになるのにいっこうに治癒せず、心を痛めておりますので、何とぞよろしくお願い申し上げます。

例—3

拝啓　秋が深まってまいりました。いかがお過ごしでしょうか。
　先月のご長女〇〇さんの家庭教師の件、まだ見つからないようでしたら、よいお嬢さんがいらっしゃいますので、ご紹介いたします。
　〇〇〇〇という、大学三年生の女性です。
　現在、名門大学英文科に在学中で、とても感じの良いかたです。〇〇〇〇さんのお母さんとは同じ短歌の会でご一緒になりました。
　周に二回ぐらいなら、英語と国語をお教えできるとのことです。もし、お気持ちがおありでしたら、なるべく早くご連絡ください。
　　　　　　　　　　　　　　　　　　　　　　　　　　　　　　　　かしこ

例—4

　ようやく春が訪れ心快い季節となりました。しばらくご無沙汰いたしておりますが、先生にはお障りもなくお過ごしのこととお喜び申し上げます。
　さて、突然で誠におそれいりますが、私の高校の同窓で、現在も親しくしております〇〇〇〇さんをご紹介申し上げます。
　〇〇さんは、近く刊行されます新雑誌「日本の自然」の編集記者をしておりますが、その雑誌に、先生の野鳥のお話を掲載したいと申しております。失礼とは存じましたが、私からご紹介させていただくことにして、本人をおうかがいさせた次第でございます。
　何とぞご引見くださいまして、いろいろのお話を〇〇さんにお話しくださいますなら、幸いに存じます。
　まずはご紹介とお願いまで。

例—5

　毎日毎日雨ばかりでうんざりしております、いかがお過ごしでしょうか。
　先日お伺いました時、ノドの渇きが激しく、小用が近いとのことでしたが、病院の方には行かれましたでしょうか。
　実は、夫も家系的に糖尿病で、食事療法を行っております。三度ばかり、病院を変えましたが、今現在通院しています〇〇〇〇病院の〇〇〇〇先生は懇切丁寧で、とても感じの良い先生だそうです。
　お気持ちがおありましたら、ご紹介いたしますので、ご遠慮なくおっしゃってください。
　まずはご紹介まで。

　　　　　　　　　　　　　　　　　　　　　　　　　　　　　　　　　　かしこ

三、その他

例—1

先日お願いいたしました〇〇〇〇さんがうかがわせます。私も同道してお願いすべきでございますが、お心やすだてに、お手紙にいたしました。身元の点は私が必ず責任をもちますので、何とぞご採用のほど伏してお願い申し上げます。

例—2

　ご無沙汰いたしております。昨年末までお宅にご厄介になっておりました〇〇〇〇です。お変わりございませんでしょうか。
　さて、この手紙を持参するのは、今春私の後輩社員として入社する〇〇〇〇君です。秋田の大学を出て上京、当社へ入社して、ただ今宿先を探しておりますが、例のお部屋があいておりますなら、ぜひ同君にお貸して下さいませんでしょうか。
　同君はまことに素朴な好青年で、お家は故郷で農業を営んでおられます。身元は私が責任をもって保証いたしますので、何とぞよろしくお願いいたします。

例—3

> お手紙拝見。早速調べてみました。類書が非常にたくさん刊行されておりますので、その中の一冊となると私も迷いました。結局、人にも尋ねて、初心者のための入門書としては〇〇〇〇著の『作詞作曲入門』が定評があり、よい本だと思いました。現在、楽壇で活躍中の新進の中には、この本で入門した人が少なくないということです。
> 　そちらの書店にもあるかと思いますが、念のため発行所その他、ご注文の時の参考になる事項を次に記しておきましょう。
> 　一、発行所　　　音園社株式会社
> 　二、所在地　　　東京都台東区王森町 2—4—7
> 　三、定　価　　　〇〇〇〇円
> 　四、振替口座
> 　とりあえず上ご紹介まで。

例—4

> 〇〇君、最近こちらはご無沙汰ばかりですが、いかがお過ごしですか。
> 　この二十五日、私どもの父と母の結婚二十五周年の銀婚式をわが家で祝うことにしました。東京に住むただ一人の親戚として、君にも出席いただければこれほど嬉しいことはありません。決して大袈裟なものではありませんから、どうかいつもの調子来てください。
> 　実は、その折、ぜひ君に引き合わせたい女性がいます。これもどうか大袈裟に考えないでほしいのですが、とにかく会ってみてください。〇〇〇〇さんと言って、現在私の仕事の助手をしてもらっています。〇〇大学英米文学科卒業で、英会話が堪能な明朗で素直な女性です。
> 　彼女を見ていると、どういうわけか君のことを考えてしまう、というのがお引き合わせする理由のすべてです。年齢は君より一つ年下の二十四歳。君を招待したことを彼女はまだ知りません。
> 　彼女とも、詳しい話はいずれお会いした時にするようになるでしょう。
> 　君が必ず来てくれることを願っています。

第七节　感谢信类

感谢信日语叫"礼状（れいじょう）"。在社交书信中写的最多的恐怕就是感谢信了。因为在日常生活中谁都会受到他人的关照，如受到招待，得到帮助，接受礼品以及生活工作中受到劝告、忠告、鼓励等，都应该及时写信表示感谢。

感谢信要写得诚恳，最好联系到受对方关照的具体事例。如接到对方礼物家人如何感到高兴；受到对方鼓励后自己如何去做并取得了哪些成绩；以及对方的帮助给自己的工作学习带来了多大的作用等。

感谢信要实事求是地写，尤其是对对方的评价要文如其事、恰如其分，不得夸大其辞。感谢信要及时地写，不要拖得太久，那样会减弱感谢信的作用。

第六章 社交书信(2)

一、祝賀状を受けての礼状

当有喜庆事时，都会受到一些亲友寄来的祝贺信，如结婚、生孩子、升学、就业、职务晋升等时，亲友都会来信祝贺的。收到对方的祝贺信后应及时回信感谢。这种感谢信的内容不能只表示感谢，还要写一些自己的感想等。如生了孩子，孩子十分可爱，感到了做父母的幸福等。如果在收到祝贺信的同时还收到了礼物，信中也要对此表示感谢。

➡ 例—1

拝復　このたびはご丁寧なお手紙、ありがとうございました。いつもいろいろお世話になっておりますこと、厚く御礼申し上げます。
　さて、長女〇〇出生についてご懇篤なお祝いのお言葉、厚く御礼申し上げます。その上、かわいいベビー用品の詰め合わせまで頂き、感謝至極に存じます。顧みれば、いろいろご心配をお掛けしたこと恐縮に存じますが、おかげさまにての安産に、一同胸をなで下ろしております。幸い母子共に至極壮健でございますので、なにとぞご休心くださるよう、お願い申し上げます。なお、家内からもくれぐれよろしくとのことでございます。奥様にもよろしくお伝えくださるよう、お願い申し上げます。
　まずは、とりあえず御礼まで。
　　　　　　　　　　　　　　　　　　　　　　　　　　　　　　敬具

➡ 例—2

　このたび長女の出産に際しましては、早速ご丁寧にお祝いを賜り、まことにありがとうございます。
　産後の肥立ちも順調で、このほど退院いたしましたので、他事ながらご安心くださませ。
　いずれ改めまして親子三人ご挨拶にまいりますが、とりあえず書中にて御礼申し上げます。

➡ 例—3

叔父様　私の誕生日には思いがけないご祝辞をいただいて、とても感激です。それに素敵な手鏡、本当にありがとうございました。毎日朝のお化粧に使わせていただいておりますが、自分の顔をしみじみ眺めては「鈴子ももう二十四歳・頑張らなくっちゃ!」なんて考えています。頑張るって、いろいろなことにです。今のお仕事のこと、速く素晴らしい男性を見つけること、その他エトセトラ。困った時には、叔父様助けてください。
　お礼状がお願い状になってしまいました。ごめんなさい。
　では、叔母さまによろしく。
　　　　　　　　　　　　　　　　　　　　　　　　　張り切っている鈴子より

125

➡ 例—4

> 拝復　このたびは早速お祝いのご芳書を賜り、ご芳志の程ありがたく、深く感謝しております。
> 　さて、独立開店は小生多年の念願でもございましたが、ここにようやく実現に至りましたこと、何よりもうれしく存じます。その上、ただいまのようなご激励のお言葉を頂きましたこと、感謝至極に存じます。ただ、何分にも経験浅く、資金も軽少のこととて、業務の運営に心配の多い毎日でございます。せめて皆様のご同情、ご援助のおすがりするほか、致し方ないかと存じます。なにとぞ倍旧のご指導を賜りますよう、伏してお願い申し上げます。
> 　まずは、書中をもちまして、御礼かたがたお願い申し上げます。
>
> 敬具

二、見舞状を受けての礼状

　　收到亲友寄来的慰问信后，要及时回信表示感谢。如亲友得知受灾，往往都是从电视或报纸上得到的消息，因此信的内容主要是打听受灾情况。如果确实受灾，应如实地告知受灾过程和程度；如果灾害对自己没有多大影响，也要写明情况，以释悬念。总之，这方面的感谢信，除表示感谢外，还要实事求是地告知受灾情况，请对方放心。如果收到慰问信的同时收到了慰问品，也要对此表示感谢。

➡ 例—1

> 拝復　このたびは早々とお見舞い状、ありがとうございました。強風のため火足も速く、家財も半ば焼失いたしました。ただ、家人一同に別状これなく、ご休心の程、お願い申し上げます。
> 　上、とりあえずご返信お礼まで。
>
> 草々

➡ 例—2

> 拝復　このたびの風水害につき、早々にお見舞状を頂き、恐縮に存じます。当地にては、数日来の豪雨にて河川もあふれ、至るところ冠水いたしました。幸い拙宅は高台ゆえに災厄を免れ、一同胸をなで下ろしております。また、降雨もようやく衰え、天候の回復も近づきましたので、復旧活動など始まっております。食糧に困るほどでもございませんので、何とぞご放念くださるよう、お願い申し上げます。
> 　上、取り急ぎご報告ご感謝まで。
>
> 草々

➡ 例—3

> 拝復　このたびはご丁寧なお見舞状、ありがとうございました。厚く御礼申し上げます。
> 　さて、お見舞いいただきました主人このたびの交通事故、全治3週間の宣告を受け、絶対安静を旨としております。ただ、頭部に異状のなかったこと、なによりと存じます。何とぞご休心くださるよう、お願い申し上げます。なお、いずれ詳細、ご報告いたしたいと存じます。
> 　まずは、御礼を兼ねてご報告まで。
>
> 草々

三、好意を受けての礼状

当受到对方的招待，如请吃饭、陪同参观游览，以及其他方面的一些关照，如为自己介绍工作，介绍住宿，作担保，筹措钱款等时要写的感谢信属于这一类。

➡ 例—1

> 　　過日は子供づれてお邪魔いたしまして、思わぬご歓待を受け、誠にありがとうございました。愉快になり、つい長居をしてしまいましたが、ご迷惑でなかなかと恐縮しております。
> 　　いつもご厚情に甘えるばかりで、何のお返しもできず申しわけないと思いながら、ついついお宅の明るく楽しい雰囲気に引かれて、お邪魔してまいりました。今度月給が入ったら、何かうまいものを買って御礼にお伺いしようと思っております。
> 　　どうぞ奥様にもよろしく御礼申し上げてくださいますようお願いいたします。
> 　　まずはとりあえず御礼まで。

➡ 例—2

> 　　拝復　炎暑のみぎり、その後お変わりもなくお過ごしの趣、何よりとお喜び申し上げます。
> 　　さて、このたびは息子の〇〇が長い間お世話になり、誠にありがとうございました。わんぱく盛りの子供をお世話いただきましたこと、さぞご心労も多かったかと恐縮しております。その上、毎日ご歓待を受け、いろいろごあんないまでいただいたとのこと、厚く御礼申し上げます。　おかげさまにてご郷里の自然にも親しみ、都会にては得られぬ貴重な体験をさせていただきましたこと、何にも増してありがたく、本人も非常に喜んでおります。いろいろお世話になりましたご家族の皆様にも、何とぞよろしくご伝言くださるよう、お願い申し上げます。
> 　　残暑厳しい折から、一層ご自愛くださるよう、併せてお願い申し上げます。
> 　　まずは、とりあえず御礼申し上げます。
> 　　　　　　　　　　　　　　　　　　　　　　　　　　　　　　　　敬具

➡ 例—3

> 　　先日は、まことにぶしつけなお願いを申し上げましたが、早速お聞き入れくださいましてありがとうございました。
> 　　おかげさまで無事入社手続きも済ませ、本日から正式に広報課へ勤務することになりました。専心仕事に励み、保証人になってくださいましたご厚情に報いるつもりでございます。
> 　　まずは上、とりあえず御礼申し上げます。

四、要望を受けての礼状

当遇到麻烦或困难，自己不知道如何解决，陷入困惑时，往往需要请求朋友的帮助和指点。如果亲友愉快地接受了请求，或给予了指导，或给予了忠告，使自己很快解脱了困境。这时也需要写信表示感谢。

▶ 例一1

拝復　このたびはご丁重なお手紙、謹んで拝承いたしました。いろいろとご熟考の末と拝察し、厚く御礼申し上げます。
　さて、M嬢との交際につき、あまり深入りするなどのご書面、一々ごもっともにて、繰り返し拝読いたしました。ただ、突然のお手紙に気持ちの整理も付かず、眠れぬ夜の続きましたこと、ここにご報告申し上げます。しかるところ、小生が目当てではなく、当家の財産が目当てとのご観察、思い当たる節とてないこともございません。このまま推移した場合の将来に思いをいたす時、多少の不安が伴うこと、お説のとおりかと存じます。ついてはM嬢との交際に深入りを避け、しばらくは友人関係にとどめる、肝要かと存じます。のぼせた気持ちを抑え、観察にゆとりをもたせていただきましたこと、心からお礼申し上げます。なお、今後とも折りに触れてのご教導、よろしくお願い申し上げます。
　上、後ればせながらご返信まで
　　　　　　　　　　　　　　　　　　　　　　　　　　　　　　　　敬具

▶ 例一2

拝復　ご丁寧なお手紙、正に拝受いたしました。久しくご無音に打ち過ぎましたこと、深くおわび申し上げます。
　さて、小生の日常についてのご直言、恐縮至極に存じます。飲酒に身を紛らしておりますこと、ご高閲に達してのお言葉、一々ごもっともに存じます。あるいは世上の物笑いになるかと、心配いたしたこともございますが、意志薄弱にて今日に至りましたこと、まことにお恥ずかしい次第でございます。その上、ご教示に従い、強固な意志にて誘惑を断ち切ること、最善かと存じますが、にわかに実行にも移せぬこと、まことに申し訳ございません。今後とも折りに触れてのご教導、よろしくお願い申し上げます。
　まずは、とりあえず御礼まで
　　　　　　　　　　　　　　　　　　　　　　　　　　　　　　　　敬具

五、贈答を受けての礼状

　　收到对方寄送的礼物之后，应及时写信感谢。不管是对方委托商店寄送的，还是直接通过邮局寄送的，只有收到你的回信之后对方才能确认礼物准确寄到。
　　不管收到什么样的礼物，都是对方经过认真思考、精心选择，并利用最好的方式寄来的，都要感谢。最好是具体地写明你或家人收到礼物的心情，哪怕是收到了你不太喜欢的东西，也要写"結構な品物を頂き"之类话。

▶ 例一1

拝復　このたびはご丁寧なお手紙、ありがとうございました。ますますお元気にてご活躍の趣、心からお喜び申し上げます。
　さて、デパートからお送りの品々、昨日無事拝受致しました。好物の果物をいろいろ取り揃えてお選び下されましたこと、厚く御礼申し上げます。
　末筆ながら、皆様のご多祥をお祈り申し上げます。
　まずはとりあえず御礼まで。
　　　　　　　　　　　　　　　　　　　　　　　　　　　　　　　　敬具

例—2

> 本日、お心づくしのお中元の品が届きました。
> 　山形名産のブドウを贈ってくれる心遣いに感謝します。妻と娘二人の大好物であり、喜んで賞味させてもらいました。
> 　多忙な毎日でしょうが、貴君の気力と体力、能力をフルに発揮し、この荒波を乗り越え、ステップアップしてください。
> 　まずはとりあえず御礼まで。

例—3

> 拝復　初冬の候、いよいよご清祥のこととお慶び申し上げます。
> 　平素はいろいろお世話になり、ありがとうございます。
> 　さて、このたびは結構なお歳暮の品をお贈りいただき、心から感謝申し上げます。さすが紀州産の梅干、肉厚で家族に大好評でした。
> 　別便で、こちらの地酒をお送りしましたので、お息子と杯をともにしてください。
> 　まずはとりあえず御礼まで。

思考与练习

1. 写委托他人为自己做担保时的委托信，应注意些什么？
2. 日语的"依頼文"与"依頼状"之间存在着哪些异同？
3. "連帯保証人"与"連帯債務者"有什么区别？
4. 日语介绍信有哪些形式？都需要注意些什么？
5. 用日语写一封访问某地朋友后的感谢信。

第七章
法律书状(1)

概 述

广义地讲,凡是法律上所使用的文书,都属于法律书状的范围。比如,司法部门所使用的判决书、调解书、起诉书、裁决书;诉讼当事人所使用的各种诉状、答辩状、申请执行书、授权委托书以及辩护人使用的辩护词,保证人使用的保证书,公证机关使用的公证书和确定遗产权力的遗书等等。

日本是一个法制比较健全的国家,因而法律书状的内容就比较丰富。由于篇幅所限,这里仅介绍一些诉讼当事人和群众个人所需要的一般法律书状。其中有诉讼性的,也有非诉讼性的。

书写有关法律的文书,是当事人依法维护自己权利必不可少的手段。熟悉各种法律书状的程式,写好有关的法律文书,对有关法律行文的顺利进行,也起着重要的作用。即使是非诉讼性的法律书状,熟悉和写好它们,对于保护当事人的正当权益,也很重要。

本章主要就有关婚姻、继承、遗嘱、受损赔偿等法律书状,有选择的作些分析介绍。

第一节 婚 姻 类

在日本的婚丧嫁娶等仪式中,最受重视的可以说是婚礼了。但是在举行婚礼之前,要先办理各种手续,填写许许多多的书状表格。比如经人介绍结婚时,首先要通过介绍人向对方提供自己的简历、家庭主要成员和主要社会关系等。有的还要提供家庭的主要财产(如电视、冰箱、衣柜、食品柜)的清单。其次,在男女双方订婚时,男方和女方还要通过介绍人向对方互赠礼品并提交礼品清单和收条。此外,在填写结婚登记表时,还要提供证人的证明书等。类似这些都属于婚姻方面的书状。

第七章 法律书状(1)

一、見合用略歴と家族書（みあいようりゃくれきとかぞくしょ）

　　"見合用略歴"（相亲简历）亦称"覚え書"，一般没有固定的格式，但一定要实事求是地写，如工作单位、收入如何、是否与父母同住等。

　　"家族書"（家庭成员简历），只写家庭主要成员的基本情况。主要内容是与当事人的关系、是学校学生还是已经工作等。家庭成员简历可以放在当事人的简历后面，也可以单独一份写。

▶ 例—1

```
見合い用略歴

本　人　　山田　雄一　　　　　　　○○年○月○日生
本　籍　　千葉県高根台町二丁目二番地
現住所　　右に同じ
学　歴　　○○年東京大学文学部卒業
職　業　　小規模学習塾経営（千葉県高根台町）年収○○○万円
趣　味　　水泳、スキー、アウトドア
宗　教　　浄土真宗
健康状況　身長一メートル七五センチ、体重六八キロ、既往症なし
　　　　　（本人としては感心ない）

家族書
父　　山田一雄　　○○年○月○日生　　　　　　　　　　　　健康
母　　　　　　　　○○年○月○日生　　　　　　　　　　　　健康
妹　　紀子　　　　○○年○月○日生　東京薬品経理部勤務　　健康
弟　　二雄　　　　○○年○月○日生　私立光和大学学生
　　　　　　　　　　　　　　　　　　千葉県第一高校三年　　健康
```

二、婚姻届（こんいんとどけ）

　　在许许多多的婚姻书状中，毫无疑问，结婚登记表是最重要的一份。

　　日本的"婚姻届"（结婚登记表）是一张有固定格式的表格。这种登记表一般保存在市、区、乡政府的户籍部门里。在填写时应注意以下两点：

　　1. 署名必须是本人。
　　2. 夫妇双方各自加盖本人的印章。

▶ 例—1

婚姻届 ○○年○○月○○日 東京都北区長　殿	届出	受理　○○年○月○日 　　　第○○○○号		発送 ○○年○月○日 ○○○○長　[印]		
		送付　○○年○月○日 　　　第○○○○号				
		書類調査	戸籍記載	記載調査	調査表	附票	住民票	通知

	夫になる人	妻になる人
氏　名	式場正明	坂本えり
生年月日	○○年○○月○○日	○○年○○月○○日

续表

住所 (住民登録をしているところを書いてください)	東京都北区田端町 ○○○○番地		東京都北区赤羽台町 ○番地	
	世帯主 の氏名	式場義一	世帯主 の氏名	坂本太一
本籍 (外国人のときは国籍だけを書いてください)	東京都北区田端町 ○○○○番地		東京都台東区谷中 ○○番地	
	筆頭者 の氏名	式場義一	筆頭者 の氏名	坂本太一
父母の氏名 父母と続き柄 (養父母についてはその他の欄に書いてください)	父　　式場義一	続柄 長男	父　　坂本太一	続柄 三女
	母　　ハナ		母　　尚江	
婚姻後の夫婦の氏・新しい本籍	☑夫の氏 □妻の氏	新本籍　東京都練馬区小竹町　号		
同居を始めたとき	○○年○○月○○日（結婚式をあげた時　または　同居を始めたときのうち早いほうをかいてください）			
初婚・再婚の別	夫☑初婚　再婚（□死別　□離別） 　　○○年○月○日		妻☑初婚　再婚（□死別　□離別） 　　○○年○月○日	
同居を始める前の夫妻のそれぞれの世帯の主な仕事と夫妻の職業	夫 妻　1　農業だけをしている世帯。 □　□　2　店や事務所を持って自由業、商工業、サービス業などを経営している世帯。 ☑　☑　3　管理、事務、教員、販売、外交、医療保健などの勤労者世帯。			
	夫の職業　　　教員		妻の職業　　　教員	
その他				
届出人 署名押印	夫 　　　　　式場正明　印		妻 　　　　　坂本えり　印	
事件簿番号				

三、婚姻同意書（こんいんどういしょ）

　　日本法律规定，男子年满18岁，女子年满16岁，就可以正式办理结婚登记。但是，未达到上述规定年龄的人的婚姻，就必须要得到双方父母的同意。在填写结婚登记表的同时，还要由双方父母填写一份同意结婚证明书。如果双方父母中意见相左，各自只有一人同意，也可以填写，一般不需父母意见完全一致。另外，亲生父母双亡的未成年者的婚姻，可以不经过养父母的同意，直接办理登记结婚。

例一1

```
                  婚姻同意書
    本　籍　　東京都港区麻布新綱36番
    現住所　　東京都三鷹市井の頭4－25－13
                                          吉本重夫
                                          ○○年○月○日生
                                          父　雄弘
                                                  次男
                                          母　佳子

    本　籍　　東京都世田谷区成城2－27－17
    現住所　　同上
                                          島田恵子
                                          ○○年○月○日生
                                          父　肇
                                                  長女
                                          母　幸子

    上記の者の婚姻に同意いたします。
      ○○年○月○日
      東京都世田谷区成城2－27－17
                                          上同意者　島田幸子
                                                  ○○年○月○日
```

四、夫婦財産契約（ふうふざいさんけいやく）

　　即将结婚的当事人双方，结婚前或者结婚后各自所获得的财产，是归个人所有还是归夫妇双方共有，夫妇双方的财产管理和处理权是归个人还是共同享有等问题，双方可以协商决定，签署契约，这就是"夫婦財産契約"（夫妇财产契约）。

例一1

```
                  夫婦財産契約書
                                  東京都世田谷区南烏山町26番
  ┌──┐                              夫　岩下政臣
  │印収│                          東京都杉並区宮前町23番
  │紙入│                              妻　岩下幸子
  └──┘
    上記当事者はその婚姻にあたり、以下のとおり夫婦財産契約を締結する。
    一、夫婦財産中、次に掲げるものは各自の特有財産とし、婚姻後も各自において使用、
  収益および管理するものとする。
          ＜夫の財産＞
    東京都町田市金井町3133番
    宅地624平方メートル
          ＜妻の財産＞
    東京都中野区上鷺宮町1番
    家屋番号310番
    木造瓦葺二階建居宅1棟
    床面積120平方メートル
    二、上記以外の財産は、すべて夫婦共有とする。
    三、婚姻中、夫婦が新たに取得した財産は夫婦の共有とする。
    この契約の成立を証するため、本証書は弐通作成各署名押印して、各その壱通を保持する。
      ○○年○月○日
                                  以上　岩下政臣　印
                                        岩下幸子　印
```

五、婚姻費用分担の申立（こんいんひようぶんたんのもうしたて）

在日本，一般来说，妇女结婚后即辞去工作，成为家庭主妇，就没有什么经济收入了。维持家计，主要是靠丈夫的工资或其他收入。在这样的家庭中，一旦夫妇失和，处于分居的状态，而主妇还期望丈夫能回心转意不离婚时，主妇和孩子的生活费用以及孩子的教育等其他开支就成了问题。这时，为了使丈夫分担起对孩子和妻子抚养的义务，主妇一方可以向民事法庭提出"婚姻費用分担の申立"（家庭费用分担的申诉）。

例—1

受付 印	郵送　準口頭		関連事件番号　年（家　）第　号			
	家事	審判 調停	申　立　書　事件名〔☆　　〕			
予納郵便切手　円	家庭審判所 御中 ○○年○月○日		申　立　人 （または法定代理人などの 署名押印または記名押印）		和田　美子　印	
この欄に収入印紙をはる。1件について 甲類審判 200 円 乙類審判 300 円 調停 300 円 （消印しないこと）	申立人	添付書類	申立人の戸籍謄（抄）本1通 相手方の戸籍謄（抄）本1通			
		本　籍	東京都世田谷区高坂　　○○号			
		住　所	同上　（　　方）□□□-□□□□		電話（　　局） 番	
		連絡先	（　　方）		電話（　　局） 番	
		氏　名	和田美子	大正 昭和　○○年○月○日 平成	職業	主婦
	※	本　籍				
		住　所	（　　方）□□□-□□□□		電話（　　局） 番	
		連絡先	（　　方）		電話（　　局） 番	
		氏　名		大正 昭和　○○年○月○日 平成	職業	

申立ての趣旨
相手方は、申立人に対し、婚姻費用として、別居生活に入った○○年○月より、別居期間中、毎月末限りをもって、金10万円を送金支払いをなすこと。

申立ての実情

1. 申立人と相手方和田光夫とは、○○年○月○日婚姻した夫婦であり、この間一男一女をもうけました。
2. しかるに相手方は、○○年○月○日ころより、社内の某女（○○○○）とねんごろとなり、外泊を繰り返すようになり、申立人の要請にもかかわらず○○年○月○日以来帰宅せず、前記住所に同女と同棲生活をはじめ、申立人らに対しては生活費も仕送りいたしておりません。
3. 申立人は離婚の意思はなく、相手方の翻意を待ちたく思いますが、その間の生活費として毎月10万円を送金してくれることをのぞみます。
4. 前記の事情により、この申立におよびました。

六、離婚届（りこんとどけ）

　　夫妻之间，多少产生一些矛盾和风波是很自然的事情。但是，当这些矛盾和风波使夫妻之间的关系达到势不两立，无法共同生活的地步时，解除夫妻关系——离婚，就提到议事日程上来了。结婚登记，可根据双方的自由意愿简单地提出，但离婚就不那么简单了。夫妻离婚时，会产生子女的抚养费用及抚养权等问题。这些事情确定不下来，离婚就不能成立。

　　离婚后，日本妇女可在离婚登记中恢复自己的旧姓（娘家姓），也可以继续使用离婚前的夫姓。

➡ **例—1**

離婚届 ○○年○○月○日 東京都文京区長　殿	届出	受理　○○年○月○日 　　　第○○○○号 送付　○○年○月○日 　　　第○○○○号			発送　○○年○月○日 　　　○○○○長　印		
		書類調査	戸籍記載	記載調査	調査票	附票	住民票	通知

氏　　名 生年月日 住　　所 （住民登録をしているところ）	夫　　阿久井信和 ○○年○○月○○日 東京都文京区本郷町 　　　　○○号 世帯主　阿久井信和 の氏名	妻　　阿久井利子 ○○年○○月○○日 東京都文京区本郷町 　　　　○○号 世帯主　阿久井信和 の氏名
本　　籍 （外国人のときは国籍だけをかいてください）	愛知県　名古屋市熱田区沢上町　　　　○○号 筆頭者　　　　　　阿久井信和 の氏名	
父母の氏名 父母との続き柄 （養父母についてはそのほかの欄にかいてください）	夫の父　　阿久井信　　続柄 母　　和子　　　　　長男	妻の父　　内山信行　　続柄 母　　幸子　　　　　長女
離婚の種別	☑協議離婚　　　　　　　□審判　○○年○月○日確定 □調停　○○年○月○日成立　□判決　○○年○月○日確定	
婚姻前の氏にもどる者の本籍	□夫　　は　　□もとの戸籍にもどる ☑妻　　　　　☑新しい戸籍をつくる 東京都多摩市永山　○○番　　　筆頭者の氏名　内山利子	
未成年の子の氏名	夫が親権を 行う子	妻が親権を　阿久井百合 行う子
同居の期間	○○年○○月から （同居を始めたとき）	○○年○月まで （別居したとき）
別居する前の住所		

续表

別居する前の世帯の主な仕事と夫妻の職業	☐ 1 農業だけをしている世帯 ☑ 2 店や事務所を持って自由業、商工業、サービス業などを経営している世帯 ☐ 3 管理、事務、教員、販売、外交、医療保険などの勤労者世帯		
	夫の職業　会社員		妻の職業　デザイナー
その他			
届出人署名押印	夫　阿久井信和		妻　阿久井利子
事件簿番号			

記入の注意

鉛筆や消えやすいインキで書かないでください。

筆頭者の氏名欄には、戸籍のはじめに記載されている人の氏名を書いてください。

本籍地でない役場に出すときは、2通または3通出してください。　また、その際戸籍謄本も必要です。

そのほかに必要なもの　調停離婚のとき→調停調書の謄本

審判離婚のとき→審判書の謄本と確定証明書

判決離婚のとき→判決書の謄本と確定証明書

証　人　（協議離婚のときだけ必要です）		
署名押印	三宅正夫　　㊞	桐山一郎　　㊞
生年月日	○○年○○月○○日	○○年○○月○○日
住所	東京都足立区西伊興町 ○○番	千葉県松戸市上矢切 ○○○番
本籍	千葉県船橋市三咲町 ○○○番	埼玉県与野市大戸 ○○○番

七、復氏届（ふくしとどけ）

在介绍离婚登记表时曾讲过，日本妇女结婚后改随夫姓。可是一旦离婚，就可以在离婚登记中提出两种选择：一是恢复旧姓（娘家姓），二是仍用离婚丈夫的姓。现在还有一种情况，即丧夫的妇女，如果想恢复旧姓怎么办？这种情况她只要提出"復氏届"（恢复原姓氏申请表）就可以了。

第七章 法律书状(1)

▶ 例一1

復氏届 ○○年○○月○○日 海老名市長 殿	届出	受理 ○○年○月○日 第○○○○号				発送 ○○年○月○日 ○○○○長 印		
		送付 ○○年○月○日 第○○○○号						
		書類調査	戸籍記載	記載調査	附票	住民票	通知	
復氏する人の 氏 名	川口正子 ○○年○○月○○日 生							
住 所 (住民登録をしている ところ)	神奈川県海老名市東柏ヶ谷町　○○番							
	世帯主の氏名　　川口正子							
本 籍	神奈川県海老名市勝瀬　　○○番							
	筆頭者の氏名　　川口真人							
復する氏 父母の氏名 父母との続き柄	氏 　　坂　本	父　坂本　伸 || 続き柄 長　□男 　　☑女					
		母　坂本　恵子						
復氏した後の 本 籍	□もとの戸籍にもどる　☑ 新しい戸籍をつくる							
	神奈川県厚木市船子○○○○番　筆頭者の氏名　坂本正子							
死亡した配偶者	氏名　川口真人　　○○年○○月○○日死亡							
その他								
届出人 署名押印	川口正子　　　　　　　　　　　　　印							

第二节　户　籍　类

在日本,对户籍的管理有着很严格的制度,因为它牵扯到许多方面,比如从出生、非婚生子女的认领,到家庭财产继承人的身份关系证明;从日本国民的出身、来历证明到死亡,户口的转入、转出、分立等等,都有一整套的公文程式。下面我们选择一些比较重要的与户籍有关的书状,加以介绍和说明。

一、出生届(しゅっしょうとどけ)

孩子出生后,父母必须提交出生登记表。如果孩子是父母婚生子女,则由孩子的父亲提交。父亲因故不能提交的,由母亲提交。在父母都不能提交的情况下,应按同居者、在场医生、助产妇及其他在场人员的先后顺序提交孩子的出生登记表。新生儿的名字,要用当用汉

字、人名汉字或假名书写。用其他文字书写的一概不受理。出生登记表一般要在孩子出生后14天内到当地市、区政府或镇、村公所办理提交手续。

➡ **例—1**

出 生 届 ○○年○月○日 ○○○○長　殿			受理	○○年○月○日 第○○○○号		発送	○○年○月○日 ○○○○長　[印]	
		届出	送付	○○年○月○日 第○○○○号				
			書類調査	戸籍記載	記載調査	調査票	附票	住民票	通知
生まれた子	（よみかた） 子の氏名	もり　ともこ 森智子		父母と の 続き柄		☑嫡出　　子（長　☐男） 　　　　　　　　　　☑女 ☐嫡出でない子（☐男☐女）		
	生まれたとき	○○年○○月○○日			☑午前　3時10分 ☐午後			
	生まれたところ	東京都渋谷区松涛町　　○○番地						
	住所 （住民登録をするところ）	千葉県船橋市高根台町　　○○号						
		世帯主　森仁男 の氏名			世帯主と　長女 の続き柄			
生まれた子の父と母	父母の氏名 生 年 月 日 （子が生まれたときの年齢）	父 　　森仁男 　　○○年○○月○○日 　　（満28歳）			母 　　森直子 　　○○年○○月○○日 　　（満25歳）			
	本籍 （外国人の時は国籍だけを書いてください）	神奈川県相模市北里町　　○○号						
		筆頭者　森仁男 の氏名						
	同居を始めたとき	○○年○○月　（結婚式をあげたとき　または　同居を始めたときのうち早いほうを書いてください）						
	子が生まれた時の世帯の主な仕事と父母の職業	☐　1 農業だけをしている世帯 ☐　2 店や事務所を持って自由業、商工業、サービス業などを経営している世帯 ☑　3 管理、事務、教員、販売、外交、医療保健などの勤労者世帯						
		父の職業　　　教員			母の職業			
その他								
届出人	☑1父　☐2母　☐3同居者　☐4医師　☐5助産婦　☐6そのほかの立立者							
	住所　千葉県船橋市高根台町							
	本籍　神奈川県相模市北里町　　○○号　　筆頭者　森仁男 　　　　　　　　　　　　　　　　　　　　の氏名							
	署名　森仁男　[印]　　　○○年　○○月　○○日生							
事件簿番号								

➡ 例—2

出　生　証　明　書

子の男女の別、 氏名及び体重	√1 男 　2 女	氏名		体重	グラム
双子以上 の場合	1 双　子 2 三つ子 3 四つ子以上（　つ子）	出産順序		1 第一子　2 第二子 3 第三子　4 第四子以後 （第　子）	
出生の年　月　日 　　　時　　分	○○年　○月　○日　午前　　時　分 　　　　　　　　　　　午後				
出生の場所 及びその種別				番 番　号	
	√1 病院　2 診療所　3 助産所　4 自宅　5 その他 （1．2．3 の名称　　　　　　　　　）				
妊娠週数及び 母の氏名	妊娠 週数	満　　週		母の氏名	
この母の出産 した子の数	出生子　（この出生子及び出生後死亡した子を含む）　　　　　人 妊娠満20週（妊娠第6月）以後の死産児　　胎				
上記の子が上記の日時場所で 出生したことを証明する。 ○○年○月○日	住所			番 番　号	
	√1 医師 　2 助産婦 　3 その他	氏名 押印			印

二、認知届（にんちとどけ）

　　为了在法律上确认非婚生子女，亦即确认私生子女与其父亲的血缘关系，就要使用"認知届"（认领登记表）。认领登记表应提交给私生子女所在户籍的市、区、村长。这种对私生子女的承认和认领，原则上不需要被认领的未成年子女和其母亲同意。

➡ 例—1

認　知　届 ○○年○○月○日 京都市市長　殿	届出	受理　○○年○月○日 　　　第○○○○号		発　送　○○年○月○日 ○○○○長　印	
		送付　○○年○月○日 　　　第○○○○号			
		書類調査	戸籍記載　記載調査	付票　住民票	通知
氏　名 生年月日	認知される子			認知される父	
	松原聡　☐男 　　　　☐女			西垣信一	
	○○年○○月○○日			○○年○○月○○日	
住　所 （住民登録していると ころ）	神奈川県座間市入谷町			東京都新宿区新宿一丁目	
	○○番			○○番	
	世帯主の氏名　　松原茂子			世帯主の氏名　　西垣信一	

续表

本　籍 （外国人の時は国籍だけを書いてください）	神奈川県綾瀬市綾西　　　　　　○○番	東京都文京区本駒込町　　　　　　○○番
	筆頭者の氏名　松原茂子	筆頭者の氏名
認知の種別	☑任意認知 □遺言認知（遺言執行者	□審判　　○○年○月○日確定 □判決　　○○年○○月○○日確定 　　○○年○○月○○日　　就職）
子の母	氏名　　　　松原茂子　　　　○○年○○月○○日生		
	本籍　　　　子と同じ　　　　　　　　　　　　番		
	筆頭者の氏名　松原茂子		
その他	☑未成年の子を認知する　□成年の子を認知する　□死亡した子を認知する □胎児を認知する		
届出人	☑父　□その他		
	住　所　　東京都新宿区新宿一丁目		
	本　籍　　東京都文京区本駒込町　○○番　筆頭者の氏名　西垣信一		
	署　名　　西垣信一　　　　　　　印　　　　　　○○年○○月○○日生		

三、入籍届（にゅうせきとどけ）

　　非婚生子女在未满15周岁前，作为其法定代理人的亲权者或监护人，可代替他经家庭法庭许可后，申请随其父或母姓，入其父或其母户籍。非婚生子女若满15周岁以上者，本人经家庭法庭许可后，可更改为其父或母姓。这种更改姓氏和申请入户籍的表，叫做"入籍届"（入籍申请）。

➡ 例—1

入　籍　届 ○○年○月○日 和光市長　殿	届出	受理　○○年○月○日 第○○○○号	発送　○○年○月○日 ○○○○長　印
		送付　○○年○月○日 第○○○○号	
		書類調査　戸籍記載　記載調査　附票　住民票　通知	
入籍する人の氏　名	武井修　○○年○○月○○日生		
住　所 （住民登録をしているところ）	埼玉県和光市南町　　　　　　　　　　　　○○番		
	世帯主の氏名　　　　松原哲一		
本　籍	東京都港区三田町　　　　　　　　○番		
	筆頭者の氏名　　武井芳江		
称する氏	☑父の氏　　　　□母の氏　　　　□父母の氏 □養父の氏　　　□養母の氏　　　□養父母の氏 □従前の氏（従前の氏を改めた年月日　　　　　年　　月　　日）		

续表

入籍する戸籍または新しい本籍	☑すでにある戸籍に入る　□父または母の新戸籍に入る　□新しいと戸籍を作る		
	埼玉県和光市南町　　○○番　　筆頭者の氏名　　松原哲一		
父母の氏名 父母との続柄	父　　松原哲一		続柄 ☑男 □女
	母　　武井芳江		
その他			
届出人 署名押印	武井修　　　　　　　　　　　　　　　　　　　　　　　印		
届　出　人 （入籍する人が十五歳未満の時に書いてください）			
住　　所	親権者（□父□養父）　□後見人		親権者（□母　□養母）
	町　○号		町　○号
本　　籍			
	番地　　筆頭者の氏名		番地　　筆頭者の氏名
署　名 押　印 生年月日	印		印
	○○年○月○日		○○年○月○日

四、死亡届（しぼうとどけ）

当有人死亡时，其亲属或家人应向政府提交"死亡届"（死亡报告），同时还应附有医生填写的"死亡诊断書"（死亡诊断书）。死亡诊断书的主要内容是死亡原因和一些具体细节。由于篇幅所限，这里从略，只向大家介绍"死亡报告"。

▶ 例一1

死 亡 届 ○○年○月○日 ○○○○長 殿	届出	受理	○○年○月○日 第○○○○号	発送	○○年○月○日		
			送付	○○年○月○日 第○○○○号	○○○○長　　印		
			書類調査	戸籍記載	記載調査	調査票	附票	住民票	通知
氏　名 生年月日	川那辺孝子　　　　　　　　　　□男　☑女							
	○○年○○月○○日　〔生まれてから30日以内に死亡したときは生まれた時刻も書いてください〕					□午前 □午後　　時　分		
死亡した時	○○年○○月○○日　　☑午前 　　　　　　　　　　　□午後　　　九時20分							
死亡したところ	神奈川県大和市中央林間町　　　　○号							

续表

住　所 (住民登録をしている ところ)	神奈川県大和市中央林間町　　　　○号
	筆頭者の氏名　　川那辺孝子
本　籍 (外国人のときは国籍だ けを書いてください)	神奈川県大和市下鶴間　　○○○○番
	筆頭者の氏名　　川那辺孝子
死亡した人の夫また は妻	□いる(満　歳)　　　　　いない(□未婚　☑死別　□離別)
死亡した人の 出　生　届	(生まれてから8日以内に死亡したときだけ書いてください) 　　　月　　　日　　　都道　　役場　に届け出 　　　　　　　　　　　府県　　役所
死亡したときの世帯の 主な仕事と職業、産業	□1 農業だけをしている世帯 □2 店や事務所を持って自由業、商工業、サービス業などを経営している 　　世帯 ☑3 管理、事務、教員、販売、外交、医療保健などの勤労者世帯
	職業　　　　　　　　　　　　　　　産業
その他	
届出人	□1 同居の親族　　　☑2 同居していない親族　　　□3 同居者　　　□4 家主 □5 地主　　　　　　□6 家屋　　　　　　　　　□7 土地管理人
	住所　東京都新宿上落合町　　○○号
	本籍　東京都新宿上落合町　　○○番　筆頭者の氏名　川那辺　郁夫
	署名　　川那辺　郁夫　　　　㊞　　　　　　　　　　○○年○○月○○日生

五、転籍届(てんせきとどけ)

　　所谓户口迁移，就是指将户籍从现居住地，全部迁到另一地。比如原先住在公寓或单位宿舍里的人，一旦有了自己的房屋，就把它作为自己的新家，将户口从公寓住宅所在地迁移过来。这时，就要像政府机关提交"転籍届"(户口迁移报告)。

➡ 例一1

転　籍　届 ○○年○月○日 ○○○○長　殿	届出	受理　○○年○月○日 第○○○○号	発送　○○年○月○日 ○○○○長　㊞
		送付　○○年○月○日 第○○○○号	
		書類調査　戸籍記載　記載調査　附票　住民票　通知	
本　　籍	東京都北区田端町　○○○○番地			
	筆頭者の氏名　　　　　　　　　　　　　　　山田一郎			
新しい本籍	神奈川県厚木市鳶尾町○○号			

续表

同じ戸籍にある人	（名）筆頭者　一郎	（住所…住民登録をしているところ）神奈川県厚木市鳶尾町〇〇号	（世帯主の氏名）山田一郎
	配偶者　多美	同じ　　　　　　　　　　号	山田一郎
	由加	同じ　　　　　　　　　　号	山田一郎
	肇	同じ　　　　　　　　　　号	山田一郎
その他			

届出人署名　押印生年月日	筆頭者　　　　山田一郎　[印]	配偶者　　　　山田多美　[印]
	〇〇年〇〇月〇〇日	〇〇年〇〇月〇〇日

届　出　人
（転籍する戸籍の筆頭者が十五歳未満の時に書いてください）

	親権者　（□父□養父）	親権者　（□母□養母）
住　　所	号	号
本　　籍	番　筆頭者の氏名	番　筆頭者の氏名
署　名押　印生年月日	[印]　〇〇年〇月〇日	[印]　〇〇年〇月〇日

記入の注意
1. 署名は必ず本人が自署してください。
2. 印は各自別々の印を押してください。
3. 届出人が署名押印した印をご持参ください。

六、分籍届（ぶんせきとどけ）

　　立新户，就是原户口中户主及其配偶以外的人，从原户籍中分出来另立新户。在日本只要是成年人，都可以自由地另立新户。这时立新户人应向原户口或新户口所在地的市区村政府机构提交"分籍届"（立新户申请）。

▶ 例—1

分籍届 ○○年○○日○日 ○○○○長 殿	届出	受理 ○○年○月○日 第○○○○号				発送 ○○年○月○日 　　　　○○○○長 ㊞	
		送付 ○○年○月○日 第○○○○号					
		書類調査	戸籍記載	記載調査	附票	住民票	通知
分籍する人 の氏名	森田和良　　　　○○年○○月○○日生						
住　所 （住所登録をしている ところ）	東京都文京区音羽町○○号						
	世帯主の氏名　　　　森田健一郎						
本　籍	東京都葛飾区金町○○番						
	筆頭者の氏名　　　　森田健一郎						
新しい本籍	東京都新宿区新宿東都○番						
父母の氏名 父母との続柄	父　森田健一郎					続柄 四 ☑男 　 □女	
	母　絹江						
その他							
届出人 署名押印	森田和良　　　　　　　　　　　　　　　　　㊞						

第三节　继承与遗嘱类

人无论是谁，死后多多少少会留下点财产，这就是所谓的遗产。从土地房屋等不动产到现金、股票及有价证卷、贵重首饰、书画、衣物、家具等，都是遗产。当然，也包括生前借给他人钱财而产生的要求归还的债权在内。除此之外，还有生前借他人钱财而产生的负债，这也应视作遗产的一部分。

继承遗产，首先要确定继承人。一个人在死亡之前，他的遗产继承人应已决定。继承人应该是和死者有一定亲属关系的人。比如父亲死了，这时配偶和子女就成了继承人。而且，不管继承人是否知道自己是继承人，从继承开始时，他（她）事实上就已经继承遗产了。

继承的财产如果是正数，问题不大。但如果负债超过了遗产的价值，即出现了负数时，问题就来了。这时，继承人实际继承的是所付的债务。也有时继承人本人也搞不清继承的财产究竟是正数还是负数，可能就会出现不想继承遗产的情况。由此围绕遗产继承，就会产生许许多多的手续问题。

不论遗产是正数还是负数，不想继承遗产时，可以办理放弃继承的手续。在当事人知道

自己的继承人身份后,三个月之内向当地的家庭法院提出即可。在当事人知道自己的继承人身份后,三个月内没有办理放弃继承的手续时,则视为自动承认,即自动承认自己的继承人身份,这不需要任何手续。

继承人为复数时,继承的财产应为大家所共有。共有的遗产分配给每个人,成为每个人的财产,这就是遗产分配。继承人之间互相商量以后能分配遗产最好。但因牵扯到个人的自身利益,往往不能互相谅解,达成一致的意见。这时可以向家庭法院提出"遺産分割協議書"(遗产分配调停申诉),请法院裁决。

下面简单介绍几种常用的有关继承与遗产方面的法律书状。

一、遺言書(ゆいごんしょ)

"遺言書"亦称"遺言状"(遗嘱)。一份是立遗嘱人指定继承人,指定分配时间和分配方法等内容的遗嘱;另一份是立遗嘱人由于受假定继承人的虐待而宣布废除其继承人资格的遗嘱。

➡ 例一 1

遺 言 書

　わたくしは、この遺言書の作成によって相続人の間に争いごとの起こることのないように相続人の相続分、遺産分割の禁止および分割方法をつぎのとおり定める。
　一、(イ)相続人西村保夫の相続分は相続財産の五分の二とする。
　　　(ロ)相続人西村浩の相続分は相続財産の五分の一とする。
　　　(ハ)相続人西村弘子の相続分は残金の財産すべてとする。
　二、遺言は、相続開始の時より三年間、分割することを禁止する。
　三、上記の期間後、遺産を分割する時は、この方法について、東京都目黒区中根三〇番弁護士　〇〇〇〇に委託する。
　上記　遺言いたします。

〇〇年〇〇月〇〇日
神奈川県川崎市多摩区生田四五番
　遺言者　〇〇〇〇　　　　　　　　　　　　　　　〇〇〇〇 ㊞

➡ 例一 2

遺 言 書

東京都世田谷区千歳台町〇番
推定相続人　〇〇〇〇

　上記〇〇〇〇は、被相続人である私に対して〇〇年〇〇月〇〇日、金銭の提供を強迫し、これを断るやにわに、遺言者に殴りかかり、暴行を加え、とめに入りたる母親にまで暴行。以後しばしば帰宅して悪口雑言の限りをつくして暴行を繰り返すなど、重大なる侮辱を与えたので、民法第八九三条の法条に従い、相続人たる資格を廃除する。
　上記後日のため遺言し、遺言者みずからこの遺書の全文を書き、日付及び氏名を自書し、ここに押印した。

〇〇年〇〇月〇〇日
東京都世田谷区千歳台町三番
上記被相続人
　遺言者　〇〇〇〇　㊞

二、遺産分割協議書（いさんぶんかつきょうぎしょ）

当某人死后，遗产开始继承时，如果继承人是复数时，那么继承的财产应为大家所共有。把共有的财产按每个人继承的份额分割开来变为各个继承人独自的财产，叫遗产的分配。

继承人之间，通过互相商量和协议，是可以进行遗产分配的，这时就需要使用"遺産分割協議書"（遗产分配协议书）。

➡ 例—1

　　　　　　　　　　　遺産分割協議書
　　　　　　　　　　神奈川県横浜市緑区美ヶ丘町〇〇番
　　　　　　　　　　　共同相続人　　新房武久（甲）
　　　　　　　　　　東京都町田市鶴川町〇〇番
　　　　　　　　　　　共同相続人　　新房利男（乙）
　　　　　　　　　　東京都世田谷区铉卷町〇〇番
　　　　　　　　　　　共同相続人　　新房春子（丙）

　〇〇年〇月〇日、上記当事者間において被相続人新房久永の遺産の分割について、下記のとおり協議が成立した。

　一、東京都村山市基佐町〇〇番所在の宅地一千五百平方メートルは、これを時価にて売却し、その代価をそれぞれ三分の一ずつ分割する。

　二、東京都世田谷区铉卷町〇〇番所在の木造二階建瓦葺の居宅は丙の所有とするものとし、時価相場による金額の三分の一相当額をそれぞれ甲、乙に支払う。

　上記の協議書を作り、各自署名押印し、それぞれその一通を保存する。
〇〇年〇月〇日

　　　　　　　　　　　　　　　　　新房武久　（甲）　印
　　　　　　　　　　　　　　　　　新房利男　（乙）　印
　　　　　　　　　　　　　　　　　新房春子　（丙）　印

三、遺産分割の申立（いさんぶんかつのもうしたて）

如果各个遗产继承人之间不能达成一致协议来分配遗产，可以向家庭法院提出（遺産分割の申立）（遗产分配调解申请），由家庭法院出面进行调停和裁决。此申请应由共同继承人向被继承人所在地的家庭法院提出。

➡️ 例—1

```
                    遺産分割の申立
○○年○月○日
東京家庭裁判所　御中
                                    申立人　佐藤和子　㊞
添付書類
1. 各人の戸籍謄本　各1通
2. 被相続人の除籍謄本　1通
3. 遺産目録　1通
4. 共同相続人名簿
5. 利害関係人名簿

             本籍　東京都世田谷区宮坂町○○番
             住所　同上町○○番
                           申立人　佐藤和子
             本籍　東京都世田谷区宮坂町○○番
             住所　神奈川県川崎市多摩区営○○○番
                           相手方　佐藤祥夫
             本籍　神奈川県横浜市港北区日吉本町○○番
             住所　本籍に同じ
                           相手方　松井花江
                申立の趣旨
  被相続人佐藤義郎の別紙目録に記載の遺産について、適正なる遺産分割を得たく調停
を求めます。
                申立の実情
1. 被相続人佐藤義郎は、○○年○月○日最後の住所東京都世田谷区宮坂町○○番地で
   死去いたしました。
2. 被相続人は、長女(申立人)和子、長男祥夫、二女花江の3人です。
3. 相続人の内、申立人を除く長男および二女は、それぞれ独立の生計を立てております
   が、申立人は被相続人の看護のため身につけた技術とてもないため、早急に遺産を分割
   して将来を考えたいと思いますのに、相続人間では遺産分割についての協議が整いま
   せん。ここに審判を求める前提として遺産分割の調停を申立てる次第です。
```

第四节　损失与索赔类

人们的社会生活并不都是一帆风顺的，因为有时会出现意想不到的灾难。无论什么人，碰到疾病、地震或其他自然灾害，由于无人负责，只能自叹不走运。但与此相反，由于你的不幸是由于他人的行为所致，例如碰到对方不履行签好的合约，被人偷了东西，或是被汽车撞倒等场合，就应该使负有这些责任的人，对造成的损失给予应有的赔偿。

要求赔偿损失，根据日本法律规定，一般是由"債務の不履行"（不履行债务）和"不法行为"（不法行为）这两种原因造成的。为了要求对方赔偿损失，必须具备下列三个条件：

第一，是"不履行债务"或是有"不法行为"。所谓不履行债务，是指因不履行合同契约规定的义务。这种因合同契约产生的义务，在日本法律上称为"債務"。比如卖出的东西不交付给对方，买东西不付款，不偿还借款和利息，不交房地产租赁费，不经房地产主人的同意就

擅自出让房地产的租赁权等等，都属于不履行债务的范围之内。

所谓不法行为，是指除债权、债务以外，在人类社会中，干了社会或法律所不允许的事情，因而给他人造成了损害或损失。这种行为可能是故意的，也可能是失误。比如盗窃、破坏他人财物，伤人和杀人等都属于不法行为的范围。

第二，损失必须是实际上已出现的。比如预约的出租车未按时到来，或来的稍晚一些，但还能赶上火车或未耽误事情，未产生实际上的损失，这种情况不能要求赔偿。

虽说是要求赔偿损失，但当事人之间如果能通过协商解决，合理支付了赔偿的话，一般不构成什么法律责任。

然而，当事者往往由于自身的利害关系达不成协议最终走上法庭的事，是经常发生的。这时，就需要使用"損害賠償請求書"（要求赔偿损失书）等一系列的法律书状了。

下面简单介绍几种由于事故而造成损失及赔偿中常见的法律书状。

一、紛失届（ふんしつとどけ）

贵重的物品丢失或忘记放在何处时，可到就近的派出所或警察局去提交"紛失届"（遗失报告表）。提交遗失报告表后，如果丢失物品被发现，可以此为凭据索取。

这种遗失报告表在日本并没有固定的格式。一般来说，丢失的时间、场所、遗失物的特征、主人的姓名、地址、联系电话等要明确地写进去。这种遗失报告，也可以向警察或派出所口头提出，由警察在"遺失物口頭届書"（遗失物口头登记表）中记录下来。

遗失的时间，要具体写明×年×月×日×时×分至×分。遗失的场所也要详细写明从×区×街×号经由××地段，途中曾在××车站下车或换车等。

对遗失物，如现金要写清楚数额及各种票面的数量；物品则要把形状、种类、特征等详细写清楚。

➡ 例—1

```
                    紛失届
                                              住所
                                              氏名
下記のように紛失いたしましたので、お届けいたします。
              記
一、紛失日時       〇〇年〇〇月〇日午後二時ごろ
二、紛失場所       〇〇運動公園休憩室
三、紛失物の表示   セイコーシャリオＣ　Ｇ　Ｆ　八〇四型腕時計
四、紛失物の特徴   裏面に「卒業記念」贈秋山大造の文字あり
〇〇年〇〇月〇日
                                              氏名　㊞

〇〇警察署長　殿
```

二、被害届（ひがいとどけ）

在日本，如遇到被盗等事件而产生财产方面的损失时，可到当地警察署报案，填写"被害届"（受害登记表）。其格式如下：

➡ 例一1

被害届

処置	即事報告件	日 後 前 時 分	事件認知票	提出 月 日		注意	届出受理者
				受理番号 月 第 号	臨検者印		氏名係
	速被報害告品	日 後 前 時 分	被害通報票提出	月 日			

次のとおり 盗 難 被害がありましたからお届けします。

昭和 56 年 7 月 1 日午後 1 時　　分ごろ
届出人住居　藤沢市高倉三四七六
　　　氏名　坊坂康夫　　　　　　印
（電話　四三局　一〇七九番）

神奈川県　　　　　　警察署長殿

被害者の住居、氏名、年齢、職業	藤沢市高倉三四七六　会社員、坊坂康夫　四十八歳
被害の年月日（曜）時	昭和五十六年七月一日
被 害 の 場 所	藤沢市高倉三四七六の自宅
被 害 の 模 様	昭和五十六年七月一日、午後一時より二時ごろまでの間、家族と外出中、裏口勝手窓を恐しドり同所より侵入、室内に物色した模様のもの

被害届　　　神奈川県警察

被害金品	品名	数量	時価	特徴	所有者
	現金		八三〇、〇〇〇		
	婦人用腕時計 カメラ	一個 一台	二〇〇、〇〇〇	オメガ、文字盤茶、スイスR茶色、ミヌ二八 キャノンAT-1、ミロックS、三五ミリF	
犯人の住居、氏名又は通称人相、着衣特徴等					
参考事項（遺留品その他参考となるべき事項）	犯行に盗難品と推料見当らない点、金品を物色した状態から、手訓れた者の犯行と限定される。室内もかなり散乱しており、時計等という貴重品はなく現金をはじめ、カメラ、				

149

三、失踪宣告届（しっそうせんこくとどけ）

　　某人离家出走、下落不明，经过7年时间仍不知是死是活。这种情况从生死不明（即最后有消息）之日起，经7年时间后，可以认定为死亡取消户口，办理各种法律手续，如结束夫妻关系，遗产继承开始等。

　　这种情况的法律手续是先向当地的家庭法院提交"失踪宣告届"（宣告失踪请求书）。提出这种请求书的人，只限于是同失踪者有利害关系的人，比如夫妇中的一方或子女等。受理请求书的，应是管辖失踪者最后住址所在地的家庭法院。经审判确定后，用"失踪宣告届"（失踪宣告书）再加上判决书的副本向当地政府的户籍部门提交，然后方可办理取消户籍等其他手续。

失踪宣告届 ○○年○月○日届出	受理 第 ○○○ 号	○○年○月○日	発送	○○年○月○日
	送付 第 ○○○ 号	○○年○月○日	○○○○	長印
○○○○　　長殿	書類調査	戸籍記載	記載調査	附票	住民票	通知

失踪した人の氏名	原田　和博　　　　　　　　　　　　　○○年○月○日生
最後の住所	神奈川県川崎市多摩区金程415　番 世帯主の氏名　　　　原田　和博
本　籍	神奈川県川崎市多摩区営266　番 筆頭者の氏名　　　　原田　和博
死亡とみなされる年月日	○○年○月○日
審判確定の年月日	○○年○月○日
その他	上記原田和博に対し○○年○月○日失踪宣告の審判確定○○年○月○日死亡とみなされましたので、失踪宣告の審判の謄本および確定證明書を添えて届出いんはす。
届出人	□夫　　☑妻　　□父　　□母　　□その他（　　　）
	住所　　神奈川県川崎市多摩区金程415　番地
	本籍　　神奈川県川崎市多摩区営266　番　　筆頭者　　原田和博
	署名　　原田　まさ子　　印　　○○年　○月　○日生

四、示談書（じだんしょ）

　　"示談書"（调解书）是不通过法律机构，当事人之间协商解决问题后作为以后证据的文书。"示談書"（调解书）并没有什么固定的格式，因为在实际运用中，受害情况和损失程度都各不相同，有些伤害还可以带来某些后遗症。碰到这种情况时，一般要在调解书中加入"如因本次事故的伤害，受害者将来有后遗症发生时，受害者和加害者双方可改变现调解书内容"的条款。

　　调解书一般一式 2～3 份，事故双方有牵连者各一份，分别都署名盖章，各自保存。如有必要向警察和保险公司提交时，可交复印件。

➡ 例一 1

示談書

　　加害者○○○（以下甲という）は、○○年○月○日午後四時ごろ、株式会社花菱（以下乙という）保有の商業用乗用車（練馬ろ○○○○）を運転、東京都保谷市富士見町○番先道路を走行中、飛び出してきた歩行者を避けようとして運転操作を誤り、同番地の被害者○○○○（以下丙という）方居宅に突入、ブロック塀および玄関の一部を破壊した。

　　甲および乙は、本件事故に関する損害賠償について支払い義務のあることを認め、甲および乙は連帯して次の方法により損害賠償金を支払うことを承諾、丙はこれに同意した。

1. 損害賠償金は金○○万円とし、このうち金○○万円は本日これを支払い、丙はこれを受領した。
2. 残額金○○万円については○○年○月○日までに丙の指定する銀行口座に振り込み支払うことを甲および乙は確約する。

　　なお、上記の損害賠償金は破壊箇所の修復費および慰謝料の一切を含むものとし、丙は甲および乙に対しその余の請求をしないことを確認する。

　　上記のとおり示談する。
　　○○年○月○日

東京都世田谷区経堂町○○○号
加害者（甲）　○○○○　印
東京都世田谷区深沢町○号
上記雇主（乙）株式会社花菱
代表取締役　○○○○　印
東京都保谷市富士見町○番
被害者（丙）武田正義　印

➡ 例—2

示談書
　被害者〇〇〇〇(以下甲という)加害者〇〇〇〇(以下乙という)との間において、下記交通事項に対して、次のとおり示談する。
一、事故の内容
　　(イ)事故の日時
　　(ロ)事故の場所
　　(ハ)車種及び車両番号
　　(二)傷害の部位及び程度
二、示談の内容
　　(イ)上記交通事故による損害の賠償として、加害者乙は、被害者甲に対して金〇〇万円を次の方法で支払うことを約し、甲はこれを承諾した。
　　(ロ)前項の支払いをもって、甲乙間には本件交通事故について、その余の一切の権利義務がないことを相互に確認する。
　　　上示談の成立を証するために本書二通を作成各自署名捺印のうえ保持するものとする。
　〇〇年〇〇月〇〇日
　　　　　　　　　　　　　　　　　　　　東京都杉並区西沢町123番
　　　　　　　　　　　　　　　　　　　　　被害者　〇〇〇〇　印
　　　　　　　　　　　　　　　　　　　　東京都南区練磨町456番
　　　　　　　　　　　　　　　　　　　　　加害者　〇〇〇〇　印

五、調停申立(ちょうていもうしたて)

　　事故发生后,如果当事人之间不能通过协商达成一致意见,既不能用调解书解决问题的话,就要采用法律手段来调解。这种场合,要使用"调停申立"(调停申诉书)。申诉书一份留在申诉人手中,其他的提交给简易法院。

▶ 例—1

```
                     調停申立書
                                    東京都世田谷区鮎町〇〇号
                                        申立人　仲　梅子
                                    東京都練馬区小竹町〇号
                                        相手方　株式会社
                                        吉野代表取締役　〇〇〇〇
               自動車事故による損害賠償請求調停申立
申立額　　〇〇万円
貼付印紙　〇〇円
                     申立の趣旨
相手方は、申立人田中梅子に対し、〇〇万円也を支払うようご調停ください。
                     申立の理由
一、発生した事故の内容
  (1) 日　　時　〇〇年〇月〇日午後六時ごろ
  (2) 場　　所　東京都調布市入間町〇〇番地先路上
  (3) 加害自動車　自家用商用車（練馬い〇〇〇〇号）、運転手和田和雄、所有者相手方
      会社
  (4) 事故状況　被害者田中文人が道路を横断中、和田和雄が制限速度六十キロメート
      ル道路上を、速度八十キロメートルで運転、田中文人を跳ね飛ばしたものある。
二、損害の程度と金額
  この事故により田中文人は即死。この損害および慰藉料を合わせて、被害者妻田中梅
子には金〇〇万円、田中重信（遺児）に金〇〇万円を支払うべきものと認める。
  以上の理由に基づき、本申立に及んだ次第です。
      （付属書類）
一、相手方会社資格証明書
二、事故証明書
三、戸籍謄本
〇〇年〇月〇日
                              上記申立人　田中　梅子　㊞

東京都簡易裁判所　御中
```

六、賠償請求書（ばいしょうせいきゅうしょ）

在日常生活中，要求对方给以赔偿损失的形式有很多。其中最典型的，在日本也常见的是交通事故索赔请求。特别是遇到人身伤亡等汽车事故时，事故的经过、受害的程度及请求赔偿的金额等问题，通过协商，当事人之间一下子很难解决。

这时，在正式协商之前，最好是先将索赔请求书送给对方。当然，光靠这不能解决问题，但可以把在正式会谈中大约要求赔偿的金额数字透露给对方，以此为基础双方进入正式的、决定性的协商会谈。这种请求书，一般是用内容证明信的方式送交对方。

新编日语应用文写作

➡ 例—1

賠償請求書

東京都目黒区柿ノ木坂町〇〇号
請求者　〇〇〇〇
東京都渋谷区富ケ谷町〇〇号
被請求者　〇〇〇〇

　〇〇年〇月〇日午後二時三十分ごろ、東京都渋谷区神宮前町〇番地先路上において〇〇〇〇所有、運転の自家用乗用車（品川と〇〇〇〇号）に〇〇〇〇がはねられた事故に対し、被請求者〇〇〇〇は損害賠償責任を負うべきものであり、ここに以下のとおり損害賠償請求をするものです。
　　治療関係費　　金〇〇万円（平均月収〇〇万円）
　　休業補助費　　金〇〇万円
　　合　計　　　　金〇〇万円
　上記のとおりにつき、〇〇年〇月〇日までに請求者住所あてに持参または送金してお払いください。
　もし期日までになんらのご回答に接しません時は、法的手段に訴えざるを得ませんが、被請求者の応答如何によっては、円満な話し合いによる解決を希望しているものであることを書き添えます。
　〇〇年〇月〇日

上記請求者　〇〇〇〇　㊞

〇〇〇〇　殿

思考与练习

1. 婚姻类的法律书状包括哪些内容？
2. 为朋友代写一份"见合用略歷"。
3. 孩子出生后，需要多长时间向当地政府提交"出生届"？
4. 在日本，什么样的情况下需要写"損害賠償請求書"？
5. "示談書"与"調停申立書"有什么不同？

第八章
法律书状(2)

概　述

本章继续介绍法律书状，主要内容有民事诉讼类、不动产类以及纳税证明等其他常用法律书状。

第五节　民事诉讼类

当发生纠纷相互协商不成，法院调停也不能解决问题时，就要向法院提起诉讼，俗称"告状"。以法院的判决来分清是非曲直，解决问题。

民事诉讼在日本大致分为三种类型：

1. 围绕财产方面的诉讼

这是诉讼中最多的一种，比如借款不能收回，因汽车事故撞伤而支付医疗费、赔偿费等等都属于此类。

2. 人事诉讼

像离婚问题、孩子(这里主要指非婚生子女)的扶养问题等属于这一类。这类诉讼开始一般是调停解决，调停不成就转为诉讼。

3. 行政诉讼

一般是指对政府机关、行政单位的措施不理解而产生的诉讼，比如商店递交了开业申请，政府方面却迟迟不批准，而开业方又有充足的理由获得批准时，就要提起行政诉讼。

在这三种诉讼当中，人事诉讼和行政诉讼向地方法院提起，财产方面的诉讼则因数额不等而不同。90万日元以下的向简易法院提起，超过90万日元的向地方法院提起。

要告状首先必须有诉状，向法院提交诉状叫做起诉。

向简易法院起诉时，去法院的书记官那里口头起诉也可以，但实际上一般这时也提交书

面诉状。因此，在日本地方法院自不必说，就是简易法院，也是用书面诉状为好。

诉状里要写明谁对谁，以什么理由提出什么要求等。诉状里应写明的事项法律上都有规定，但无单一的固定格式。

要向法院提交诉状的正本和副本，法院在法律上不能拒绝受理。

诉状上还要贴印花税票，由法院盖章。还要注意向法院提交的各类文件不能用铅笔或易变色的圆珠笔书写，否则法院不予受理。

一、訴状（そじょう）

下面介绍几份诉状的格式。第一份（例—1）是要求被告归还贷款及利息的诉状，属于财产方面的诉状。第二份（例—2）是要求被告认领原告为其非婚生子女（私生子）的诉状，第三份（例—3）是关于夫妻离婚子女监护权的诉状，后两份都属于人事方面的诉状。

➡ 例—1

```
                        訴　状
                                都道府県郡市区町村大字○○番
                                        原告　　○○○○
                                都道府県郡市区町村大字○○番
                                         ○○弁護士会所属弁護士
                                        上記訴訟代理人　○○○○
                                都道府県郡市区町村大字○○番
                                        被告　　○○○○
                        貸金請求の訴
  訴訟物の価額       金      ○○万円
  貼用印紙額         金      ○○円
                        請求の趣旨
一、被告は原告に対し、金○○万円及びこれに対する○○年○月○日から完済に至るま
    で年○割の割合による金員の支払をせよ。
二、訴訟費用は被告の負担とする。
  との判決および仮執行の宣言を求める。
                        請求の原因
一、原告は被告に対し、次のとおり金員を貸しつけた。
    （一）貸付年月日        ○○年○月○日
    （二）貸付金額          金○○万円
    （三）弁済期日          ○○年○月○日
    （四）利息の割合        年○分
二、原告は被告に対し、次の金員の支払を求める。
    （一）元金              ○○万円
    （二）上記金員に対する○○年○月○日から完済に至るまで、年○割の割合による利
    息および遅延損害金。
                        証拠方法
一、甲第一号（金○○万円借用証書）一通をもって原告被告間に本件金銭貸借の事実を
    立証する。
                        付属書類
一、甲第一号証写        一通
二、訴訟代理委任状      一通
○○年○月○日
                                上記原告訴訟代理人　○○○○　印

○○地方裁判所　御中
```

▶ 例—2

訴　状

都道府県郡市区町村大字○○番
原告　○○○○
都道府県郡市区町村大字○○番
○○弁護士会所属弁護士
訴訟代理人　○○○○
都道府県郡市区町村大字○○番
被告　○○○○

子の認知請求の訴

訴訟物の価額　　　金○○○万円
貼用印紙額　　　　金○○○円

請求の趣旨

一、被告は、原告が被告の子であることを認知する。
二、訴訟費用は被告の負担とする。
との判決を認めます。

請求の原因

一、被告は○○商事株式会社出張販売員として、主として九州地域を担当、巡回しているものである。
二、被告は○○年○月○日から○○年まで都道府県郡市区町村大字○○番を中心に前記仕事に従事していた折、都道府県郡市区町村大字○○番○○○○の娘である○○○○（原告の生母）とねんごろとなり、肉体関係を結び、同女は被告の子を懐妊、○○年○月○日原告を出産した。
三、原告の生母○○○○の言によると、当時、被告は自分に妻のあることを隠し、○○○○と結婚するとの約束のもとに前記関係を結んだものであり、原告の出産届を提出にあたって被告に妻のあることを知った次第である。同女はせめてもと、原告の認知を求めたが、妻への発覚をおそれた被告はこれに応じなかったのである。
四、その後、原告の母○○○○は○○年○月○日交通事故により死亡した。その際の遺志もあり、原告は被告の実子であるので、民法の定めるところにより正しい親子関係認知請求のため本訴に及んだ次第である。

付属書類

一、戸籍謄本　　　一通
二、委任状　　　　一通

証拠方法

一、戸籍謄本（原告および被告）により、それぞれの戸籍関係を立証する。
二、その他については口頭弁論の際これを立証する。
○○年○月○

原告訴訟代理人　○○○○　㊞

○○地方裁判所　御中

➡ 例—3

訴　状
　　　　　　　　　　　　　　　都道府県郡市区町村大字〇〇番
　　　　　　　　　　　　　　　　　　　　原告　〇〇〇〇
　　　　　　　　　　　　　　　都道府県郡市区町村大字〇〇番
　　　　　　　　　　　　　　　　　　　　被告　〇〇〇〇
　　　　　　　離婚並びに親権者指定の訴
訴訟物の価額　　金〇〇〇万円
貼用印紙額　　　金〇〇〇円
　　　　　　　　　請求の趣旨
一、原告と被告を離婚する。
二、原告と被告の間に〇〇年〇〇月〇〇日出生した長女〇〇〇〇の親権者を原告と定める。
三、訴訟費用は被告の負担とする。
との裁判を求める。
　　　　　　　　　請求の原因
一、原告は〇〇年〇〇月〇〇日、婚姻届を提出し、被告の妻として入籍、〇〇年〇〇月〇〇日両者の間に長女〇〇〇〇が出生した。
　ところが被告は、〇〇年〇〇月ころより、勤務先の〇〇〇〇と恋愛関係に陥り、同女のアパートそのほか場所で情事を重ね、不貞行為を行ってきた。
二、このため、原告は被告に対し〇〇〇〇との関係を清算するよう要求したが、被告はその後もいっこうに反省の色は無く、ついには〇〇年〇〇月〇〇日より家を出、〇〇〇〇宅に入りひたりの状態が続いている。
三、以上の理由で、原告は被告とこれ以上婚姻関係を継続することは不可能と考え、やむなく被告と離婚し、以後原告親子が安息に生活してゆく方策を講じたく、民法第七百七十条第一項第一号を原因として裁判上の離婚を求めるものである。
　　　　　　　　　立証の方法
一、口頭弁論の際提出する。
　　　　　　　　　添付書類
　戸籍謄本　　　　　　　　1通
　〇〇年〇〇月〇〇日
　　　　　　　　　　　　　　　　　上原告　　〇〇〇〇　印

〇〇地方裁判所民事第〇部　　御中

二、訴の取り下書（うったえのとりさげしょ）

"訴の取り下書"，即撤诉书。撤诉是指原告在案件审结后审判前，申请撤回起诉或上诉的诉讼行为。诉讼审理过程中，当原告认为无需继续审理时可提出撤诉。

➡ 例—1

訴の取り下書
　　　　　　　　　　　　　　　　　原告　〇〇〇〇
　　　　　　　　　　　　　　　　　被告　〇〇〇〇
上当事者間の御庁〇〇年(ワ)第〇〇号〇〇事件について、原告は訴の全部を取り下げます。
〇〇年〇〇月〇〇日
　　　　　　　　　　　　　　　　上原告　〇〇〇〇　印

〇〇地方裁判所民事第〇〇部　　御中

▶ 例—2

```
　　　　　　　　　　訴の取り下書
　　　　　　　　　　　　　　　　　　　原告　○○○○
　　　　　　　　　　　　　　　　　　　被告　○○○○
　　上当事者間の御庁○○年(7)第○○号○○事件につき、原告は被告の同意を得て訴の
　全部を取り下げます。
　　○○年○○月○○日
　　　　　　　　　　　　　　　　　　　上原告　○○○○　[印]
　　　　　　　　　　　　　　　　　　　被　告　○○○○　[印]

　○○地方裁判所民事第○○部　　御中
```

三、答弁書（とうべんしょ）

诉状一经交至法院，诉讼就开始了。由法院将原告诉状送给被告，对此，被告要提出书面拒绝原告申诉的材料。这种被告为了事先准备好辩论，到时不至于碰上徒劳审理的局面而提出的第一份书面准备材料，叫做"答弁書"（答辩书）。

▶ 例—1

```
○○年(7)第○○号事件
　　　　　　　　　　　　　　　　　　　原告　○○○○
　　　　　　　　　　　　　　　　　　　被告　○○○○
　　　　　　　　　　　　答弁書
　　　　　　　　　請求の趣旨に対する答弁
　原告の請求を棄却する。
　訴訟費用は原告の負担とする。
　　　　　　　　　請求の原因に対する答弁
　一、請求の原因第　項否認。
　二、第　項のうち……(相手方文書を引用)は認めるがその他の点は否認。
　三、第　項については不知。
　　　　　　　　　　　抗　弁
　　本件において、仮に原告主張の如く金○○万円を被告が借り受けることがあったと
　しても、原告、被告はともに○○販売を営む同業者であり、本件金銭消費貸借は商行為と
　されるべきものである。商行為である限り、本件貸借の日より五年を経過しており、商
　事債権の消滅時効期限を採用する。
　　したがって、被告に支払義務がなく原告の請求に抗弁する。
　　　　　　　　　　　証　拠
　一、乙第一号証
　二、乙第二号証
　　　　　　　　　　　付属書類
　一、第一、二号証の写し各一通
　　○○年○月○
　　　　　　　　　　　　　　　　　被告代理人弁護士　○○○○　[印]

　○○地方裁判所民事第○○部　　御中
```

四、即決和解申立書（そっけつわかいもうしたてしょ）

　　在发生金钱借贷、房屋出让等民事纠纷时，正面的解决方法是通过法院起诉打官司，由法院裁定是非曲直，作出判决。

　　但是，像这类纠纷案件，也可以通过当事人之间的互相商量，互相谦让，在起诉之前自行和解的方法解决。这种起诉前的和解，叫做"即决和解"（简易程序和解）。简易程序和解的优点很多，可以避免费时费力的打官司和消耗大量的诉讼费用。而且，简易程序和解一经成立，就具有与判决相同的效力。如果处理的当事人不遵守和解条款时，还可以强制执行。简易程序和解申诉书可向对方住址所在地的简易法院或双方商定的简易法院提交。

例一1

即決和解申立書

　　　　　　　　　　　　　　都道府県郡市区町村大字〇番
　　　　　　　　　　　　　　　　申立人　〇〇〇〇
　　　　　　　　　　　　　　都道府県郡市区町村大字〇番
　　　　　　　　　　　　　　　　相手方　〇〇〇〇

家屋明渡和解申立事件

申立の趣旨

別紙和解条項記載のとおり和解の勧告を求める。

申立の原因及び争いの実情

一、申立人は、その所有にかかる都道府県郡市区町村大字〇番所在家屋番号〇〇番、木造瓦葺二階建て居宅一棟、面積〇〇平方メートルを相手方に対し、〇〇年〇月〇日より、賃貸料一カ月金〇〇円の約束で期間の定めなく賃貸した。

二、しかし、申立人の長男が近々結婚することとなり、新居として上記家屋が需要となったため、申立人〇〇年〇月〇日、相手方に対し、上記賃貸契約の解約を申し入れ、〇〇年〇月〇日限りその明け渡しを求めた。

三、これに対し、相手方は上記家屋を必要とする種々の事情をあげ、解約の効力について争いが生じた。

四、双方話し合いのうえ、このほど別紙和解条項記載の趣旨で和解が成立する見込みがついたので、ここに申立に及んだ次第である。

〇〇年〇月〇日

　　　　　　　　　　　　　　　　　　　上記申立人　〇〇〇〇　㊞

〇〇簡易裁判所　御中

和解条項

一、相手方は、申立人所有の都道府県郡市区町村大字〇番家屋番号〇〇番、木造瓦葺二階建て居宅一棟面積〇〇平方メートルについて、申立人との間の賃貸借契約を〇〇年〇月〇日限り解除することを認め、上記家屋を〇〇年〇月〇日限り解除することを認め、上記家屋を〇〇年〇月〇日までに明け渡しする。

二、申立人は、上記の立退き猶予期間中、上記居宅の使用料はこれを徴収しない。

三、相手方が、第一項に記載の期日どおり上記居宅を明渡したときは、申立人は相手方に対し金〇〇万円の移転料を払う。

四、本事件の和解費用は各自の負担とする。

五、金銭債務の調停申立（きんせんさいむのちょうていもうしたて）

以当事者相互之间的协商为基础解决纠纷的另一个方法是调停制度。上面介绍过的简易程序和解，是指在当事人相互协商、谦让的基础上事先拟定和解条款的大纲，作为法院介入的依据，写出和解申诉书。与此不同，调停是通过法院调停委员会的斡旋，当事人互相协商，在此基础上将达成的协议事项作为调停书记载下来。

有些民事纠纷和争执，没有必要通过审判来解决谁是谁非，而且也很难判定谁是谁非。比如房主和租赁人的纠纷，金钱借贷之间的纠纷等，没有必要耗时费力地花钱去打官司。在这种场合，调停就发挥了作用。而且调停一旦成立，与法院判决有同等效力，也可以强制执行。调停的申诉书与简易和解的申诉书一样，向对方所在地的简易法院提出。一旦受理，由法院决定调停，召集双方协商，如双方意见一致便调停成功，写下调解书。如不能达成协议，则提出诉讼。

调停原则上由本人出面，也可以以律师为代理人，也可以与律师共同出席与对方协商。非律师代理人或作为证人出席也可以，但须经法院同意。

■➡ 例— 1

```
                    金銭債務の調停申立書
                            都道府県郡市区町村大字○番
                                申立人　　○○○○
                            都道府県郡市区町村大字○番
                                相手方　　○○○○
   調停を求める金額　金○○万円
                        申立の趣旨
   相手方に対する金○○万円の貸付金の支払いを求めたく本申立てに及びます。
                    申立の趣旨及び争いの実情
     申立人は○○年○月○日、相手方に対し金○○万円を返済期日○○年○月○日とし、
   利息については定めることなく貸与した。
     しかるに、相手方は○○年○月○日の返済期日を経過するも上記金額の支払いを行わ
   ず、その後、申立人は再三にわたり返済を請求したが、相手方は、一時には支払えないの
   で、割賦にて支払いたいと申出てきた。
     申立人としては、相手方が然るべき担保物件を有し、これを提供するのであれば割賦
   による返済でもよいと思うので、話し合いをいたしたくこの申立てに及んだ次第で
   ある。
     ○○年○月○日
                                上記申立人　○○○○　印

   ○○簡易裁判所　御中
```

六、支払命令の申立（しはらいめいれいのもうしたて）

从法律的角度看，负有必须还款义务的债务人，如果不履行还款的义务时，国家可以强制使其履行还款的义务，这就是强制执行。

但是，要打官司判决强制执行，其手续费时费力也费钱。因此，既省时省力，又能起到让

债务人偿还债务的方法，就是指令还款制。指令还款，就是法院根据债权人的请求，对债务人下达还款的命令，日语叫"支払命令"。

指令还款的请求一般是向债务人所在地的简易法院提出。请求书一式两份。

➡ 例—1

<pre>
                         支払命令の申立
                                都道府県郡市区町村大字○○番
                                          債権者　○○○○
                                都道府県郡市区町村大字○○番
                                          債務者　○○○○

    請求の価額　　金○○万円
    貼用印紙　　　金○○円
                         貸金返還請求事件
                           請求の趣旨
      別紙債権目録記載のとおり、貸金および督促手続き費用の金額について支払い命令を
    発せられることを求めます。
                           請求の原因
    一、債権者は○○年○月○日、債務者に対して金○○万円を、○○年○月○日までに
        返済するとの約束で、利息を定めないで貸与した。
    二、しかるに債務者は、上記返済期をすぎても返済をしないので別紙目録の債権および
        督促手続き費用の金額について支払い命令を発せられるよう申し立てます。
                           付属書類
    一、金銭貸借契約書　　一通
      ○○年○月○日
                                          上記債権者　○○○○　印

    ○○簡易裁判所　御中
                           債権目録
    一、金○○万円
        但し、債権者が○○年○月○日に債務者に対し、○○年○月○日までに返済の約
        束で貸与した金額。
    二、上記貸金○○万円に対する○○年○月○日から支払済にいたるまでの年○分の
        割合による損害金。
                         督促手続き費用
    一、金○○円
    内　訳
    金　　　円　　申立書貼用印紙代
    金　　　円　　申立書書記料　　枚分
    金　　　円　　正本送達料
    金　　　円　　申立書提出日当
</pre>

七、仮差押命令の申請（かりさしおさえめいれいのしんせい）

当债权人通过法院起诉债务人可能胜诉，并要求强制执行偿还债务时，债务人把自己的财产隐藏起来，使强制执行不能实施的情况时有发生。因为从起诉到判决有一段相当长的

时间，债务人完全有条件这么做。

为不发生此类事件，预先确保债务人财产的现状，使之不能随意处理是很必要的。这就是"仮差押命令"（临时冻结命令）制度，债权人一旦胜诉，法院就可以达到强制执行的目的。

"仮差押命令"可以口头提出申请，但一般提交书面申请的较多。申请书一定要写明申请人（债权人）和被申请人（债务人）的姓名、以及申请的理由等

临时冻结申请书一式两份。一份提交法院，一份自己保存，不需送交对方。30万日元以下的财产诉讼提交债务人所在地的简易法院，30万日元以上提交地方法院。

➡ 例一1

<pre>
                    有体動産仮差押命令申請書
                         都道府県郡市区町村大字○○番
                              債権者　○○○○
                         都道府県郡市区町村大字○○番
                              債務者　○○○○

債権の表示別紙目録記載のとおり
                    申請の趣旨
　債権者が債務者に対して有する債権の表示（別紙目録）記載の債権の執行を保全するため、上記債権額にみつるまで、債務者所有の有体財産は仮に差し押える旨の裁判を求める。
                    申請の理由
　債権者は、債務者に対し、○○年○月○日弁済期日を○○年○月○日、利息年○分の約束で、元金金○○万円を貸付けたが、債務者は上記弁済期日を経過するも弁済をなさない。債権者は御裁判所に上記元金金○○万円及びその利息の支払を求める本訴の提起を準備中である。
　ところが、上記債務者は債権者よりの訴追を察知し、その執行を免れるため、その有体不動産を隠匿せんと計画中とのことであり、今有体不動産に対し仮差押方法により執行の保全をなさないときは、債権者が勝訴の判決を得ても目的を達せないおそれがある。よって債務者所有の有体不動産に対し仮差押に及んだ次第である。
                    疎明の方法
    一、貸付金証書   一通
    二、何某取調報告書   一通
                    付属書類
    一、疎明書類写   各一通
○○年○月○日
                         上記債権者　○○○○　印

○○地方裁判所　御中
                    債権目録
一、金○○万円也
　ただし、債権者が債務者に対し○○年○月○日、支払い期日○○年○月○日、利息年○分の約束で貸し付けた元金金○○万円也の元金及び上記元金に対する貸付の日より○○年○月○日（　仮差押申請の日）　までの前記割合による利息金○○円也の合計金額。
</pre>

第六节 不动产类

在日本,对于一般市民来说,日常签订合同最多的可能要属不动产借贷方面,比如租借土地、租借房屋等都属于这一类。租借不动产,即借土地、借房屋等时的合同书,没有什么严格固定的格式,只要租赁人和出租人共同协商双方同意即可。尽管如此,从租赁人和出租人的立场来说,对出租人有利,对租赁人不利的情况还是不少的。因此,在不动产借贷方面专门有"借地法"(租地法)"借家法"(租房法)等特别法律保护着租赁人的利益。

一、土地使用貸借契約書(とちしようたいしゃくけいやくしょ)

➡ 例—1

土地使用貸借契約書

一、貸主○○○○(以下甲という)は、その所有する末尾記載の土地を、借主○○○○(以下乙という)に対し無償で貸渡して使用させることとし、乙はこれを承諾して上記の土地を借受けた。

二、乙は本件土地をサーカス興行のための小屋掛けとしてのみ使用し、それ以外の目的には使用しない。

三、この土地の使用貸借の期間は、○○年○○月○日より一ヶ月間とし、乙は○○年○○月○日までには本件土地を現状に復して返還するものとする。

四、乙は、本件土地の使用に関して必要とする必要経費のすべてを負担する。

五、乙は本件土地を他に転貸したり、借用貸借契約上の権利を他に譲渡しないものとする。

六、乙は、その責に帰すべき事由により本件土地を滅失または毀損させたときは、これにより生じた損害を甲に弁償するものとする。

七、乙が本契約の条項に違反したときは、甲はなんらの催告も要せず、直ちに本契約を解除し、乙は本件土地を明け渡すものとする。

この契約の成立を証するため本書を作成した。

○○年○○月○日

　　　　　　　　　　　　　　　　横浜市旭区今新宿街○○号
　　　　　　　　　　　　　　　　　貸主(甲)　○○○○　㊞
　　　　　　　　　　　　　　　　長岡市坂之上町○○○号
　　　　　　　　　　　　　　　　　借主(乙)　○○○○　㊞

〈物件の表示〉

神奈川県川崎市多摩区菅○○○番地

一、宅地 ○○平方メートルのうち、別紙図面のとおり。

■➡ 例—2

アパート貸室賃貸借契約書

貸主〇〇〇〇を甲とし、借主〇〇〇〇を乙とし、下記のとおり契約を締結する。

第一条　甲は〇〇年〇〇月〇〇日より、東京都町田市赤坂12番地の甲の所有する桜アパートの203室を月額〇〇〇円也で乙に賃貸する。

第二条　賃料は前払いとし、毎月末日限り翌月分を前納する。なお経済事情或いは公租公課などの変動により、双方協議の上増減することができるとする。

第三条　乙は金〇〇万円也を保証金として無利息で甲に預け、甲はこれを受領した。この保証金は乙が貸室を明渡す際に返還するものとする。

第四条　乙は甲の承諾無く第三者に転貸したり同居人をおくことは出来ない。

第五条　乙は賃貸建物内において、危険もしくは近隣に迷惑となる行為をしない。

第六条　乙は甲の承諾を得ないで造作の模様替えをすることは出来ない。不注意その他により造作などを破損したときは、乙は甲に賠償するものとする。

第七条　乙は本契約を解除し明渡す場合、少なくとも壱ヵ月前までに通知すること。

第八条　ガス、水道、電気料その他諸経費は乙の実費負担とする。

第九条　乙が、甲の承諾を得ることもなく賃料を参ヵ月以上遅滞したとき、また第五条、第六条に違反したとき、甲は乙に対し本契約を解除し、明渡しを請求することが出来るものとする。この場合、乙は無条件で貸室を明渡し立退くものとする。

第十条　本契約の期間は、契約締結の日より〇年とし、賃料の延滞その他特別な事情の生じない限り、本契約のまま更新することができる。

上契約を証するため、本書弐通を作成し各壱通を所持するものとする。

〇〇年〇〇月〇〇日
　　東京都調布市布田2番地

　　　　　　　　　　　　　　　　　　　　　　　　貸主（甲）　〇〇〇〇　印

神奈川県佐間市鹿沼台65番地

　　　　　　　　　　　　　　　　　　　　　　　　借主（乙）　〇〇〇〇　印

■➡ 例—3

賃借権転貸承諾書

　私はあなたに、東京都世田谷区高坂45番地、宅地〇〇〇平方メートルを賃貸中ですが、そのうち東北部〇〇平方メートルを、あなたが〇〇〇〇氏に転貸することを承諾いたします。

〇〇年〇〇月〇日
　　神奈川県佐間市鹿沼台65番地

　　　　　　　　　　　　　　　　　　　　　　　　賃貸人　〇〇〇〇　印

東京都調布市布田235番地

　　　　　　　　　　　　　　　　　　　　　　　　賃借人　〇〇〇〇　印

➡ 例—4

借地契約更新請求書
　貴殿より〇〇年〇〇月〇日付、土地賃貸借契約によりお借りしています下記宅地に対する私の借地権は〇〇年〇〇月〇日期間満了となりましたが、土地上の私所有の建物はなお存在しておりますので、前契約と同一の条件をもって契約を更新するよう請求します。
記

東京都世田谷区高坂45番地
　　宅地〇〇〇平方メートル
〇〇年〇〇月〇日
　　　東京都調布市布田235番地

　　　　　　　　　　　　　　　　　　　　　　　賃借人　〇〇〇〇　印

神奈川県佐間市鹿沼台65番地

　　　　　　　　　　　　　　　　　　　　　　　賃貸人　〇〇〇〇　印

➡ 例—5

借地契約更新請求書異議申立
　私所有の東京都港区238番の宅地〇〇〇平方メートルの土地について、私とあなたの間に締結した〇〇年〇〇月〇〇日付賃貸借契約は〇〇年〇〇月〇〇日をもって期間満了となり、あなたの借地権は消滅しましたが、あなたは土地上になお建物が存在することを理由に前記契約の更新請求を〇〇年〇〇月〇〇日ご請求になりましたが、私は同地に自分で建物を建築居宅として使用するため準備しておりますので、契約更新のご請求を拒絶いたしたく、ここに異議を申し述べます。
　〇〇年〇〇月〇〇日
　　　東京都調布市布田235番地

　　　　　　　　　　　　　　　　　　　　　　　賃貸人　〇〇〇〇　印

　　神奈川県佐間市鹿沼台65番地

　　　　　　　　　　　　　　　　　　　　　　　賃借人　〇〇〇〇　印

二、契約解除通知（けいやくかいじょつうち）

　　在执行租赁合同的过程中，乙方（租赁人）有时违反合同条款，这时甲方（出租人）可以解除原合同，以下为一般合同解除通知。

➡ 例—1

> 　　　　　　　　無断転貸による契約解除通知
> 　あなたは、私があなたにお貸ししている東京都豊島区池袋本町〇〇号の家屋のうち、二階東側六畳および八畳の二間を〇〇年〇〇月〇日以来、〇〇〇〇氏に転貸し居住使用させています。この転貸についてあなたは私に対しなんらの連絡もせず、私も転貸の承諾をいたしておりません。
> 　上記の無断転貸により、あなたと私の賃貸借契約は解除いたしますので、本書状到着のあと二週間以内に本件家屋を退去し、明渡すようご通知申し上げます。
> 　〇〇年〇月〇日
> 　　　　東京都世田谷区上祖師谷町〇〇号
> 　　　　　　　　　　　　　　　　　　　　　賃貸人　〇〇〇〇　㊞
>
> 東京都豊島区池袋本町〇〇号
> 　　　　　　　　　　　　　　　　　　　　　賃借人　〇〇〇〇　㊞

三、家賃増額請求書（やちんぞうがくせいきゅうしょ）

　　在执行房屋租赁合同期间，房主如欲增加原合同中已定的房租时，可写"家赁增额请求书"（房租增额请求书）给租赁人，协商增加房租。

➡ 例—1

> 　　　　　　　　　　家賃増額請求書
> 　〇〇年〇月〇日付の建物賃貸借契約によって、あなたにお貸ししている東京都調布市入間町〇〇号所在の家屋の家賃は一ヶ月金〇〇万円となっておりますが、契約当時と比べ現在は物価の上昇もあり、周辺住宅の家賃と比べても著しく低くなっています。これら経済事情を考慮の上、〇〇年〇月分より一ヶ月分家賃を金〇〇万円に増額いたしたく、ご請求申し上げます。
> 　〇〇年〇月〇日
> 　　　　東京都渋谷区上原町〇〇〇号
> 　　　　　　　　　　　　　　　　　　　　　賃貸人　〇〇〇〇　㊞
>
> 東京都調布市入間町〇〇号
> 　　　　　　　　　　　　　　　　　　　　　賃借人　〇〇〇〇　㊞

四、不動産売買契約書（ふどうさんばいばいけいやくしょ）

在日本，进行土地或房屋买卖时，要写"不動産売買契約書"（不动产买卖合同书）。合同书要写明买卖人姓名、住址、时间以及不动产名称和价格等。另外，还要写明保证金的处理情况及附加不动产所有权转让登记表等。

▶ 例—1

不動産売買契約書

東京都町田市大字町〇〇〇〇号

売主（甲）　〇〇〇〇

東京都台東区柳橋町〇〇〇〇号

買主（乙）　〇〇〇〇

上記当事者間において、不動産売買のため次の如き契約を締結した。

第一条　売主甲は、その所有する下記に掲げる不動産の所有権を代金〇〇〇万円をもって買主乙に売渡し、乙はこれを買い受けた。
　　　　神奈川県川崎市多摩区菅参百参拾号
　　　　一、宅地　弐百弐拾伍平方メートル

第二条　上記の不動産は、〇〇年〇月〇日、甲から乙に引渡すものとする。

第三条　本契約による売買代金は、当該不動産の所有権移転申請のとき、乙より甲に対して支払われる物とする。

第四条　当該不動産に対する公租公課は、その引渡しの前日までの分は売主の負担として、日割計算する物とする

第五条　登記の際、売渡証及びこれに要する印紙などの費用は甲の負担をし、買受けに対する登録免許税、代書料そのほかの費用は乙の負担とする。

上記契約を証するため本証書はこれを弐通作り、各自署名押印し、壱通を保持する。
〇〇年〇月〇日

売主　〇〇〇〇　㊞

買主　〇〇〇〇　㊞

五、売買契約解除通知（ばいばいけいやくかいじょつうち）

在土地、房屋等不动产的买卖活动中，有时也有虽然已定下合同、支付了手续费，但因种种原因又要解除合同的情况，这时要写"売買契約解除通知"（买卖合同解除通知）。一般说来，买主主动解除合同时，要放弃已交的保证金；而卖主主动解除合同时，要加倍偿还对方付给的保证金。

➡ 例—1

> 通知書
> 　〇〇年〇〇月〇日付、不動産売買契約書に基づき、あなたと私との間にあなたの所有する下記物件について売買契約を結び、手付金として金〇〇万円をお渡しいたしましたが、私方の都合により手付金を放棄し、上記契約を解除します。
> 　上記のとおりにつきご通知申し上げます。
> 　　　　　　　　　　　〈物件表示〉
> 神奈川県川崎市高津区梶ヶ谷町〇号
> 一、宅地　〇〇〇平方メートル
> 〇〇年〇月〇日
> 　　　　　　　　　　　　神奈川県相模原市相模台団地〇〇号
> 　　　　　　　　　　　　　　　買主　〇〇〇〇　印
> 　　　　　　　　　　　　東京都世田谷区千歳台五町〇〇号
> 　　　　　　　　　　　　　　　売主　〇〇〇〇　殿

➡ 例—2

> 売買契約解除通知
> 　あなたと当社の間に取交わしました〇〇年〇月〇日付売買契約書に基づき、下記物件に関する売買契約の手付金として当社は金〇〇〇万円也を受領いたしましたが、このたび弊社の都合により、上契約は解除いたします。
> 　つきましては、手付金の倍額に相当します金〇〇〇万円也を別紙銀行小切手として同封、償還いたしますのでご査収ください。
> 　上のとおりご通知申し上げます。
> 　　　　　　　　　　　　　記
> 神奈川県川崎市朝日区258番
> 一、宅地　〇〇〇平方メートル
> 〇〇年〇月〇日
> 神奈川県相模原市相模台団地〇〇号
> 　　　　売主　朝日不動産株式会社　取締役社長　〇〇〇〇　印
> 東京都世田谷区千歳台〇〇号
> 　　　　買主　〇〇〇〇　印

第七节　其他法律书状

在这一节里，我们再介绍几种日本经常使用的法律书状，比如与税务署有关的纳税证明书，与专利部门有关的专利申请书等等。

一、納税証明書（のうぜいしょうめいしょ）

在日本，要向政府或某项基金申请贷款时，需要证明个人所得的必不可少的文件就是"納税証明書"（纳税证明书）。纳税证明书税务署备有，可随时索取填写。

▶ 例—1

```
                        納税証明書
                                        ○○年○月○日
    税務署長　殿
                                    住　所
                                    氏　名　○○○○　印
```

証明書の使用目的		証明書の請求枚数	枚

上記の目的に使用するため○○税について下記事項の証明を請求します。

年度及び区分	納付すべき税額		納付済額	未納税額	法定納期限など
	申告額	更正・決定後の額			
	円	円	円	円	円

（備考）
○上記の「更正・決定後の額」欄に記載額のないものは、今後税務署または国税局の調査により申告額を減少させ、または増加させる更正が行われることがあります。

第○○号
　上記のとおり、相違ないことを証明します。
　○○年○月○日
　　　　　　　　　　　　　　　　　　　　　　　　税務署長

二、特許願（とっきょねがい）

在日本，申请专利必须备有以下三种文件：①申请书，②明细表，③设计图纸。整个专利的申请就是由这三部分组成的。这三部分表格的填写十分复杂，有较严格的规定。

➡ 例—1

```
                              特許願
                                                    ○○年○月○日
   特許庁長官 ○○○○殿
   1. 発明の名称
   2. 発明者
        住所(居所)
        氏名(名称)                              印
   3. 特許出願人
        郵便番号
        住所(居所)
        氏名(名称)                              印
        (国籍)
   4. 代理人
        住所(居所)
        氏名(名称)                              印
   5. 添付書類の目録
    (1) 明細書                                 1通
    (2) 図面                                   1通
    (3) 願書副本                                1通
    (4) (                                      1通)
   6. 前記以外の発明者(特許出願人または代理人)
    (1) 発明者
        住所(居所)
        氏名(名称)                              印
    (2) 特許出願人
        住所(居所)
        氏名(名称)                              印
    (3) 代理人
        住所(居所)
        氏名(名称)                              印
```

```
                              明 細 書
   1. 発明の名称
   2. 特許請求の範囲
   3. 発明の詳細な説明
   4. 図面の簡単な説明
                                          特許出願人  ○○○○
```

三、意匠登録願（いしょうとうろくねがい）

"意匠"是指匠心独具的物体、图形、色彩，以及由此组成并使人感到美丽、有趣的物品，即独特的设计。

填写独特设计注册申请要注意以下几点：

一、一定要写明注册物品的具体名称。

二、除了提交申请书以外，还要附上设计图纸、照片等。

三、如果是新发明，还要简明扼要地写明用途、使用方法等。

➡ 例—1

```
┌─────┐
│収入 │
│印紙 │
└─────┘
                        意匠登録願
                                        ○○年○○月○○日
特許庁長官　○○○○殿
　一、意匠に係る物品
　二、意匠の創作をした者
　　　住所　（居所）
　　　氏名　○○○○
　三、意匠登録出願人
　　　住所　（居所）
　　　氏名　○○○○
　　　国籍
　四、代理人
　　　住所　（居所）
　　　氏名　○○○○
　五、添付書類または添付物件の目録
　　　(1) 図面　　　　　　　　　　○○通
　　　(2) (　　　　　　　　　　　　通)
　六、意匠の説明
```

図　面

意匠登録出願人の氏名（名称）		本意匠の表示	
意匠登録出願人の住所（居所）		出願番号	
代理人の氏名		出願日	
意匠に係る物品		登録番号	
意匠の説明		登録日	

ひな形（見本）

意匠登録出願人の氏名（名称）		本意匠の表示	
意匠登録出願人の住所（居所）		出願番号	
代理人の氏名		出願日	
意匠に係る物品		登録番号	
意匠の説明		登録日	

写　真

意匠登録出願人の氏名（名称）		本意匠の表示	
意匠登録出願人の住所（居所）		出願番号	
代理人の氏名		出願日	
意匠に係る物品		登録番号	
意匠の説明		登録日	

思考与练习

1. 在日本民事诉讼有哪些类型？每一种类型的诉讼又分几种？
2. 在什么样的情况下需要提出撤诉？
3. 用日语写一份起诉书和撤诉书。
4. 民事纠纷在什么样情况下可以通过"即決和解"，"即決和解"有哪些优点？
5. 申请"特許"和"意匠登録"需要哪些手续和注意事项？

第九章
电报、电传与传真

概　述

　　电报、电传与传真，是处理紧急事务时使用的最快捷的文字通信方式。电文是日常应用文的一种，它在日语应用文中自立一体、独具一格。电报是按电报文的字数多少计算费用，而电传和传真则和电话一样是按时间的长短计算费用。虽然电报和电传、传真的计算方式不同，但对文字方面的要求是一样的。那就是都要求文字简明扼要，明白易懂，只要能够表达明白电文的意思，文字越少越好。因此，电报和电传、传真用语中都有一些言简意赅的惯用说法。
　　日语电文一般不用寒暄语和敬语，一定要用的时候也只能用简单的敬语。

第一节　电　　报

　　电报，一度是常用的最迅速的通讯工具，1837 年由美国莫尔斯发明，日本于 1869 年 12 月正式开始电报业务。电报的种类，按电报的紧急程度来分，有"普通電報"（普通电报），"至急電報"（加急电报），表示加急电报的符号是"ウナ"；按电报的内容来分，有"慶弔電報"，即"祝電"（贺电）和"弔電"（唁电），"模写電報"，一种能够传送数字、汉字、图案、图表的电报，目前已不用；按形式来分，又有"照合電報"和"同文電報"（群发电报）。填写电报文时必须将其写在指定栏内，电报文纸有固定的、统一的结构和格式，日语叫做"電報発信紙"或"頼信紙"，一定要按规定填写。企业一般用复写式电报文纸，以便留底。
　　电报是按电报文的字数多少计算费用的，所以收报人和发报人首先要熟悉有关规定的文字、数字、符号，简明扼要地书写，否则很难写好或读懂电报文。

➡ 例一 1

電 報

	通信文		送信通過番号		あて局符号	
送 信		特別取扱	宛 名 （カタカナで黒インクまたは濃い鉛筆より正確にお書きください）	電話	種 類	
					字 数	
送信者				着信局	発信局	
照合者						
ご注意						
受取人にあなたの居所、氏名をお知らせしたいときは、通信文にお書きなさい。		局内心得	局号		番 号	
					受 付	
発信者（電話） 局 号 住所 氏名			記事・料金 　　　　　円		受付者	
					検査者	

＊太線のわくの中だけお書きください。　宛名を電話番号でお書きになれば早くお届けできる。

　日语电报文，可用两种文字书写，一种是片假名，一种是罗马字母。片假名书写的电报文只通用于日本国内，罗马字母电报文通用于国际电报。用日文从中国向日本发电报时，要用日语罗马字。

一、片假名电报文

　　书写电报文使用的片假名规定为以下48个，即：アイウエオ、カキクケコ、サシスセソ、タチツテト、ナニヌネノ、ハヒフヘホ、マミムメモ、ヤユヨ、ラリルレロ、ワキヱヲ、ン和一个浊音点"ﾞ"，一个半浊音点"ﾟ"。片假名电报文没有半音字，即没有拗音、促音符号的

175

ヤユヨツ等小写字母。因为在电报文稿纸上即使写成半音字,如"シュクス"(祝す)、"アサタッタ"(朝立った)、"カイシャ"(会社)、"ショウカイ"(紹介)等,电报文也只能拍成"シユクス"、"アサタツタ""カイシヤ""シヨウカイ"。

片假名电报文中规定使用的符号有"—"、"、"、"⌊"和"( )"。"—"符号用于表示电报文中的长音,"、"符号在电报文中做逗号使用,"⌊"表示段落。如:

➡ 例—1

(電報拝見しました。詳しくは手紙で申し上げます。)

デンミタイサイフミ──→デンミタ、イサイフミ

有时电报文句子过长易生误读误解,为了便于收报人读懂,要在句子的适当位置用"⌊"符号断开。如:

➡ 例—2

(並製品を230送りました。田中)

ナミ二三〇オクツタタナカ──→ナミ「二三〇オクツタ」タナカ

电报文内容的重要部分规定用"( )"括起来。如:

➡ 例—3

(大和製紙クラフト紙45 kg、7連お送り下さい。)

(ダイワ)クラフト、四五キロ、七レ、オクレ

片假名电报文使用的数字规定为"一二三四五六七八九〇",不用"十"。"十"用"一〇"表示,不能使用阿拉伯数字。为了准确的表示数字,避免发生错误,电报文中要书写数字时,在写数字的同时,还要写上表示数字的假名略号,即"ヒフミヨイムナヤクシ",如"一九九五年"电报文中要写成"ヒ―ク九ク九イ五ネン"。

日语电报文一般不使用寒暄语和敬语,收报人姓名下一般不加敬称。如果一定要使用,也只能用简化的敬语。以下介绍几例简化的敬语形式:

一般说法	简化敬语
スコイ(速来)	スグオイデマツ(恭候尽快光临)
スヘン(速回复)	スグヘンコウ(恭请速回复)
コイ(来)	オイデコウ、コラレタシ(请光临)
マテ(等候)	オマチコウ、マタレタシ(请等候)
〇オクシ(汇款)	ソウキンヲコウ(请汇款)(〇表示钱)
アウ(见面)	オアイシタシ(盼会面)
ツゴウシラセ(告知情况)	ヨロシキヤ(方便与否)
アスユキタシ(明天去)	アスウカガイタシ(欲明天拜访)

电报是以字数的多少计费的,为了减少字数,书写电报文时常用一些固定的省略说法。

如：月→ツキ 日→ヒ 午前→ゼ・アサ 午後→ゴ 今日→ケフ 手紙→フミ・テ 電報→デン・デ 金→○・マル 価格→ネ 当方・当社→ワレ 返事→ヘン・ヘ 至急→ス・ウナ 商品・納品→シナ 株式会社・合資会社・有限会社・商社→カイシヤ 乗車券・乗船券・搭乗券・入場券→キツプ 電信為替→デンタメ・デンカワ 東京→トウケフ 如何→イカ 詳しいこと→イサイ 到着する・した→ツク・ツイタ 報告せよ→シラセ 出発する→タツ 調査せよ→シラベ 送ってくれ→オクレ 見合せよ→マテ ありがとうございます→シヤス・カンシヤス 至急に返事せよ→スヘ・ウナヘ 詳しいことは手紙で申し上げます→イサイテ・イサイフミ 返事を待つ→ヘンマツ・ヘマツ あとから手紙を差し上げます→アトフミ お手紙拝見いたしました→フミミタ 電報を見た→デミタ・デンミタ 金を送れ→○オクレ・ソウキンセヨ 電報で返事してください→ヘンデンセヨ 無事に着きました→アンチヤクセリ 返送をお願います→ヘンソウサレタシ 手配してください→テハイアレ 確定しません→カクテイセヌ

　　由于片假名电报文只用假名书写,所以有些同音异义词就难以区分,如"照会""紹介""商会"都读成"しょうかい"。为了避免发生错误,电报文中尽量使用相同意义的和语词。如：照会→トイアワセ 紹介→ヒキアワセ 商会→カイシヤ。 除此之外还有：使用する→ツカウ 回付する→マワス 配布する→クバル 発送する→オクレ 出発する→タツ 到着する→ツク 河川→カワ 道路→ミチ,等。

　　书写假名电报文,一定要字体工整,尽量使用楷书体;字迹要清楚,点划要准确。否则就容易发生错误,产生歧义。尤其有些形体近似的假名,书写时更需要注意。如下列假名和数字就很容易混淆,易发生笔误。リーソ タース ワーツ レーク ソーン ツーウ シーミ ヲーラ クーフ クーワーウ ヤーマ ユーウーコ アーマ ヌーマ ラーテ ヒーセ ンーレ ヘーハ,等。

　　假名和数字容易混淆的有：八—ハ 二—ニ 三—ミ 七—セ,等。

　　在日本国内,还可以用电话委托拍发电报,既方便又迅速。为了避免电话传送电文时出现错误,日本有关部门规定了一套"電話託送用語"。如下表：

	ア 朝日のア	イ 伊呂波のイ	ウ 上野のウ	エ 鉛筆のエ	オ 大阪のオ
文字	カ 為替のカ	キ 切手のキ	ク 車のク	ケ 景色のケ	コ 子供のコ
数字	サ 桜のサ	シ 新聞のシ	ス 雀のス	セ 世界のセ	ソ 算盤のソ
符号	タ 煙草のタ	チ 千鳥のチ	ツ 鶴亀のツ	テ 手紙のテ	ト 東京のト
	ナ 名古屋のナ	ニ 日本のニ	ヌ 沼津のヌ	ネ 鼠のネ	ノ 野原のノ

续表

文字 数字 符号	ハ 葉書のハ	ヒ 飛行機のヒ	フ 富士のフ	ヘ 平和のヘ	ホ 保険のホ
	マ マッチのマ	ミ 蜜柑のミ	ム 無線のム	メ 明治のメ	モ 紅葉のモ
	ヤ 大和のヤ		ユ 弓矢のユ		ヨ 吉野ヨ
	ラ ラジオのラ	リ 林檎のリ	ル 留守のル	レ 蓮華のレ	ロ ローマのロ
	ワ 蕨のワ	ヰ 井戸のヰ		ヱ かぎのあるヱ	ヲ おわり （旧称ヲノツ）ヲ
	ン お終いのン		゛ 濁点	゜ 半濁点	」 段落
	一 数字のヒト	二 数字のフタ	三 数字のミ	四 数字のヨ	五 数字のイ
	六 数字のム	七 数字のナナ	八 数字のヤ	九 数字のク	〇 数字のマル
	｜ 長音	、 区切り点	（ 右向きカッコ （左括号）	） 左向きカッコ （右括号）	

以上是普遍常用的用语，但绝非固定不变。选择什么样的用语因人而异，但总的原则是选择简明易懂，对方一看就明白的说法。

如此利用"電話託送用語"委托发报，迅速方便，准确无误。如果将"シナー　〇コ、タリヌ」シラベスヘ"用电话委托发报时，应说成："新聞のシ　名古屋のナ　数字の一　数字の〇　子供のコ　区切点の記号　タバコのタ　リンゴのリ　ぬまのヌ　段落の記号　新聞のシ　ラジオのラ　平和のヘに濁点　雀のス　平和のヘ。"

这样委托发出的电报，对方收到后才能理解成："納品十個、不足しています。お調べの上至急ご返事ください"（交货10个，量不足。查后速回复）。

二、罗马字电报文

用日语罗马字书写的电报文用于日本与其他国家之间的电报，从中国向日本拍日文电报时，要用日语罗马字。罗马字电报文中的数字写法采用阿拉伯数字，写作"123456789"。收报人地址、姓名的写法要按欧美式。

日语罗马字的拼写方法有三种，一是黑本式（ヘボン式），也叫标准式，是日本明治前后由美国人传教士创造的；二是日本式（日本式），是日本大正10年以后由"日本罗马字社"倡

导的；三是训令式（訓令式），是日本1937（昭和12）年以后，日本政府经过一再修改公布的拼写方法。目前，用罗马字拼写日语时一般采用训令式，但由于国际惯例等难以改变时，也可以用黑本式和日本式。下表－1是训令式拼写法，（ ）是表示字母的重复出现。

▶ 表－1

a	i	u	e	o				
ア	イ	ウ	エ	オ				
ka	ki	ku	ke	ko				
カ	キ	ク	ケ	コ	kya	kyu	kyo	
sa	si	su	se	so	キャ	キュ	キョ	
サ	シ	ス	セ	ソ	sya	syu	syo	
ta	ti	tu	te	to	シャ	シュ	ショ	
タ	チ	ツ	テ	ト	tya	tyu	tyo	
na	ni	nu	ne	no	チャ	チュ	チョ	
ナ	ニ	ヌ	ネ	ノ	nya	nyu	nyo	
ha	hi	hu	he	ho	ニャ	ニュ	ニョ	
ハ	ヒ	フ	ヘ	ホ	hya	hyu	hyo	
ma	mi	mu	me	mo	ヒャ	ヒュ	ヒョ	
マ	ミ	ム	メ	モ	may	myu	myo	
ya	(i)	yu	(e)	yo	ミャ	ミュ	ミョ	
ヤ	(イ)	ユ	(エ)	ヨ				
ra	ri	ru	re	ro	rya	ryu	ryo	
ラ	リ	ル	レ	ロ	リャ	リュ	リョ	
wa	(i)	(u)	(e)	(o)				
ワ	(ヰ)	(ウ)	(エ)	ヲ				
ga	gi	gu	ge	go	gya	gyu	gyo	
ガ	ギ	グ	ゲ	ゴ	ギャ	ギュ	ギョ	
za	zi	zu	ze	zo	zya	zyu	zyo	
ザ	ジ	ズ	ゼ	ゾ	ジャ	ジュ	ジョ	
da	(zi)	(zu)	de	do	zya	zyu	zyo	
ダ	ヂ	ヅ	デ	ド	ヂャ	ヂュ	ヂョ	
ba	bi	bu	be	bo	bya	byu	byo	
バ	ビ	ブ	ベ	ボ	ビャ	ビュ	ビョ	
pa	pi	pu	pe	po	pya	pyu	pyo	
パ	ピ	プ	ペ	ポ	ピャ	ピュ	ピョ	

1. 拨音的拼写法

① 拨音"ン"罗马字写作"n"。如：sinbun(新闻)、pekin(北京)、tenki(天气)、denpo(電報)、onna(女)

② 表示拨音的"n"与后面接的元音字母或"Y"有分开拼音的必要时，要在"n"的后面加"'"符号。如：gen'in(原因)、han'ei(繁荣)、kin'yôbi(金曜日)

2. 促音的拼写法

① 促音的拼写方法是把促音后的辅音字母重复写。如：
zassi(雑誌)、nippon(日本)、gakko(学校)、hatten(発展)

3. 长音的拼写法

① 长音是在元音字母上加"ˆ"符号表示。如：

denpô(電報)　kin'yôbi(金曜日)、tôkyô(東京)、kôki(空気)、kôzyô(工場)

② 大写罗马字母时用并列两个字母表示。如

Oosaka(大阪)、Kookuu(航空)、Seekoo(精工)

③ 外来语词的长音也按并列两个元音字母的方法表示。如

meekaa(メーカー)、kopii(コピー)、kureem(クレーム)

4. 特殊音的拼写方法可以按拼音自由拼写，如"フイルム"这个词就有多种拼写方法，即可以拼写成"firumu, hwirumu, film, huirumu"等。

5. 句子的开头和专有名词的第一个字母用大写字母。另外，专有名词以外的名词的词头也可以大写。如：

Kyôwa kin'yôbi desu /今日は金曜日です。

Tôkyô/東京

Boku wa kodomo desu /僕は子供です。

训令式拼写方法与黑本式、日本式拼写方法并非全部不同，而是只有个别字母的拼写有所不一样。下列表－2 就是黑本式和日本式与训令式不同的部分。

▶ 表－2

黑　本　式				日　本　式				
sha シャ	shi シ	shu シュ	sho ショ					
		tsu ツ		di ヂ	du ヅ	dya ヂャ	dyu ヂュ	dyo ヂョ
cya チャ	chi チ	chu チュ	cyo チョ	kwa クワ				
		fu フ		gwa グワ			wo ヲ	
ja ジャ	ji ジ	ju ジュ	jo ジョ					

按黑本式拼写方法，拨音"n"位于"m""b""p"前面时要写"m"。如"sammen"（三面），"simbun"（新聞），"sampo"（散歩）。另外，按黑本式拼写法，"チ"写成"chi"，前面有促音时，不重复写"c"而在"chi"的前面加"t"。如"マッチ"写作"matchi"，而不写作"macchi"。

三、電報確認状

电报，由于其性质特点因素，常出现误会。因此，重要电报发出后，一定要再发一封信确认，这就是"電報確認状"。

"電報確認状"除了说明内容外，还要原封不动附上电报全文，以及发报日期。

➡ 例—1（納品おくれの電報確認状）

> 電報確認
> 　先日は貴注9号で○○印の板ガラス100箱のご注文をいただき、まことにありがとうございました。
> 　さて、ご指定の○月○日に納入すべく努力してまいりましたが、機械が故障したため、二三日納入が遅れざるを得ぬ状況になりました。お約束を守らず、まことに申し訳ございませんが、お許しくださるようお願い申し上げます。
> 　本日、御納品遅延のむね打電いたしましたので、ここで確認申し上げます。
> 　電文　キチウ九（○○）イタガラス、キカイコショウノタメ、二三ヒオクレル」ナカダ
> 　発信日時　○月○日午前○時ごろ
> 　　　　　　　　　　　　　　　　　　　　　　　　　　　　　　以上

四、常用电报文举例

1. 祝贺新年和圣诞节

★クリスマスオメデトウゴザイマス
★クリスマスオメデトウ、心カラ祝福ヲイノリマス
★ゴ家族オソロイデ楽シイクリスマス、オメデトウ
★謹ンデ新年ノゴアイサツヲモウシアゲマス
★年頭ニ当タリ皆様ノゴ多幸ヲオ祈リイタシマス
★新年オメデトウ、今年モドウゾヨロシク
★明ケマシテオメデトウ、最良ノ年デアリマスヨウニ
★新年オ祝イ申シアゲ、平素ノゴ無沙汰ヲオ詫ビイタシマス
★謹ンデ新年ノゴアイサツヲモウシアゲマス、マスマスノゴ発展ヲオ祈リシマス
★昨年中ハイロイロオ世話ニナリマシタ、本年モドウゾヨロシク

2. 祝贺生日,健康和长寿

★オ誕生日ヲ祝シ、ゴ多幸ヲオ祈リ申シ上ゲマス
★オ誕生日オメデトウゴザイマス
★オメデトウ、今日ハ嬉シイオ誕生日ネ
★母ノ日ニ当たり、母上ノゴ健康ヲ祝福イタシマス
★母ノ日オメデトウ、オ母サンイツマデモオ元気デ
★敬老ノ日ニ当タリ、ゴ長寿ヲオ祈リ申シ上ゲマス
★金婚式オメデトウ、末永クオ幸セニ
★米寿ヲ祝シ、一層、ゴ多幸ヲオ祈リ申シ上ゲマス
★ゴ全快オメデトウ、心カラオ喜ビ申シ上ゲマス
★ゴ退院オメデトウゴザイマス

3. 祝贺结婚，分娩和孩子成长

★ゴ結婚オメデトウゴザイマス
★ゴ結婚ヲ心カラオ祝イ申シ上ゲマス
★ゴ結婚オメデトウ、コノ喜ビヲイツマデモ
★ゴ令嬢様ノゴ結婚オメデトウゴザイマス
★ゴ出産ヲ祝シ、ココロカラゴ健康ヲオイノリ申シ上ゲマス
★ゴ長男のゴ出産、マコトニオメデトウゴザイマス
★ゴ安産オメデトウゴザイマス
★子供ノ日、オ子様ノゴ成長ヲオ喜ビ申シ上ゲマス
★七五三、オ子様ノゴ成長オメデトウゴザイマス
★ゴ令息様ノゴ成人ヲオ喜ビ申シ上ゲマス

4. 祝贺入学，升学和毕业

★ 小学校ゴ入学、オメデトウゴザイマス
★ゴ入学オメデトウ、ヨイ子ニナリマシタヨ
★高校合格ヲ心カラオ喜ビ申シ上ゲマス
★栄エアル合格ヲ祝シ、一層ノゴ勉学ヲオ祈リ申シ上ゲマス
★合格オメデトウ、今後モガンバリマショウ
★大学ゴ入学、オメデトウゴザイマス
★合格オメデトウ、本当ニヨッカタネ
★ゴ卒業ヲ祝シ、門出ニ幸ヲオ祈リ申シ上ゲマス
★ゴ卒業ヲ祝シ、前途ノゴ多幸ヲオ祈リ申シ上ゲマス

5. 祝贺就职，荣升和荣迁

★ゴ就職オメデトウゴザイマス
★ゴ就職ヲ祝シ、今後ノゴ健闘ヲオ祈リ申シ上ゲマス
★ゴ就職オメデトウ，シッカリオヤリナサイ
★ゴ就任ヲ祝シ，ゴ活躍ヲ祈リマス
★支店長ゴ就任ヲ祝シ、ゴ活躍ヲオ祈リ申シ上ゲマス
★ゴ栄進オメデトウゴザイマス
★ゴ栄転オメデトウゴザイマス
★ゴ栄転ヲ祝シ、ゴ着任ヲオ待シテオリマル
★ゴ栄転ヲ祝シ、ゴ活躍ヲ祈リマス

6. 祝贺当选、获奖和集会

★ゴ当選オメデトウゴザイマス
★予選通過オメデトウ、最後マデ頑張ッテクダサイ
★待望ノゴ入選、誠ニオメデトウゴザイマス
★栄エアルゴ当選ヲ祝シ、ゴ活躍ヲ祈リマス
★ゴ入賞ヲ祝シ、今後ノゴ活躍ヲオ祈リ申シ上ゲマス
★栄エアル表彰ヲ心カラオ祝イ申シ上ゲマス
★優勝万歳、本当ニオメデトウゴザイマス
★栄エアル大会ヲ祝シ、ゴ盛会ヲオ祈リ申シ上ゲマス
★オメデタイゴ盛典ヲオ祝イ申シ上ゲマス
★ゴ盛典ヲ祝シ、今後ノゴ発展ヲオ祈リイタシマス

7. 祝贺开业,新建筑落成

★ゴ開業ヲ祝シ、ゴ繁栄ヲオ祈リ申シ上ゲマス
★ゴ開店ヲ祝シ、ゴ繁昌ヲオ祈リシマス
★創立ヲ祝シ、今後ノゴ発展ヲオ祈リ申シ上ゲマス
★竣工ヲオ祝イ申シ上ゲマス
★新築落成ヲオ祝イ申シ上ゲマス
★ゴ新築ノ落成ヲオ祝イ申シ上ゲマス
★ゴ新居ゴ落成オメデトウゴザイマス
★洋品店ゴ開店ヲ祝シ、今後ノゴ発展ヲオ祈リ申シ上ゲマス
★新会社設立ヲオ祝イ申シ上ゲマス
★貴社創立○○周年ヲ祝シ、今後マスマスノゴ発展ヲオ祈リ申シ上ゲマス

8. 慰问电

★不慮ノゴ類焼ヲオ見舞イ申シ上ゲマス
★火災発生トノ報ニ接シ、ゴ安否ヲ案ジテオリマス
★突然ノ風水害、心カラオ見舞イ申シ上ゲマス
★震災ノ報ニ接シ、ゴ安否ヲ案ジテオリマス
★思イガケナイ大地震、心カラオ見舞イ申シ上ゲマス
★遭難ノ報ニ接シ、無事ゴ救出ヲオ祈リ申シ上ゲマス
★ゴ入院ヲオ見舞イシ、ゴ快復ヲオ祈リ申シ上ゲマス
★不慮ノ交通事故デノゴ入院、オ見舞イ申シ上ゲマス
★奥様ノゴ発病ヲ心カラオ見舞イ申シ上ゲマス
★一層ノゴ闘病、心カラオ祈リ申シ上ゲマス

9. 吊唁电

★謹ンデ哀悼ノ意ヲ表シマス
★ゴ逝去ヲ悼ミ、謹ンデオ悔ミ申シ上ゲマス
★ゴ逝去ヲ悼ミ、ゴ冥福ヲオ祈リ申シ上ゲマス
★ゴ尊父様ノゴ永眠ヲ悼ミ、オ悔ミ申シ上ゲマス
★ゴ母堂様ノゴ逝去ヲ悼ミ、謹ンデオ悔ミ申シ上ゲマス
★謹ンデゴ主人様ノゴ逝去ヲ悼ミ申シ上ゲマス
★奥様ゴ他界ノ報ニ接シ、オ悼ミ申シ上ゲマス
★謹ンデゴ令息様ノゴ逝去ヲオ悼ミ申シ上ゲマス
★謹ンデオ嬢様ノゴ逝去ヲオ悼ミ申シ上ゲマス
★アリシ日ヲシノビ、ハルカニゴ冥福ヲオ祈リシマス

10. 商贸电报文

★ニマダツカヌ、ウナヘ/荷物がまだ着きません、お調べの上至急御返事ください。

★アメノタメ六ヒニナル、ヘン/雨天のため六日になりますが、いいでしょうか。御返事ください

★ノウキスギタ、チュウモントリケス」オクルナ/納期が過ぎたので、注文を取り消します。出荷しないでください。

★シナー〇コ、タリヌ」シラベスヘ/納品10個不足しています。お調べの上至急御返事ください。

★デンミタ、五ヒオクツタ、ツイタラヘン/電報拝見しました。五日にお送りしました。着いたら御一報ください。

★一二マン三四〇五エン、コノツキ一五ヒマデニオクレ」スヘ/123,405円、今月15日までに御送金願います。折り返し御返事ください。

★デンミタ,二五マン,デンタメクンダ(アサヒ)サカエマチシテンデトレ」イサイフミ/電報拝見しました。25万円を朝日銀行栄町支店に電信為替で送りましたので、お受け取りください。詳しくは手紙で申し上げます。

★オクレテスマヌ」五ヒ〇オクル/御送金遅れて申し訳ございません。五日に送金します。

★アスアサー〇ジツク,ゼヒオアイシタシ/明朝10時に御地に着きますが,是非お会いしたいと存じます。

★デンミタ(ネ、カズ)ワカタヌ」ウチナオセ/電報拝見しましたが、金額と数量とが分かりません。電報を打ち直してください。

第二节 电 传

电传,亦称用户电报或直通电报。日语叫"加入電信"(かにゅうでんしん)或"テレックス"(telex,为 teleprinter exchange 的缩略),目前多用后一种说法。

电传是装有印字电传机的用户,使用电信机构的线路和交换设备,与其他用户直接互相通电报的通信方式。它是代替书信和电报的最迅速的通讯方式之一。印字电传机有印字系统、拨号盘、键盘等构成。用户可以通过拨号方式或键盘接通对方用户,对方用户的印字电传机可自动将通信内容打印出来。利用电传通信一般不受时间限制,夜间或用户不在时,印字电传机也可以自动接受并打印出对方发来的内容。

日本于 1956 年 10 月,首先在东京和大阪两城市之间开通使用,用户多为中小企业。由于使用电传所需的费用比电话、电报节省得多,所以最初企业为了减少通信开支,而纷纷加入用户行列。因此,电传的最大特点是迅速准确、经济方便。

以下是开通电传的企业,向下属企业及职员介绍电传的特点和使用方法的通知。

テレックス利用と市外通話の取り扱いについて(通達)

　当社においては、通信の合理化のため、○月○日から、本社・支社にテレックスを導入し、本社・支社間、支社相互間及び関係会社との通信は、原則としてテレックスを使用することにします。

　当面は不慣れのため、いろいろ不便を感じることもあろうが、下記のテレックスの利点・特徴等を十分理解されて利用されることを望みます。

　なお、同日付で「テレックス取り扱い要領」が思考されるので、これについても十分、理解されるよう願います。

記

1. どこの加入者とも通信できる。
　　電話と同じように、ダイヤルをして、どこの加入者とも通信ができる。
2. ダイヤル即時でかけられる。
3. 高速で経済的である。
　あらかじめ通信をテープにパンチしておき、そのテープを自動送信機にかけると、1分間 375 字が送信できる。これは口でゆっくり話すのと、ほぼ同じ速度である。
4. 控えが残るだけでなく、双方の社名が自動的に印字されるから、通信紙そのまま文書または帳票として使える。
5. 担当者が不在の時でも、夜間でも、通信があれば、機械が自動的に受信してくれる。
6. テレックスに加入していない相手には、テレックスによって電報が打てる。また先方からの電報も受信できる。

以上

电传文与电报文有相同之处,也有不同之处。相同之处是都要求文字简明扼要、明白易懂,只要能够表达明白电传文的意思,字数能减则减。为了避免同音字造成误解产生歧义,尽量使用和语词。文体要用半文语体。用假名书写时也不用半音字等。不同之处是电传文

一定要横写，使用的假名、罗马字母及符号比电报文用得多。罗马字要求用大写。句节与句节、词与词之间要留出间隔，不可以一个挨着一个地连续写等。

给句节、词留出间隔，一般有以下三种方法：

1. 按句节留出间隔。如：

ソノ　ハナシナラ　ワタシモ　シツテイマス/その話なら私も知っています。

2. 按词留出间隔。如：

ソノ　ハナシ　ナラ　ワタシ　モ　シツテ　イマス/その話なら私も知っています。

3. 按声调留出间隔，这是使用最广泛的一种形式。如：

ソノ　ハナシ　ナラ　ワタシモ　シツテ　イマス/その話なら私も知っています。

以下把上述3的方法做归纳介绍：

1) 同一个名词原则上要连续写。如：

カイシャ（会社）、コウジョウ（工場）、ツクエ（机）

2) 复合名词连续写易产生误解时，构成复合词的成分之间可加"＝"符号。如：

キュウコウ＝レッシャ（急行列車）、ジョウホウ＝ショリ＝ケンキュウ＝イインカイ（情報処理研究委員会）

如果省去"＝"符号，不会产生误解时，也可以不加"＝"符号，只隔开写。如：

カブシキ　カイシャ（株式会社）、ユウビン　フリカエ（郵便振替）

3) 形容动词词干与词尾部分要隔开，不能连续写。如：

シズカ　ダ（静かだ）、リッパ　ダッタ（立派だった）、フシギ　デス（不思議です）

4) 姓名要在姓和名之间隔开，不能连续写。如：

ナカムラ　サトル（中村悟）、シマダ　カズオ（島田和夫）

姓名后接接尾词"殿""様"等时，要隔开不能连续写。如：

オカダ　センム　トノ（岡田専務殿）、タカハシ　シ（高橋氏）

接尾词接在一些表示职务、职业的名词后时，要与上接词隔开，不能连续写。如：

シャチョウ　サン（社長さん）、ソウジフ　サン（掃除婦さん）

有些接尾词，接在某些词后，已构成固定说法时，接尾词与上接词连续写。如：

オクサン（奥さん）、アニウエ（兄上）、アカチャン（赤ちゃん）、オカゲサマ（お蔭様）、ミナサン（皆さん）、ゴチソウサマ（御馳走様）

5) 地名后接县、市、郡、町、村等时，原则上要隔开，不能连续写。如：

ヤマグチ　ケン（山口県）、カナガワ　ケン（神奈川県）、ヒカリ　シ（光市）、ミウラ　グン（三浦郡）、ハヤマ　チョウ（早間町）、アサヒ　ソン（旭村）

但常见地名和小区域名要连续写。如：

トウキョウト（東京都）、カグラザカ（神楽坂）

山川湖泊的名称要连续写。如：

フジサン（富士山）、ビワコ（琵琶湖）、コマガタケ（駒ケ岳）、カスミガウラ（霞ヶ浦）、トネガワ（利根川）

6) 建筑、商店、车站、学校等名称，原则上用"＝"符号隔开写，但常见名称也可以省去"＝"符号。如：

ニシノミヤ＝エキ（西宮駅）、カンサイガクイン＝ダイガク（関西学院大学）、ヒビヤ＝

コウエン（日比谷公園）

7) 数量词中的数词和量词要连续写。如：
六ニン（6人）、十二ガツ（12月）、9ニチ（九日）、105コ（105個）

8) 代词的写法与名词相同。如：
コノ　イス（この椅子）、ソノ　ダイガク（その大学）、ドコ　カラ（どこから）
但代词和其他词构成固定说法时要连续写。如：
コノゴロ（このごろ）、コノタビ（このたび）、ソレカラ（それから）、ドウシテ（どうして）、ドコマデモ（どこまでも）、アレホド（あれほど）

9) 一个假名构成的助词，如"が、と、で、に、の、も、や、は"以及接在形容动词词干后的"な"原则上要与上接词连续写。如：
アメガ　フル（雨が降る）、ミルト　ワカル（見ると分かる）、ダレモ　シラナイ（誰も知らない）、カンタンナ　モンダイ（簡単な問題）

10) 一个假名构成的助词接下列词时，要隔开不能连续写。如：
专有名词：
ナゴヤ　ノ　シテン（名古屋の支店）、ヤマダ　ハ　カエリマシタ（山田は帰りました）、ヒビヤ　ヘ　イッタ（日比谷へ行った）
数词和数量词：
12　ノ　13バイ（12の13倍）、15ニチ　ニ　カエル（15日に帰る）
外来语词：
アイデア　ガ　ナイ（アイデアがない）、ロンドン　デ　アッタ（ロンドンであった）、テレビ　ノ　ヨコ（テレビの横）
助词前内容为引用内容时：
ヌカニ　クギ　デ　キキメガ　ナイ（糠に釘で効き目がない）

11) 两个以上假名构成的助词，如"から、まで、さえ、ずつ、だけ、など、ほど、けれど、ながら"以及一个假名构成的助词重叠使用时，如"での、でも、では、とは、には、ので"要与上接词隔开不能连续写。如：

アス	カラ	ジッシスル（明日から実施する）
スコシ	ズツ	ヤル（少しずつやる）
ハヤイ	ホド	ヨイ（早いほどよい）
タカイ	ケレド	モノハ　ヨイ（高いけれど物はよい）
ガッコウ	デモ	ナラッタ（学校でも習った）
アスオクル	トノ	ヘンジ（明日送るとの返事）
マエ	ノデ	ヨイ（前のでよい）

12) 一个假名构成的助词和两个或两个以上假名构成的助词重叠使用时，一个假名的助词要和两个或两个以上的假名构成的助词隔开，不能连续写。如：

ダレニ	デモ	デキル（誰にでもできる）
マエノ	トハ	モノガ　チガウ（前のとは物が違う）
キミニ	ダケ	シラセル（君にだけ知らせる）
キミニ	ダケハ	シラセル（君にだけは知らせる）

13) 动词、形容词的各种变化形要连续写,不能隔开。如：

オクル(送る)、オクラナイ(送らない)、オクレバ(送れば)、オクロウ(送ろう)、オクッタ(送った)、オクリマシタ(送りました)

ハヤイ(早い)、ハヤカッタ(早かった)、ハヤカッタロウ(早かったろう)、ハヤケレバ(早ければ)

14) 助动词"ございます、あります、います、ある、です、だ"等的各种变化形,要与上接词隔开,不能连续写。如：

シッテ イマス(知っています)、アリガトウ ゴザイマス(ありがとうございます)、アメ デス(雨です)、ムダ ダッタ(むだだった)、ウレシイノ ダ(うれしいのだ)

15) 接动词连用形的"て、 で",要与上接词连续写,与下接词隔开。如：

シッテ イマス(知っています)、イッテ ミヨウ(行ってみよう)、ヨンデ シマッタ(読んでしまった)

但后重叠一个假名助词时,要和其助词连续写。如：

キテハ ダメ ダ(来てはだめだ)、ナツデモ サムイ(夏でも寒い)

16) 感叹词要与上接词隔开,不能连续写。如：

カナシイ ネ(悲しいね)、ワカッタ ヨ(分かったよ)、ダレノ ダイ(誰のだい)、ヘン ダゾ(変だぞ)

电传稿纸也有固定的、统一的结构和格式。电传稿纸日语叫"テレ頼信紙"。(参看表1、2)。

▶例—1

| ○○年○○月○○日 午前 時 分　　テレ頼信紙 |
| 　　　　　　　　　　　後　　　　　　　　　　　※印の所は記入しないでください |

| あて先 | 大阪 名古屋 福岡 札幌 | 部 課 様 | 発信 | 部 課 | ※受付 No. |
| | | | 時間 | 前 午 時 分 後 | ※送信者 |

（表格：本文栏，横向刻度5、10、15、20、25、30，纵向刻度60、120、180、240、300、360。左侧注记："ペンかボールペンで記入する"）

188

➡例一2

○○年○○月○○日午 前/後 時 分　　テレ頼信紙

※印の所は記入しないでください

あて先	大阪 名古屋 福岡 札幌	○○部ギョウム課 ワタナベカチョウ様	発信	○○部○○課　ヤマザキ		※受付 No.
				時間	前午 後　9時30分	※送信者

本文　　　　5　　　　　10　　　　　15　　　　　20　　　　　25　　　　　30

ケ	ン	シ	ウ	カ	イ	（	ト	イ	ア	ワ	セ	）																		
8	/	19		ホ	ン	シ	ヤ		ニ	テ		フ	ア	イ	リ	ン	グ		シ	ス	テ	ム		ノ		ケ	ン	シ	ウ	60
カ	イ	ヲ		ヒ	ラ	ク	（	チ	ク		1	メ	イ	）		キ	ボ	ウ	シ	ヤ	ヲ		モ	ウ	シ	デ	ラ	レ	タ	
シ																														120

（左側縦書き：ペンかボールペンで記入する）

研修会（問い合わせ）
　8月19日、本社でフアイリングシステムの研修会を開く（地区1名）、希望者を申し出てください、

　附：　　　　　　　　国际通用的电传缩略语

About	ABT	关于……，对于……
Accept	ACPT	收到、接到，承兑，认可
Account	A/C	算账、结算、计算、账目、账单
Address	ADR, ADRS	收信人姓名、住址
Advertise	AD	广告，做广告，为……登广告
Again	AGN	又、再
Airmail	AIR	航空邮政的，航空邮寄的，航空邮件
Amount	AMT	总计，数额，数量
Answer	ANS	答复，回答，回复，复信
Arrival	ARVL	到达
at sight	A/S	看到……立刻，见到……马上，收到……立刻
Attention	ATT, ATTN	关心，注意
Average	AV	一般、普通，平均数、平均值
Balance	BAL	平衡、均衡、均等

balance sheet	B/S	资产负债表
bill of lading	B/L	运货单、装船提单
business	BIZ, BSNS	职业、职责,商业、生意
buye	BYR	买方、买主
cancel	CNCL	取消、撤销
care of	C/O	请转交……,由……转交……
catalog	CAT, CTLG	目录,一览表
check	CK	支票,验证、检验、核对
commission	COMM	委托、代办、代理、手续费
commodity	CMDTY	商品、日用品
compare	CF	比、比较
confirm	CFM	确认
contract	CON T	契约、合同
copy	CY	复印、复制、复写
cubic feet	CFT	立方英尺
delivery	DELY, DLV	投递、交通运输设施（如班机、班轮等）
delivery order	D/O	交货通知单
department	DEPT	部门、机关（如日本的省、厅、部等）
dollar	D, DLP	美元
double	DBL	加倍的,双重的
each	EA	各自的、每
enclosure	ENCL	附在信内、和信在一起,随信邮寄物
error	ERR	失误、错误
especially	ESP	特殊的、显著的、格外的
estimate	ESTM	估计、估量、估价、预算
exchange	EXCH	交换,交易、兑换
export	EXP	出口、出口商品
feet	FT	英尺
figure	FIG	图形,数字
flight	FLT	飞行,航空邮件
follow	FOL	接着……,继……
forword	FWD	在前部的、在……之前的,将来、以后
freight	FRT	（普通的）货船、货车、运输机
from	FM	从、来自
further	FUR	进而、更
general	GEN	整体的、全部的、一般的
government	GOV	行政、政府

guarantee	GUART	保证、担保、保证书、担保书
have	HV	持有、有
hour	HR	小时,时间
immediate	IMDT	立刻的,火速的
import	IMP	进口、进口商品
inform	FM,INFO	通知
insurance	INS	保险、保险金
invoice	INV	发货单、装货清单
irrevocable	IRREV	不可取消的、不可废止的、不可改变的
keep	KP	继续,保持原样
letter	LTR	书信、信函
manager	MGR	经营者,部长
market	MKT	市场、销路
mate's receipt	M/R	船上收据、船上交货单
maximum	MAX	最大、最大限
middle	MID	中间、正中间
minimum	MIN	最小、最小限
minute	MIN	分
month	MTH	一个月、月
morning	MORN	早上、上午
motor ship	MS	汽艇
number	NR,NO	数,合计,号码
offer	OFA,OFR	提供,提议、照会
office	OFC	事务所,公司
on demand	O/D	要求支付
open	OPN	开、公开的
option	OPTN,OPT	选择权、随意、任意
order	DR,ORD	订货、订购,命令
ounce	OZ	盎司
package	PKG	货物、包裹
page	P	页
payment	PAYT	支付、偿还、报偿
percent	PCT,PC	百分率、百分数、%
piece	PC	部分,区划,个
please	PLS	请、务请、务必
possible	PSBL	能够实行的、能够实现的、可能的
premium	PREM	赏品、奖品、奖金,溢价金

quality	QNTY	量、数量、分量
refer	REF	参考、参照
remarkes	RMKS	短评、评论、意见、看法
sample	SMPL	样品、货样、实例
shipment	SHPT	装船、发货、发送、寄送
shortage	SHTG	不足、不够、短缺
soonest	SNST	早早地、马上、很快地
specification	SPEC	说明书、明细单
sterling	STG	英国货币、英国货
subject	SUBJ	主题、原因
subscription	SUB	出资、投资、预定金
supply	SUP	供给、供应、支付、支给
telegram	TEL	电报
telex	TEL, TLG	电传
telephone	TEL	电话
thanks	TKS	谢意、感谢
through	THR	（指方法手段等）经由、通过
ticke	TKT	票、券（车票、人场券等），（货物的）标签、票签
Today	TDAY, TDY	今天、今日
Urgent	URGT	紧急的
Validity	VLDTY	妥当、有效、合法
very much	VMUCH	很、非常
vessel	VSL	船
volume	VOL	容量、容积，（书籍的）卷、册
wait	WT	等、等待、推迟、缓延
war risk	WR	战争危险
week	WK	周、星期
yard	YD	（英制长度单位）码
yesterday	YDAY, YDY	昨天、昨日
you	U	你
your letter	YL	你的信

第三节 传 真

传真，日语叫做"ファクシミリ"（facsimile）或"ファックス"（facs 或 fax），一般多用后一

种说法。传真是利用电信号的传输以传送文字、文件、图表、相片图像的通信方式。因此,传真比电报和电传又先进了一步,它不仅能够传送文字,还能够传送图表、图像等。发送时将原件放在传真发送机上,发送机依照一定次序将其分成许多黑白深浅不同的小点,通过光电设备的作用把深浅不同的小点变为强弱不同的电流,然后利用有线电路或无线电路传送给对方。对方在传真接收机内将收到的信号电流用各种不同方法复制出原来的文字、图表、图像。

　　传真是目前国内国际上使用最多的通信工具之一。它操作简单方便、发送迅速准确。传真也有结构和格式固定而又统一的稿纸,日语叫"FAX送信票"(表－1)但实际发送传真时,则不像电报一样一定要用固定的稿纸。因为,将内容写或打印在普通纸上也能够达到同样的效果。

▶例一1

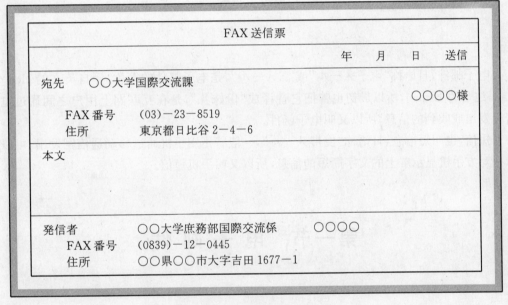

思考与练习

1. 电报、电传和传真是如何计费的?
2. 书写电报文要注意些什么?
3. 为什么要写"電報確認状"?
4. 电报与传真有哪些异同?
5. 与电报、电传相比,传真有哪些优点?

第十章
电子邮件与手机短信

概　述

　　电子邮件,日语称"電子メール"或"Eメール",是电子邮件的简称,译自英文的 electric-mail,缩写为 E-mail,所以最初也曾把它音译成"伊妹儿",是在互联网上用户之间通过电子信箱发出或收到的信息,所以又叫电子函件。

　　短信,也叫短信息,日语称"携帯メール",一般特指用手机通过移动通信网发出,可以显示在对方手机显示屏上的文字简短的信息,所以又叫手机短信。

第一节　电子邮件

一、电子邮件的产生与发展

　　电子邮件诞生于 20 世纪 70 年代初,发明人是 BBN 公司的工程师,雷·汤姆林森(Ray-Tomlinson)。据雷·汤姆林森本人回忆,当时已经有一种可传输文件的电脑程序和一种原始的信息程序,但这两种程序存在着极大的使用局限性,如使用信息程序的人只能给接收方发送公报,接收方的电脑还必须与发送方一致等。

　　据说后来 BBN 公司受聘于美国军方,参与 Arpanet 网络(互联网的前身)的建设和维护工作。汤姆林森对已有的传输文件程序以及信息程序进行研究,研制出一套新程序,它可通过电脑网络发送和接收信息,再也没有了以前的种种限制。为了让人们都拥有易识别的电子邮箱地址,汤姆林森采用@符号,符号前面加用户名,后面加用户邮箱所在的地址。电子邮件由此诞生。

　　虽然电子邮件是在 20 世纪 70 年代发明的,它却是在 20 世纪 80 年代才得以兴起。20世纪 70 年代的沉寂主要是由于当时使用 Arpanet 网络的人太少,网络的速度也仅为目前

56Kbps 标准速度的二十分之一。受网络速度的限制，那时的用户只能发送些简短的信息，根本不能想象现在这样发送大量照片；到 20 世纪 80 年代中期，个人电脑兴起，电子邮件开始在电脑迷以及大学生中广泛传播开来；到 20 世纪 90 年代中期，互联网浏览器诞生，全球网民人数激增，电子邮件被广为使用。

电子邮件译自英文的 electric-mail，缩写为 E-mail。它表示通过电子通讯系统进行信件的书写、发送和接收。今天使用的最多的通讯系统是互联网，同时电子邮件也是互联网上最受欢迎的功能之一。通过电子邮件系统，可以用低廉的价格（不管发送到哪里，都只需负担电话费和网费即可）、快速的方式（几秒钟之内可以发送到世界上任何你指定的目的地），与世界上任何一个角落的网络用户联络，而且这些电子邮件可以是文字、图象、声音等各种方式。同时，还可以得到大量免费的新闻、专题邮件，并实现轻松的信息搜索。这是任何传统的通讯方式也无法相比的。正是由于电子邮件的使用简易、投递迅速、收费低廉，易于保存、全球畅通无阻，使得电子邮件被广泛地应用，它使人们的交流方式得到了极大的改变。

电子邮件与一般社交书信、外贸函件、常用公文以及法律书状不同，它没有特别严格而固定的格式，尤其是非公务场合，主要以简明扼要、准确快捷地传递信息为原则。

二、电子邮件的优点与缺点

电子邮件与一般社交书信、外贸函件、常用公文以及法律书状相比，具有以下优点：

1. 轻松便捷、经济实惠；
2. 不受时间限制，随时可以发送或接收；
3. 收到邮件，可以迅速回复；
4. 通过 CC(カーボンコピー) 或 BCC(ブラインド・カーボンコピー) 抄送、秘密抄送以及转发等功能，同时向多人发送信息。

然而，电子邮件与一般社交书信、外贸函件、常用公文以及法律书状相比，也有其明显的缺点。主要有以下几点：

1. 重要文件、重大事项不宜使用电子邮件，应用一般信函或书状；
2. 由于电子邮件是通过电脑屏幕阅读，所以邮件内容要求简明扼要，不能太长；
3. 又由于电子邮件要求内容简洁，所以有时内容表述不够充分，容易造成对方误解；
4. 由于（Windows，Mac 等）系统的不同，发送的电子邮件有时会出现文字乱码，给对方造成阅读上的不便。

三、使用电子邮件时的注意事项

发送电子邮件，特别是发送公务或商务电子邮件时，还要注意以下几点：

1. 发送的电子邮件希望对方尽快接收并回复时，可在"本文"前加"至急""緊急""重要"等字样。如"至急：Aの納期が5日に変更になりました"。

如果发去的电子邮件对方迟迟未做答复时，要及时通过电话告知或确认。

2. 发送电子邮件时，需要对方及时回复与否，一定要在邮件内容中写明确，如希望马上回复时，要写"本日中に返信してほしい。""メールを見たら、電話してほしい。"；不需要

马上回复时就写,"特に返信は必要がない。"等。

3. 在回复电子邮件时,有时为了快捷而需要直接引用对方邮件的内容或全文转发,这时一定注意不要忘记将不必要的部分删除掉,不然大则贻误大事,小则闹出笑话。

4. 利用CC(カーボンコピー)或BCC(ブラインド・カーボンコピー)等抄送、秘密抄送功能时,一定要注意区别使用。

四、电子邮件的基本构成

日文公务或商务电子邮件,主要有以下几部分构成。

1. 前文(ぜんぶん)

日文电子邮件前文的内容,要写"宛先"(收件人单位),"件名"(收件人姓名),发件人的简单信息等。如:

○○株式会社○○部

○○○○様

株式会社○○　○○課　○○○○です。
いつもお世話になっております。
新商品の○○案ができましたので、○○様にもご意見を賜りたいと存じます。

如果邮件内容较长时,要向对方表示歉意,如"少々長文となって申し訳御座いませんが、ご一読のほどお願いいたします。"

2. 本文(ほんぶん)

日文电子邮件正文的内容,要清楚地写明该邮件的目的与内容。邮件段落之间要空一行,但不空格,一律靠左对齐,这与一般书信不同。为了使邮件内容简洁易懂,最好采用逐条列举的形式,并在内容前面加上类似"◆""●""★"的符号,以便收件人一目了然。如:

◆問い合わせ内容
・新商品「○○○○」のキャンペーンについて
・新規販売ルール開拓の件
(空行)
上記2点について、打ち合わせをさせていただきたいですが、来週のご都合はいかがでしょうか。
今週中にご返信いただけると幸いです。

---

3. 末文（まつぶん）

日文电子邮件结尾的内容，主要写一些轻松的拜托、歉意之类的话，不需要烦琐的客套和固定的问候内容。如：

（空行）
取り急ぎご連絡まで。
とりあえずご報告まで。
よろしくお願いいたします。
以上　よろしくお願いいたします。
---

4. 署名（しょめい）

日文电子邮件最后一部分的内容，要写发件人的单位、姓名、电子邮箱、电话和传真、住址等。由于电子邮件系统中具有自动署名的功能，只要个人根据自己的情况提前设置好，用时会自动输入。如：

（空行）
〇〇〇〇株式会社　　〇〇部
〇〇〇〇
abc@xyz.co.jp
TEL：06－858－1818
FAX：06－858－1919

➡ 例—1（挨拶メール）

〇〇〇〇様

〇〇部へ転勤のご挨拶

株式会社〇〇〇〇　〇〇部　〇〇です。
お世話になっております。

私このたび、〇月〇日付で、
〇〇部に転勤することになりました。
〇〇部在任中は大変お世話になりました。
改めて、お礼申しあげます。

急な辞令で、直接ご挨拶にうかがうこともままならず、
申しわけなく思っております。
今後は新任地におきまして、新しい職務に邁進してまいります。

新编日语应用文写作

▶ 例—2（通知・案内メール）

○○○○様

臨時休業のお知らせ

株式会社○○○○　○○部　○○です。
いつもお世話になっております。
臨時休業をお知らせします。

当社は、○月○日～○日の間、
○○のため臨時休業とさせていただきます。

よろしく　お願いいたします。

記
臨時休業日：○月○日～○日
連　絡　先：xxx@xxx.xxx

▶ 例—3（お礼メール）

○○○○様

「○○○」ご注文のお礼

株式会社○○○○　○○担当　○○です。
いつもお世話になっております。

このたびはご注文いただきまして、
誠にありがとうございます。
○○様にいち早くご注文いただけたことを、
大変うれしく思っております。

商品はご指定の納期までにお届けいたします。
ご不明の点がございましたら、
担当の○○までご連絡くださいませ。

では、よろしくお願いいたします。
まずは、ご注文のお礼まで。

例—4（お詫びメール）

○○○○様

商品間違いのお詫び

株式会社○○○○　○○部　○○でございます。

このたびの、ご注文商品を間違って発送してしまったことを
心からお詫び申しあげます。

発送係のミスにより、商品を間違って梱包してしまった次第です。
恐縮しております。

ご注文の商品は、本日発送いたしました。
よろしくご検収のほど、お願い申しあげます。

今後はこのような不手際のないよう、十分に注意いたします。
どうか、変わらぬお引き立てのほど、よろしくお願い申しあげます。

例—5（催促苦情メール）

○○○○様

「○○○」のお支払いについて

いつもお世話になっております。
○○○協会　○○です。

○月○日付でご注文いただいた「○○○○」ですが、
○月○日現在、代金が未納となっております。

請求書に明記しました期日から○日間過ぎており、困惑しております。

ご多忙中恐縮ですが、至急お調べのうえ、
お支払いいただきますようお願い申しあげます。

とり急ぎご連絡まで。

第二节 手机短信

一、手机短信的产生与发展

据说手机短信20世纪90年代初诞生于英国,但由于早期商业运作模式的失败,未能在英国获得成功。1995年中文短消息面世,直至1999年,日本的DoCoMo公司推出基于HTMT技术,与互联网联姻的移动通信模式——I—mode模式,手机短信才逐步显示其市场号召力。由于中国移动借鉴了国外成功的运营模式,在2000年末推出"移动梦网计划"之后,手机短信市场被迅速点燃。国内有报道称,一年全球大约有近万亿条手机短信在空中流动,而其中我国就占近一半。发手机短信这种低廉便利、方便快捷的通讯方式在国内一经流行,便有了自己的特色,手机短信的火爆致使不少网站靠它维持、不少手机厂家靠它获得利润,换言之,手机短信正在改变我们的生活。这一切迹象似乎都在表明,在中国一个以手指上的游戏为标志的短信娱乐时代已经到来。手机短信在中国以几何级数飞速发展,或许连短信技术的发明者都未曾料到,而且,随着手机的普及和用户对短信的认可,其发展前景将不可估量。

手机短信这项功能在手机上是从无到有,从英文到中文逐渐发展的,手机短信被称作"第五媒体",它的发展让商家赚取了高额利润,同时也深刻地影响着人们的生活。时至今日,手机短信内容丰富,种类繁多,经济实惠、方便快捷,人们在短信领域又一次显示了他们的聪明才智。

各种各样的手机短信,成为人们生活中不可缺少的一部分,每天人们都会运用自己的拇指进行创作,传情达意,手机短信从某种意义上说,汇集了民间智慧,成为新时代的创作——"拇指创作"。

手机短信的飞速发展,打破了传统的交流方式,也冲击着流行文化。信息传达、交流沟通只是手机短信所呈现的一种表象,就其实质来看却在于它的时尚、娱乐精神。事实上短信已经超出基本的通讯范畴,随着科技的进步,必将日渐丰富其自身的文化内涵。

二、手机短信的优点与缺点

手机短信具有电子邮件相同的优缺点,即① 轻松便捷、经济实惠;② 不受时间限制,随时可以发送或接收;③ 收到对方的短信,可以随时回复;④ 同时向多人发送信息等优点。

但是,手机短信也有缺点:① 重要文件、重大事项不宜使用短信,应用一般信函或书状;② 由于短信是通过手机屏幕阅读,所以短信内容应简明扼要,不能太长;③ 又由于短信要求内容简洁,所以有时内容表述不够充分,容易造成对方误解等缺点。

然而,手机短信又有与电子邮件不尽相同之处,如手机短信主要用于私人交往及消遣娱

乐，很少用于公务或商务等；在方便程度上，手机短信又比电子邮件更加方便快捷，不管是走在路上，还是坐在车里随时都可以发送或接收；手机短信的书写形式没有固定的格式，所以书写起来更加轻松愉快。也正因为如此，本章以下省略了例文。

思考与练习

1. 日语的"メール"包括哪几种？
2. 书写电子邮件需要注意些什么？
3. 在什么样情况下可利用 CC 或 BCC 功能？
4. 电子邮件与手机短信有哪些不同？
5. 按照本章的示例，练习用日语书写电子邮件。

第十一章 留学常用文书

概 述

本章收集整理了一些有关赴日手续的常用文书,主要为赴日本留学、进修或"就学"人员在办理出国手续时提供参考,介绍如下。

第一节 申请书类

留学常用的申请书,主要有入学申请书,日语叫"入学願書"(にゅうがくがんしょ)或简称"願書"。日本的大学一般都有各学校印制好的入学申请书,虽然格式略有不同但主要内容都是一样的,如都要有申请人姓名、年龄等基本信息,申请内容及目的等。

➡ 例一1

入学志願書

受験番号					
志望研究科・専攻	人間社会・文化研究科		写真貼付欄 ・3ヶ月以内撮影 ・上半身正面向無帽無背景 ・縦4cm×横3cm		
フリガナ					
漢字氏名					
英字氏名					
生年月日	年　　月　　日生		歳	性別	男・女
国　籍					
出生地					

续表

現住所			
電話番号			
日本への過去の入国回数			
日本語に関する試験（当てはまる試験に〇、点数を記入）	・日本語能力試験1級（＿＿＿＿点獲得） ・中国国家教育部主催日本語専攻8級 ・日本留学試験　日本語（＿＿＿＿点獲得） ・BJT＿＿＿＿点以上（＿＿＿＿点獲得） ・J－TEST＿＿＿＿級（＿＿＿＿点獲得）		
学歴	学校・学部・学科名等	期間	年数
小学校			
中学校			
高等学校			
大学			

	会社名	職務内容	期間	年数
職歴				

家族氏名	続柄	年齢	職業
	父		
	母		

➡ 例—2

様式—1

○○大学留学生別科入学願書
志願者本人が楷書で記入して下さい。

※ 受験番号
（大学使用欄）

1. 氏 名	姓	名	写真貼付欄 最近三ヶ月以内に写した上半身正面脱帽のもの（4×3 cm）
フリガナ			
漢　字			
（拼音）			
2. 国　籍	2. 出生地	3. 性別	同様の写真を5枚同封してください
4. 生年月日	年　　月　　日	5. 年齢 　　　歳	6. 婚姻の有無 有・無
7. 現住所	Tel：	Fax：	e-mail：
8. 来日年月日（日本在住の場合）	年　　月　　日	9. 在留資格（日本在住の場合）在留期限	年　　月　　日
10. 査証申請（予定）地			

11. 家　族　別居している親・兄弟姉妹も含めすべての家族について書いてください。

① 緊急連絡先	氏名		年齢	続柄
	現住所	Tel：	Fax：	
	職業・役職（詳細に）			

② 以外の家族	続　柄	氏　名	年齢	現住所
				Tel：
				Tel：
				Tel：
				Tel：

様式―2

学歴
（注）必ず小学校から始めて、通学したすべての学校を記入すること。

	学校名 / 所在地・電話番号	○印	修業年限	入学年月	卒業(修了)年月	学位
① 小学校		全日制学校	年	年　月	年　月	
② 中学校			年	年　月	年　月	
③ 高等学校		全日制学校 通信教育 職業学校 夜間学校	年	年　月	年　月	
④ 専科学校		全日制学校 通信教育 職業学校 夜間学校	年	年　月	年　月	
⑤ 其の他		全日制学校 通信教育 職業学校 夜間学校	年	年　月	年　月	
⑥ 大学		全日制学校 通信教育 職業学校 夜間学校	年	年　月	年　月	
⑦ 大学院		全日制学校 通信教育 職業学校 夜間学校	年	年　月	年　月	
⑧ 大学入学資格検定合格	種類（　　）	取得日（　年　月　日）				

④⑤に通学した者は、その学校および学習内容について詳細に記入して下さい。また、学歴および下記の学歴以外の経験がある場合も下欄に記入して下さい。

本国における大学入学資格の有無○印（有・無）

様式—3

使用できる言語とその能力					
母語名					
外国語名	読解	筆記	聴解	会話	左 A： B： C： D：
日本語					

日本語学習歴について以下に記入して下さい。
① 日本における日本語学校等での学習歴

学校名および所在地	期　間		年　月　数
	自	至	
Tel：	年　　月	年　　月	年　　月

② 日本以外での日本語学習歴

学校名および所在地	期　間		年　月　数
	自	至	
Tel：	年　　月	年　　月	年　　月
Tel：	年　　月	年　　月	年　　月

職歴

勤務先名および所在地	職務内容および地位	期　間	
		自	至
Tel：		年　　月	年　　月
Tel：		年　　月	年　　月

志願者の過去の日本滞在歴及び在留資格認定証明書等交付申請の経歴について記入して下さい。

過去の日本滞在歴（たくさんある場合は主なもの。ただし「留学」「就学」にかかわるものはすべて記入して下さい。）	来日年月日	滞在期間	在留資格	滞在目的
在留資格認定証明書または査証不交付の経歴	過去に在留資格認定証明書または査証の交付を申請して、不交付になったことがある場合はその事情を書いてください。これについて不整合等がある場合は不交付になるおそれがあるので、必ず詳細に記入すること。 申請年月日：＿＿＿＿＿＿　在留資格：＿＿＿＿＿ 申請先：＿＿＿＿＿＿　渡航目的（就学先等）：＿＿＿＿＿ 不交付理由等（詳細に）：＿＿＿＿＿＿＿＿＿＿＿＿ ＿＿＿＿＿＿＿＿＿＿＿＿＿＿＿＿＿＿＿＿＿＿＿ ＿＿＿＿＿＿＿＿＿＿＿＿＿＿＿＿＿＿＿＿＿＿＿			

様式—4

特技・資格・免許等記入して下さい。

日本在住の家族・知人等があれば記入して下さい。

氏名	志願者との関係	職業等	現住所・連絡先等

経費負担に関する事項(該当する項目に〇印を記入して下さい)
　　　［1. 本国送金　2. 日本在住の経費支弁者による　3. 自己負担　4. 奨学金］

経費負担者氏名		志願者との関係(具体的に)	
現住所	Tel：	Fax：	e-mail：
職業・勤務先住所	Tel：	Fax：	e-mail：

保証人に関する事項(該当する項目に〇印を記入して下さい)
［1. 本国在住　2. 在日本保証人(同時に経費支弁者である)　3. 在日本保証人(経費支弁者とは別)］

保証人氏名		志願者との関係(具体的に)	
現住所	Tel：	Fax：	e-mail：
職業・勤務先住所	Tel：	Fax：	e-mail：

上記のとおり相違ありません。
　　日付：　　　　　　　　　　　志願者署名：
　　＿＿＿＿年　　月　　日　　　＿＿＿＿＿＿＿＿

➡ 例—3

　　　　　　　　　　〇〇大学入学願書(外国人留学生用)

　　写　真

　　30 mm×30 mm

1. 氏名
　　氏＿＿＿＿＿＿名＿＿＿＿＿＿
2. 国　　籍＿＿＿＿＿＿＿＿＿
3. 生年月日＿＿＿＿＿＿＿＿
4. 男・女　　　5. 婚姻の有・無
6. 出生地＿＿＿＿＿＿＿＿＿＿＿＿＿＿＿＿＿＿＿＿＿＿＿＿＿＿＿＿＿
7. 現住所＿＿＿＿＿＿＿＿＿＿　電話＿＿＿＿＿＿＿＿＿＿＿＿＿＿＿＿
8. 来日年月日＿＿＿＿＿＿＿＿　9. 在留資格と有効期間＿＿＿＿＿＿＿＿
10. 日本への渡航歴(具体的に記入のこと)

年月日	滞在期間	目　的

➡ 例—4

　　　　　　　　　　○○大学研究生入学願い
　　　　　　　　　　　　　　　　　　　　　　　　○○年○○月○○日
　○○大学長○○○○殿
　　　　　　　　　　本　籍
　　　　　　　　　　現住所
　　　　　　　　　　氏　名
　　　　　　　　　　　　　　　　　　　　　　　　○○年○○月○○日生
　　○○大学研究生として下記の科目について研究したいので、御許可くださるようお願い致します。
　　　　　　　　　　　　　　　　　記
　　志望学部
　　研究科目

➡ 例—5

　　　　　　　　　在留資格認定証明書交付申請書
　法務大臣　殿
　　出入国及び難民認定法第七条の二の規定に基づき，下記の通り、同法第七条第一項第二号に掲げる条件に適合している旨の証明書の交付を必要書類を添付けして申請します。
　氏　名
　1. 国籍_____　2. 氏名_____　_____
　3. 性別　男・女　　　　　　4. 生年月日_____
　5. 出生地_____　6. 配偶者の有無　有・無
　7. 職業_____　8. 本国における居住地_____
　9. 日本における連絡先_____　電話番号_____
　10. 旅券(1) 番号_____　(2) 発行年月日_____
　　　(3) 有効期限_____　(4) 発行機関_____
　11. 入国目的(次のどれか該当するものを選んでください)
　　　□B 商用・就職　　☑C 勉学　　□D 研修
　　　□E 家族との同居　□F 興行　　□G その他
　12. 入国予定年月日_____　13. 上陸予定港_____
　14. 滞在予定時間_____年　15. 同伴者の有無　有・無
　16. 査証申請予定地_____
　17. 過去の出入国暦　有/無
　18. 在日家族(父・母・配偶者・子など)

続柄	氏名	年齢	国籍	同居の予定	職業	在留資格

官用欄

⇒ 例－6

<在留資格認定証明書>交付のための大学代理申請願出書
'Certificate of Eligibility' Representative Application Request Form

○○大学　留学生別科長　殿
To the Dean, Japanese Culture and Language Program, Ryukoku University

私は○○大学留学生別科に入学するにあたり、貴学および法務省入国管理局指定の必要書類を添付のうえ在留資格認定証明書交付のための大学代理申請をお願いします。

I hereby request that Ryukoku University act as my representative and submit my application for a Certificate of Eligibility to the immigration office of the Ministry of Justice. I have attached all the necessary documents required by both Ryukoku University and the immigration office for this application.

志願者氏名 Name of Applicant	フリガナ　　　（姓）　　　　　（名） 漢字 Romanization　　Family Name　　Given Name		
国　籍 Nationality		性別 Sex　男・女	生年月日 Date of birth　年　月　日 Year/Month/Day
経費負担方法 （○印をつけること） Method of Financing (Mark a Relevant Number)	1. 自己負担 Personal Funds		
	2. 本国送金・送金者氏名（　　志願者との関係：　　） Funds Sent from Home Country/Sender's name Relationship to Applicant 送金額（月額：　　円） Amount(¥　　/Month)		
	3. 奨学金・支給団体名（　　　　　　） Scholarship/Name of Funding Organization 支給額（月額：　　円） Amount(¥　　/Month)		
	4. 在日経費支弁者・氏名・志願者との関係： Financial Sponsor in Japan//Sender's name Relationship to Applicant 送金額（月額：　　円） Amount(¥　　/Month)		
申請理由			

第二节　許可、邀请书类

　　本节介绍几种入学通知书、考试合格通知书、以及邀请书等。由于这一类的文书格式和内容不尽相同，仅供参考。

▶ 例—1

　　　　　　　　　　　　入学許可書
　　　　　　　　受験番号　0988－0868
　　　　　　　　　氏　名＿＿＿＿＿＿
　　あなたが〇〇大学大学院人間社会・文化研究科言語文化コース第1学年に入学することを許可します。

　　　　　　　　　　　　　　　　　〇〇年〇月〇日
　　　　　　　　　　　　　　　　　〇〇大学　学長　〇〇〇〇 [印]

▶ 例—2

　　　　　　　　　　　　　　　　　　　　　〇〇年〇月〇〇日
受験番号　T683001
氏　名　殿
　　　　　　　　　　　　　　　　　　〇〇大　学
　　　　　　　　　　　　　　　　　　　　学長　　〇〇〇〇 [印]

　　　　　　　　　　　入学許可書
　　あなたは、〇〇年度本学入学試験選考の結果、合格しましたので人間社会・文化研究科言語文化専攻ビジネス日本語コース第1学年に入学することを許可します。
　　なお、本学学則第25条第4項により、在学すべき年数は〇年とします。

▶ 例—3

　　　　　　　　　　　　　　　　　　　発行番号　04S－25
　　　　　　　　　　　　　　　　　　　日　付　〇〇年〇〇月〇〇月
　　　　　　　　　　　入学許可書
氏　　名
生年月日
国　　籍
　　上記の者、選考の結果、留学生別科に〇〇大学外国人留学生として、入学を許可します。
入学日　　　〇〇年〇〇月〇〇月
期間自　　　〇〇年〇〇月〇〇月　　　至　　〇〇年〇〇月〇〇月
　　　　　　　　　　　　　　　　　　〇〇大学長　〇〇〇〇 [印]
本書の有効期限　　〇〇年〇〇月〇〇月

▶例—4

○○年○月○○日

○○○○ 殿

○○大学大学院農学研究科長
○○○○ 印

○○年度○○大学大学院農学研究科
博士後期課程進学許可通知
○○年○月○日付で京都大学大学院農学研究科博士後期課程(○○学)専攻(専門種目○○○○)への進学を許可しましたので通知します。

▶例—5

資格外活動許可書

許可番号　○○○○号
1. 国籍＿＿＿＿＿＿＿＿＿＿＿　2. 氏名＿＿＿＿＿＿＿＿＿＿＿＿＿
3. 性別　男・女　　　　　　　　4. 生年月日　　　年　月　日
5. 日本における居住地＿＿＿＿＿＿＿＿＿＿＿＿＿＿＿＿
6. 旅券番号＿＿＿＿＿＿＿＿＿＿　7. 上陸(在留)許可年月日　年　月　日
8. 現在に有する在留資格　　　在留期間　　　在留期間満了日　年　月　日
9. 外国人登録証明書番号＿＿＿＿＿＿＿＿＿＿＿＿＿＿
10. 現在の在留活動の内容(受け入れ機関がある場合にはその名所)
11. 新たに許可された活動の内容
12. 許可の期限　　　　年　月　日　まで
　出入国管理及び難民認定法第19条第2項の規定に基づき、上記の活動に従事することを許可します。
　ただし、上記の活動を行う際は、本許可書を携帯しなければなりません。

年　月　日
入国管理局長

▶例—6

○○年○○月○○日

○○○○殿

○○大学長
○○○○ 印

招聘状
　私は、貴殿が本学研究生として、現代日本語文法・語彙の研究をされるため本学に入学されることを下記により招聘します。
　なお、留学中の学費、生活費の全額は大学が負担します。

記

1. 期　間　　来日された日から1年間
2. 費　用　　別紙のとおり(別紙略)

▶ 例—7

```
                            招聘状
○○○殿
　貴殿が、本学において下記のとおりに研究に従事されるよう招聘いたします。
                             記
 1. 招聘期間　　○○年○月○日－○○年○月○日　日間
 2. 研究題目
 3. 受入れ教官　○○学部
 4. 滞在費の補助　日本滞在中月額　　　　　　　万円を支給する。
                                        ○○年○月○○日
                                        ○○大学長○○○○　印
```

▶ 例—8

```
                            招聘状
○○学術交流代表団
    団長　　　　○○○○　　学長　　　　　教授
    団員　　　　○○○○　　総務長　　　　教授
    団員　　　　○○○○　　○○学部長　　教授
計○名
貴代表団を下記のとおりに招聘いたします。
                             記
 1. 招聘期間　○○年○○月○○日－○○年○○月○○日（○○日間）
 2. 目　　的
 3. 滞在費　　日本滞在中の全期間の費用は○○大学が負担します。
                                        ○○年○○月○○日
                                        ○○大学長
```

第三节　保证、誓约书类

　　保证誓约书类常见的有"保证书"和"誓约书"。保证书和誓约书是较常用的文书。一般在办理申请留学手续时都要有在日亲友、留学经费支付人等出据的"身元保証書""身元保証引受経緯説明書"以及"経費支弁引受経緯等説明書・誓約書"等，为留学人员在日本期间的经费支付等作出书面保证。誓约书是留学人员本人向日本入管局、学校等做的保证，保证在日期间遵守国家法律、学校的规章，不从事资格外活动等。

➡ 例—1

保証書
LETTER OF GUARANTEE

〇〇大学長　　殿
To: The President of Doshisha University
出願者氏名
Name of applicant: _____
(Family name first)

国　　籍
Nationality: _____
生年月日
Date of birth: _____

　私は上記の者が〇〇大学留学生別科に在学中、その一身上および留学経費一切について責任を持つことを保証します。
　I will to the best of my ability see to it that the above-named applicant will be a bona fide student and will act accordingly while he/she is studying at the Doshisha University Center for Japanese Language. I guarantee I will be responsible for all his/her school expense including tuition and fees.

保証人氏名
Name of guarantor: _____
(Family name first)
現住所
Present address: _____
電　話
Telephone: _____
職　業
Occupation: _____
本人との関係
Relationship to the applicant: _____
日　付
Date: _____
署　名
Signature: _____ 印

➡ 例—2

身元保証引受経緯等説明書
Details of Guarantorship

必ず身元保証人が記入して下さい。
This form must be written by the guarantor.

1. 身元保証を引き受けた経緯および志願者との関係
   Your relationship to the applicant and the reason for undertaking to become a guarantor.
   _____
   _____

2. 志願者の最終学歴および現在の職業についてご存知の場合は具体的に記入して下さい。
   If you are aware of the applicant's academic qualifications (obtained degrees etc) and their present Employment, please give details.
   _____
   _____

3. 過去に外国人留学生・就学生の経費支弁又は身元保証を引き受けた経験がありますか。
   Have you previously had any experience of acting as a guarantor or sponsor for an international student?
   (for guarantors living in japan only)

   ☐ ある　　　☐ ない
   　Yes　　　　　No

   「ある」と答えられた方は、その留学生・就学生について記入して下さい。
   If yes, please give details of the student

   (1) 国　籍 _____
   　　Nationality _____
   (2) 性　別 _____
   　　Sex
   (3) 氏　名 _____
   　　Name
   (4) 生年月日 _____ 年 _____ 月 _____ 日
   　　Date of Birth　　　　Year/Month/Day
   (5) 入国年月日 _____ 年 _____ 月 _____ 日
   　　Date of Entry to Japan　　Year/Month/Day
   (6) 滞在期間 _____ 年 月 〜 _____ 年 月
   　　Length of Time Spent in Japan from Year/Month to Year/Month
   (7) 滞在目的(在学校等) _____
   　　Purpose of Stay

➡ 例— 3

身元引受書

○○大学長　殿

国籍＿＿＿＿＿＿＿＿＿＿
氏名＿＿＿＿＿＿＿＿＿＿
生年月日＿＿＿＿＿＿＿＿

　上記の者が貴大学に入学した場合、在学中その身許及び留学経費一切については、私が引き受け、貴大学にご迷惑をかけないよう保証いたします。
　○○年○○月○○日

身許保証人＿＿＿＿＿＿＿＿　印
本籍地＿＿＿＿＿＿＿＿＿＿＿
〒
現住所＿＿＿＿＿＿＿＿＿＿＿
職業＿＿＿＿＿＿＿＿＿＿＿＿
本人との関係＿＿＿＿＿＿＿＿

➡ 例— 4

身元保証書

年　月　日

法務大臣　殿
　　国籍＿＿＿＿＿＿＿＿＿＿＿＿＿＿＿＿＿＿＿＿＿＿＿
　　氏名＿＿＿＿＿＿＿＿＿＿＿＿＿＿＿＿＿＿＿＿＿＿＿
上記の者の本邦在留に関し、下記の事項について保証いたします。
　　　　　　　　　　　記

1. 滞在費
2. 帰国旅費
3. 法令の遵守

　上記のとおり相違ありません。

身元保証人
　　氏名＿＿＿＿＿＿＿＿＿＿＿＿＿＿＿＿＿＿＿＿＿＿＿
　　住所＿＿＿＿＿＿＿＿＿＿＿＿＿＿＿＿＿＿＿＿＿＿＿
職業(勤め先)＿＿＿＿＿＿＿＿＿＿＿＿＿＿＿＿＿＿＿＿＿
国籍(在留資格・期間)＿＿＿＿＿＿＿＿＿＿＿＿＿＿＿＿＿
被保証人との関係＿＿＿＿＿＿＿＿＿＿＿＿＿＿＿＿＿＿＿

➡例—5

願書・学籍簿

○○大学学長　殿

年度　前期・後期

学籍番号		旧学籍番号（本学卒業生）			写真
英文氏名・ローマ字				性別	
フリガナ 氏　名				男・女	
生年月日	年　月　日	本籍（都道府県）			
現住所	〒　—				
	TEL		携帯		
勤務先			TEL		
履修目的	1　同時通訳集中講座				

	科目名	受講希望クラスに○
受講科目	同時通訳初級（夏期集中講座）	
	同時通訳上級（夏期集中講座）	

検定料は	年　月　日に振り込みました。（※メール送信の場合に必ず記入して下さい）

在学誓書

　貴学の学生として合格し、入学を許可された場合は、在学中は学則および諸規則を守り、学生としての本分をつくすことを誓約いたします。
　　　年　月　日　　　　　　　　　　　　　　氏名　　　　印

　本学では、本書類に記載いただいた情報は学籍情報として適正に管理・運用いたします。
　またこれらの情報は、個人情報データベース構築の基礎資料として適正な利用を行ないます。
　在学中・修了後の各種証明書発行時の典拠データとしても利用いたします。
　なお、本書類提出をもって上記に同意したものとします。
　この用紙についての問合せ先：098－○○○－○○○○（教務課直通）

➡ 例—6

在学誓書
　　　　　　　　　　　　　　　　　　　　　　　　〇〇年〇〇月〇〇日
〇〇大学学長
　〇〇〇〇殿
　私は、貴学に入学後、誠心誠意学業に励み、下記の事項を遵守し、自己の学力と人格の向上を目指して努力することを誓約いたします。なお、万一違反した場合、如何なる処分を受けても異議申し立ていたしません。

➡ 例—7

誓約書

私は入国その日から〇〇年〇月まで日本で勉強する間、次の事項について誓約いたします。
1. 本人が日本国法令を固く遵守いたします。
2. 本人が入国目的以外の活動を絶対にいたしません。
3. 本人が〇〇大学のすべての校則を必ずお守りいたします。

〇〇年〇〇月〇〇日

➡ 例—8

誓約書
Pledge

1. 日本に入国し貴学に入学の上、日本の法律および学則・諸規程を守り、学業に専念します。入国目的以外の活動はいたしません。
2. 在学中の諸経費および帰国旅費、留学中に必要な経費の一切を自己の責任において支弁し、貴学には迷惑をかけません。
3. 在留資格認定証明書交付申請のための必要書類はすべて自己の責任において不足不備なく提出いたします。
4. 在留資格認定証明書不交付の場合、貴学に対しては一切異議を申し立てません。

1. I will on entering Japan and being admitted into your university, honor the laws of Japan and rules and other regulations of this university and devote myself to study. I will not engagge in any activity other than that for which I enterd Japan.
2. I will take full personal responsibility for the payment of any and all expense while at this university, for the cost of my return air-frae to my home country, and for all costs incurred during my period of study and I will not demand anything of the university in this regard
3. I will take full personal responsibility that the necessary document I submit for my application for a Certificate of Eligibility are ture and correct in every respect.
4. I will not pose any objection against the university should my application for a Certificate of Eligibility be denied.

　　　　　　　　　　　日付：　年　月　日　　　　志願者の署名
　　　　　　　　　　　Date　　Year/Month/Day　　Signature of Applicant

➡ 例—9

経費支弁引受経緯等説明書・誓約書

必ず経費支弁者が記入してください。

○○大学学長　　○○○○殿

志願者氏名＿＿＿＿＿＿＿＿＿＿＿　　性別＿＿＿＿＿＿＿＿＿＿

生年月日＿＿＿＿＿＿＿＿＿＿＿　　　国籍＿＿＿＿＿＿＿＿＿＿

現住所＿＿＿＿＿＿＿＿＿＿＿＿＿＿＿＿＿＿＿＿＿＿＿＿＿

　私はこのたび上記志願者の日本留学に関する経費支弁者になりました。その経緯等については以下のとおりです。また志願者の日本留学中の経費に関して責任を持って支弁することを誓約致します。

1. 志願者の経費支弁を引き受けた経緯および志願者との関係
　＿＿＿＿＿＿＿＿＿＿＿＿＿＿＿＿＿＿＿＿＿＿＿＿＿＿＿＿＿＿
　＿＿＿＿＿＿＿＿＿＿＿＿＿＿＿＿＿＿＿＿＿＿＿＿＿＿＿＿＿＿
　＿＿＿＿＿＿＿＿＿＿＿＿＿＿＿＿＿＿＿＿＿＿＿＿＿＿＿＿＿＿

2. 志願者が○○大学および日本で勉学する目的をご存知の場合は具体的に書いてください。
　＿＿＿＿＿＿＿＿＿＿＿＿＿＿＿＿＿＿＿＿＿＿＿＿＿＿＿＿＿＿
　＿＿＿＿＿＿＿＿＿＿＿＿＿＿＿＿＿＿＿＿＿＿＿＿＿＿＿＿＿＿

3. 志願者の最終学歴および現在の職業についてご存知の場合は具体的に書いてください。
　＿＿＿＿＿＿＿＿＿＿＿＿＿＿＿＿＿＿＿＿＿＿＿＿＿＿＿＿＿＿
　＿＿＿＿＿＿＿＿＿＿＿＿＿＿＿＿＿＿＿＿＿＿＿＿＿＿＿＿＿＿

上記のとおり相違ありません。

経費支弁者

フリガナ
氏名＿＿＿＿＿＿　　生年月日＿＿＿＿＿＿　　本人との関係＿＿＿＿＿＿

現住所＿＿＿＿＿＿＿＿＿＿＿＿＿＿＿＿＿＿＿＿＿＿＿＿＿＿＿＿

職業＿＿＿＿＿＿＿＿＿＿＿＿＿　　勤務先名＿＿＿＿＿＿＿＿＿＿＿

勤務先住所＿＿＿＿＿＿＿＿＿＿　　TEL：＿＿＿＿＿＿＿＿＿＿＿＿

誓約年月日＿＿＿＿＿＿＿＿＿＿　　経費支弁者署名・印＿＿＿＿＿㊞

第四节　推荐书类

留学常用的推荐书主要有两种：一是国内学校或单位领导向国外学校校长推荐的推荐书(如例—1)，一般具有固定格式印制好的表格，出国申请人填写好，领导签名、盖章即可；二是个人推荐用的推荐书，又分固定格式印制好的表格，类似中文的"专家推荐信"(如例—3)，

还有个人手写的推荐书(如例—2)。

　　写推荐书,不管是申请人自己填写按固定格式印制好的表格,还是受委托人手写都一定要注意实事求是,有什么就写什么,是怎样就怎样写,不能夸大其辞、弄虚作假。

➡ 例—1

```
                           推薦状
                                              ○○年○月○日
   ○○大学
     学長　○○○○殿
                                           大学名
                                             学長　　　[印]

   　下記学生を○○年度○○大学大学院人間社会・文化研究科言語文化、推薦入学志願者
   として推薦します。
                            記
```

在籍学部学科学年	氏　名	推薦研究科・専攻・コース
○○学部○○学科○学年		人間社会・文化研究科　言語文化専攻 ビジネス日本語コース

以上

➡ 例—2

```
                           推薦状
   　○○君を推薦申し上げます。同君は○○年～○○年本学の人間社会・文化研究科で
   勉強して、四年間の先生と学生の関係の付合いで、小生真に同君のことよく存じており
   ます。同君は在学中勤勉で、言語文化だけでなく、日本歴史と文化など広い分野にわた
   っての勉強をしまして、優れた成績で卒業しています。その上、同君は勤勉実直、明朗活
   発でクラス内の人望も高かったと存じております。
   　以上を持ちまして、○○君を推薦申し上げます。
                                     氏名及び役職名＿＿＿＿＿　[印]
```

▶ 例—3

出願者評価
EVALUATION FORM

出願者へ：この用紙は、出願者をよく知っている大学教員に記入を依頼すること。
To the applicant：This form is to be compieted by a university professor or lecturer(or equivalent) who knows you well

出願者氏名＿＿＿＿＿＿＿＿＿＿　　国籍＿＿＿＿＿＿＿＿＿＿
Applicant's name　　　　　　　　　Nationality

1. 出願者との関係
How long and in what capacity have you known the applicant?
　　先生/学生
2. 出願者の性格，知的能力，向上心，学問的成果などについて記入してください。
Please comment on the applicant's character, intelligence, motivation, academic performance, etc.

氏名＿＿＿＿＿＿＿＿＿＿　　大学名及び役職名＿＿＿＿＿＿＿＿＿＿
Name of person providing this reference　　Name of institution and poslition
署名＿＿＿＿＿＿＿＿＿＿ 印　　日付＿＿＿＿＿＿＿＿＿＿
Signature　　　　　　　　　　　Date

　この用紙は、厳封の上、出願者にお渡しください。ご質問がありましたら下記までお問い合わせください。
　　東京都渋谷区渋谷町1－2－3　〇〇大学人間社会・文化研究センター
　　TEL：03－5566－7788　　FAX：03－5566－7789

▶ 例—4

（大学大学院学生用）

推薦状

財団法人　〇〇〇〇国際奨学財団
理事長　　　　　〇〇〇〇殿
　　　　　　　　　留学生　氏名＿＿＿＿＿＿＿＿＿＿

　〇〇〇〇は、当分野にて博士課程で研究を行う学生である。中国〇〇〇〇出身で、山東省農業の発展が日本への農産物貿易によって左右されていることを、現地で確認し、山東省と日本経済とのかかわりを研究するために日本へ留学した。山東省農業への発展のために研究することに強い希望を持ち、研究への意欲は旺盛であると判断される。
　……
　以上のように、本人の学習意欲は高く、研究への意欲が感じられ、山東省の農業発展、日本農業との「すみわけ」問題などに関して高い成果が期待されるので、奨学金の対象者として適切であると判断される。
　推薦者(指導教員・学科主任等)
　　所属機関　〇〇＿大学大学院農学研究科＿　　職名＿教授＿
　　氏名(自筆)＿＿＿＿＿＿＿＿＿＿ 印

▶例—5

推薦状

　〇〇〇〇君を推薦いたします。同君とは教室の授業では残念ながら一度も顔をあわせませんでしたが、たまたま私が＜自然の会＞というクラブの顧問をしていましたのでよく知っています。
　＜自然の会＞は、合宿をしながら全国各地を徒歩旅行するクラブです。同君は一年から三年までの年五回の全合宿に参加し、三年の時には執行部の一員（会計系）として大いにクラブのために尽力し、よく後輩を導きました。明朗、誠実、積極的な行動力の持ち主で、クラブ内の人望も高かったと思います。ともかく、話しあっていつもすがすがしい印象を残す人物です。
　以上のような所見をもちまして、私は自信をもって同君を推薦いたしたいと存じます。

▶例—6

　拝啓　時下ますますご壮健のこととお喜び申し上げます。
　さて、本日はお願いの筋がございまして、貴殿にお手紙を差し上げました。
　実は、私の学生時代からの親友の妹で、今春札幌短期大学を卒業見込みであります山口望さんを、貴殿の会社に推薦させていただきたいのです。
　先日、兄上を通じて、どうしても彼女が貴社への就職を望んでいる旨を聞かされ、誠にご迷惑の段は承知したうえで、できますならば本人に一度お会いいただきたく、お願い申し上げるしだいです。
　本人はいたって健康で明朗、学業成績も良好で、特に語学が得意のこと。また、もの静かで勤勉な点では、事務職に適していると思います。身元の保証は、私にさせていただきます。
　写真と本人直筆の履歴書を同封いたしますので、ご高覧ください。
　いつなりともご指定の日時にうかがわせますので、何とぞよろしくお願いいたします。
　　　　　　　　　　　　　　　　　　　　　　　　　　　　　　　　敬具

▶例—7

日本語海外研究者招聘プログラム
推薦書

年　　月　　日

応募者氏名＿＿＿＿＿＿＿＿＿＿＿＿＿＿＿＿＿＿＿＿＿＿＿＿＿＿＿＿＿＿＿
推薦者氏名（署名）＿＿＿＿＿＿＿＿＿＿＿＿＿＿＿＿＿＿＿＿＿＿＿＿　㊞
推薦者所属機関名・役職名＿＿＿＿＿＿＿＿＿＿＿＿＿＿＿＿＿＿＿＿＿＿＿
推薦者住所・連絡先＿＿＿＿＿＿＿＿＿＿＿＿＿＿＿＿＿＿＿＿＿＿＿＿＿＿
　　　　　　TEL：
　　　　　　FAX：
　　　　　　E-mail：
推薦者と応募者の関係＿＿＿＿＿＿＿＿＿＿＿＿＿＿＿＿＿＿＿＿＿＿＿＿＿

応募者の研究題目

推薦理由

第五节　証明、通知书类

➡ 例—1

在留資格認定証明書

第　号(　)　国　籍
　　　　　　　氏　名

出入国管理及び難民認定法(〇〇年政令第三百十九号)第四条第四項の規定に基づき上記の者が下記の在留資格に該当するものであることを証明する。

在留資格　　　　　　(〇〇大学)
在留期間　　　　　　年
有効期間

1. この証明書は、その発行の日から6か月以内に在外日本国領事館に査証を申請しないときは、効力を失う。
2. この証明書は、この証明書に基づいて取得した日本国査証の有効期間中有効とする。

〇〇年〇月〇〇日　　　　　　　　　　　　　　　　法務大臣
　　　　　　　　　　　　　　　　　　　　　　　　〇〇〇〇　印

(注意)
1. この証明書は、日本国に上陸するとき入国審査官に提示しなければならない。
2. 日本国在留資格以外の活動をしようとするときは、必要な許可を受けなければならない。
3. この在留資格による活動を止めるときは、必要な在留資格変更許可を受けなければならない。

在留資格〇〇〇を有する者が、本邦留学中の学費その他の必要経費を補う目的で行うアルバイトのうち、就労時間がほぼ周20時間(ただし、日曜・祝祭日及び当該留学生が所属する学術研究機関又は教育機関の休暇期間は算入しない)を超えない範囲で、日本国の風俗営業等取締法適用業に係るものでなく、かつ、法令又は公序良俗に反するおそれのない稼働は、資格外活動の許可を要しない。

⇒ 例—2

健康診断証明書						
氏　名						生　年　月　日
現住所							
診　断　事　項						
身　長		cm	体　重	kg	胸　囲	cm
ツベルクリン反応最終判定	陽性　疑陽性　　　陰性			視力	左（　　）	右（　　）
^	診断日　年　月　日			色神	正常（　）色弱（　） 色盲（　）	
エックス線像			身体障害			
^			区分	異常		正常
^			運動			
^			視覚			
^			聴覚			
^			言語			
所見				その他		
主な既往症と罹患時の年齢				精神障害		
肺結核	才	小児マヒ	才	入学後にも健康管理上注意する者を記入してください。		
気管支喘息	才	てんかん	才	^		
心臓病	才	神経病	才	その他		
胃疾患	才	精神病	才	^		
リウマチ	才	その他	才	^		
私が診断いたしました結果、健康状態は　　　優　良　可　不可　　であります。						
上記の通り相違ないことを証明いたします。 診断日＿＿＿＿＿＿＿＿＿＿＿＿＿＿＿＿＿＿ 検査施設名と住所＿＿＿＿＿＿＿＿＿＿＿＿ 医師の名前＿＿＿＿＿＿＿＿＿＿＿＿＿＿＿ 署名＿＿＿＿＿＿＿＿＿＿＿＿＿＿＿＿印						

⇒ 例—3

修了証明

印　第〇〇号

〇〇県
氏名〇〇〇〇
〇〇年〇月〇日生

本学に二年間学習し、教養課程を履修したことを証する。
〇〇年〇〇月〇〇日

〇〇大学長　〇〇〇〇　印

➡ 例—4

日本語能力認定書
Proficiency in Japanese

出願者氏名
Name of applicant：_____
　　　　　　　　（Family name first）

現住所
Present address：_____

日本語講師、日本政府在外公館員または日本語能力を認定できる方に記入を依頼してください。

　　This report should be completed by one of the following：
　　　　A Japanese instructor
　　　　A diplomatic or consular official of the Japanese Government
　　　　Anyone who can certify the applicant's Japanese proficiency

熟達程度を○で囲むこと。　（Circle the approprivate word）

	優	良	可	不足
読解力 Reading ability	Excellent	Good	Fair	Poor
筆記力 Writing ability	Excellent	Good	Fair	Poor
聴解力 Listening ability	Excellent	Good	Fair	Poor
会話力 Speaking ability	Excellent	Good	Fair	Poor

上記評価の方法
Criteria for the evaluation：_____

教授法
Teaching methods：_____

使用した教科書
Textbook used：_____

備考
Remarks：_____

　　　　　　　　所属機関および役職名
　　　　　　　　Name of institution and position：_____

　　　　　　　　氏名
　　　　　　　　Full name：_____

　　　　　　　　現住所
　　　　　　　　Present address：_____

　　　日付　　　　　　　　　署名
　　　Date：_____　　　　　Signature：_____

　　　　　　　　　　　　　　　　　　○○大学

➡ 例—5

　　　　　　　　　　　　在学証明書
　　　氏　名　　　〇〇〇〇
　　　　　　　　　〇〇年　〇〇月　〇〇日生
　　　　　　　　　〇〇年　〇〇月　〇〇日　入学
　　　課　程　　　博士課程
　　　専　攻　　　生物資源経済学専攻
　　上記の者は、本研究科に在学中であることを証明する。
　　　　〇〇年〇〇月〇〇日
　　　　　　　　　　　　　　　　　　　　　　〇〇大学大学院農学研究科長
　　　　　　　　　　　　　　　　　　　　　　　　　　　〇〇〇〇　[印]

➡ 例—6

　学位証第　108 号
　　　　　　　　　　　　学位授与証明書
　　　　　　　　　　　　　　　　　　　　　　　　　　〇〇〇〇
　　　　　　　　　　　　　　　　　　　　　　　　　〇〇年〇〇月〇〇日生
　　上記のものは、本大学大学院　農学研究科　生物資源経済学専攻の修士課程を修了したので、〇〇年〇〇月〇〇日付をもって、修士（農学）の学位を授与されたことを証明する。
　　　　学位番号　　農修第　1008 号
　　　　〇〇年〇〇月〇〇日
　　　　　　　　　　　　　　　　　　　　　　　　　　〇〇大学学長
　　　　　　　　　　　　　　　　　　　　　　　　　　〇〇〇〇　[印]

➡ 例—7

　　　　　　　　　　　　　　　　　　　　　　　　　　〇〇年〇月〇日
　受験番号　　0980886
　氏　名　　_____
　　　　　　　　　　　　　　　　　　　　　　　〇〇大学長　〇〇〇〇　[印]
　　　　　　　　　　　入学試験の結果について（通知）
　　あなたは、〇〇年度〇〇大学入学試験（〇月入学）を受けられました、合否判定の結果、合格となりましたので通知いたします。
　　　　　　　　　　　　　　　　　　　　　　　　　　　　　　　以上

➡ 例—8

```
                                              ○○年○○月○○日
   [印] 第○号
                        合格証書
                                                    氏名
   ○○試験に合格したことを証する。
                                            ○○試験委員長○○○○ [印]
```

➡ 例—9

```
                         合格通知書
                    受験番号　7762—0008
                    氏　名　　○○○○
     あなたが、○○大学大学院人間社会・文化研究科言語文化専攻ビジネス日本語コース
   に合格したことを通知します。
                                              ○○年○○月○○日
                                              ○○大学
                                              学長○○○○ [印]
```

➡ 例—10

```
                                              ○○年○○月○○日
   受験番号　0781815
      ○○○○　様
                                              ○○大学長
                                              ○○○○ [印]
                     入学試験の結果について（通知）
     あなたは、○○年度○○大学入学試験（○月入学）を受けられましたが、合否判定の結
   果、不合格となりましたので通知いたします。
     なお、これにより志願者本人に関する証書原文等について、返却させていただきます。
                                                    以上
```

▶ 例—11

○○年○○月○日

ご父兄殿

○○大学会計課

後期授業料納入について（お願い）

暑さ厳しき折、ご父兄におかれましてはご健勝のこととお喜び申し上げます。

早速でございますが、後期授業料納入について下記のとおりご案内申し上げます。

1. 納入時間　　○○年9月1日（水）－9月30日（木）
2. 納入金額　　後期授業料　　400,000円
3. 納入方法
　　A　会計窓口納入
　　B　銀行振り込み及び郵送

▶ 例—12

○○大学第○○号
○○年○月○日

留学生各位

学生部長 ㊞

留学生懇談会の開催について（ご案内）

このことについて、先の開催計画はやむをえない事情により取り止めとしましたが、このたび改めて下記のとおり開催しますので、御出席くださいますよう御案内します。

なお、準備の都合がありますので、出席の有無を○月○日（土）までに，学生課教務係あてお知らせ願います。

記

1. 期　日　○○年○月○日
2. 日程及び場所
　　(1) オリエンテーション　　15時～16時30分
　　　　　　　　　　　　　　　大学会館会議室
　　(2) レセプション　　　　　17時～19時
　　　　　　　　　　　　　　　大学会館レストラン

➡ 例—13

私費外国人留学生（別科生）奨学金受給者証書

〇〇〇〇様

　あなたは、〇〇年度秋学期の標記奨学金の受給者に決定しましたので、ここに証します。

　この奨学金は、本学留学生別科に所属する私費別科生の支援策の一環として、入学後、人物・学業共に優秀と認められた者に、学習奨励をはかるために設けられました。

　本奨学金の趣旨に応えて、一層学業に専念してください。

　なお、奨学金の内容は下記のとおりです。

記

奨学金の金額　　　229,500 円
（但し、留学生別科秋学期授業料に充当します）

〇〇年〇〇月〇〇日
〇〇大学長
〇〇〇〇　㊞

思考与练习

1. 留学常用文书都有哪些类型？
2. 写"入学願書"应注意些什么？主要写哪些内容？
3. 模仿本章的范例，用日语写一份"入学願書"。
4. "身元保証引受経緯等説明書"一般由谁来写？
5. 为什么要写"在学誓書"？主要写些什么？

第十二章
就业常用文书

概 述

在日本,学生从"就活"(しゅうかつ)找工作,到参加公司的"入社式"(にゅうしゃしき),要经过一个漫长的过程。这期间要进行许多有关的活动,这些活动都避免不了要书写各种文书材料。本章大致按先后的顺序,就学生就业常用文书加以归纳介绍。

第一节 委托介绍、推荐

委托别人介绍或推荐"紹介・推薦"(しょうかい・すいせん)时,被委托人往往都是委托人的恩师、长辈或父母的亲朋好友。这些人对委托人的情况多少会有所了解,但不一定了解全面。所以,委托人首先要自报家门,并说明来意。

然后,要详细写明自己的近况,如目前在××大学××系学习什么专业,成绩如何、擅长什么等等。同时还要写明请求介绍和推荐的原因,以及对突然写信请求对方介绍或推荐表示歉意等。

一、恩師や親戚に就職を依頼する場合

➡例—1

拝啓　大変ご無沙汰しております。先生におかれましてはますますお元気にてお過ごしのことと存じます。本日は折り入ってのお願いがありましてお手紙しました。
　現在私は○○大学○○学部の3年ですが、卒業後は地元に戻って就職したいと考えております。できれば大学時代にゼミでマーケティング学んでおりましたので、企画営業ができる職種があればと思っておりますが、こちらでは、あまり地元の情報がなく苦慮しています。先生におかれましては、長らく就職指導をなされていた経験やご人脈でもあるかと思い、何処かご紹介いただけないかと、勝手なお願いをさし上げる次第です。履歴書を同封いたしましたので、お心にお留めおきくださいますよう、お願い申し上げます。
　　　　　　　　　　　　　　　　　　　　　　　　　　　　　　敬具
○○年○○月○○日
　　　　　○○○○
〒○○○－○○○○　東京都○○区1丁目1番

➡例—2

拝啓　ご無沙汰しております。○○先生におかれましてはご健勝のことと存じます。
　実は、来春の大学卒業を控えておりますが、いまだ就職が決まらず困り果てております。商社を志望しておりますため、仕事柄お付き合いの深い伯父様に何処かお口添えいただけないかとお手紙した次第です。ご迷惑でなければ、履歴書を持参してごあいさつに上がりたいと考えております。ご多忙中とは存じますが、ご高配のほどお願い申し上げます。
　　　　　　　　　　　　　　　　　　　　　　　　　　　　　　敬具

➡例—3

○○○○　先生
　すっかりご無沙汰しております。秋冷えの季節となり、昨年○○先生やゼミの皆と出掛けたハイキングのことが思い出されます。
　卒業後半年が経ち、マスコミ関係を中心に鋭意就職活動を続けておりますが、未だ吉報が届かない状況です。セミナー等にも通い、最大限の努力をしているつもりですが、途方に暮れております。
　そこで、業界に精通されている○○先生にご相談させていただきたく存じ、筆を執った次第です。
　お時間のあるときに、一度お話しさせていただき、何処かご紹介いただけないかと、勝手なお願いをさし上げる次第です。何とぞお力添えいただきたくお願い申し上げます。
○○年○月○日
　　　　　　　　　　　　　　　　　　　　　　　　　　○○○○　拝

第二节　个人自荐

　　个人自荐或者说自我推荐，一定是在对方毫无预知的情况下，自荐人主动写给对方的，所以自荐人首先要对突然写信表示歉意。

　　接下来要详细写自己写信的来龙去脉，如所在学校的情况，何时毕业，怎样得知对方公司招聘人员等等。

　　然后要详细具体地写明自己所学专业，水平如何，已获得什么样的相关资格，适合或愿意做哪些方面的工作等等。

　　个人自荐的内容一定要注意实事求是，避免夸大其词；还要注意既态度谦虚诚恳，又充满自信。

■➡例一1

> 　拝啓　ますます寒さが感じる昨今となりましたが、御社におかれましてはますますご隆盛の事とお慶び申し上げます。
> 　突然なのですが、このような書状を差し入れまして、申し訳ありません。私、履歴書にて記載しました、○○○○と申します。○○市立○○高校の機械科を、来春に卒業予定の者です。先日、御社の会社説明会に参加させていただきました。その際、改めて御社の経営方針や会社理念に共感させて頂き、ますます御社に入社させて頂きたいという思いを、強く致しました。
> 　○○高校在学中において、私は機械科という専門教科に熱心に取り組み、機械設計や機械工作などで、多くの事を学びました。また、技能検定や溶接、情報技術検定などの資格の取得にも積極的に取り組みました。
> 　まだまだ未熟ではありますが、機械設計などについての知識は豊富になったと思います。これら経験を生かして業務に関わり、御社のお役に立ちたいと熱望しております。是非とも採用試験に応募させて頂きたく思い、履歴書を送付させて頂きます。
> 　なにとぞ、ご愛顧頂ければ幸いです。
> 　　　　　　　　　　　　　　　　　　　　　　　　　　　　　　　　　　　　敬具
> ○○年○○月○○日
> 　　　　　　　　　　　　　　　　　　　　　　　　高校機械科　　○○○○
> 製造株式会社
> 　　　人事部　御中

第三节　招聘通知

　　招聘通知，是招聘单位向学校发出的本单位招聘人员的信息，有时也用"案内"的形式。

由于招聘通知主要是发给学校的"就職課",通过"就職課"再向学生介绍、推荐,所以形式上和书信相似,但它属于公用文书的一种。

招聘通知一定要写明招聘单位是属于什么单位,此次招聘具有哪方面专业知识的人员,招聘多少人等,还要写明随时接受咨询和联系的人员姓名和电话。

➡例—1

〇〇〇〇大学就職課　御中

〇〇年〇〇月〇〇日
株式会社　〇〇〇〇商事
人事部長　〇〇〇〇
tel. 〇〇－〇〇〇〇－〇〇〇〇

求人申込書送付のご案内

　拝啓　早春の候、貴学におかれましてはますますご清栄のこととお慶び申し上げます。毎年、弊社よりの求人依頼に際し、多数の学生の皆さんを推薦いただきまして心より感謝申し上げます。
　さて、弊社では今年度も若干名の新卒者を採用することとなり、早速ですが求人申込書をご送付いたしますのでご査収の程宜しく願い致します。
　なお、ご質問・お問い合わがありましたら新卒採用担当の山田(090－1234－5678)まで、なんなりとご連絡ください。

敬　具

➡例—2

来春縁故採用募集について

　近年の景気回復にともない、わが社でも技術系社員の確保が難しい状況となっております。
　つきましては、社員の皆さんの身近で、下記の条件に当てはまる来春卒業見込の方(既卒者も可)がおられましたら我社を紹介くださいますよう願いいたします。また、その中で我社に興味をもたれる方がおられれば人事部までご推薦ください。

記

1. 募集条件
   1) 来年3月卒業見込みの者
   2) 既に卒業していて25才以下の者
2. 指定学科
   1) 大学及び大学院(理工系の学部・学科)
   2) 高等専門学校(高専)及び短期大学(理工系の学部・学科)
   3) 専門学校(工業系学科)
3. 紹介方法
   人事部に用意しております縁故採用推薦票を提出ください。以降、人事部で対応いたします。
　尚、採用関連パンフレットは、本件担当の人事部　山田(080－1234－5678)まで。

以上

〇〇〇〇　様

➡ 例—3

○○工業高等学校就職課　御中

　　　　　　　　　　　　　　　　　　　○○年○○月○○日
　　　　　　　　　　　　　　　　　　　日綿株式会社　○○商事
　　　　　　　　　　　　　　　　　　　人事部長　○○○○
　　　　　　　　　　　　　　　　　　　tel. ○○－○○○○－○○○○

　　　　　　　　　　○○送付のご案内

　拝啓　○○のみぎり、貴学ますますご清栄のこととお慶び申し上げます。貴学よりは、毎度多数の学生の皆さんをご推薦いただき心より感謝いたしております。
　さて、弊社では今年度も新卒者を採用することとなり、早速ですが、今年度の募集要項を記載した○○を送付いたしました。ご査収の程よろしくお願い申し上げます。
　弊社は、昨年海外進出を果たし、海外でのビジネスが急拡大しております。その為、今年度はグローバルな仕事を希望する新卒の方々を積極的に採用したいと考えております。ご多忙中とは存じますが、多くの学生の皆様に弊社をご紹介いただきますようお願い申し上げます。なお、ご質問・お問い合わがありまましたら新卒採用担当の山田（080－1234－5678）まで、なんなりとお問い合わせください。
　　　　　　　　　　　　　　　　　　　　　　　　　　　　　　敬具

➡ 例—4

　　　　　　　　　　　　　　　　　　　　　　○○年○○月○○日
○○専門学校
就職課　○○○○　殿

　　　　　　　　　　　　　　　　　　　株式会社　山川商事
　　　　　　　　　　　　　　　　　　　　人事部長　○○○○
　　　　　　　　　　　　　　　　　　　　tel. ○○－○○○○－○○○○

　拝啓　○○の候、貴学におかれましては益々ご清祥のこととお慶び申し上げます。毎年、貴学から優秀な人材をご推薦いただきありがとうございます。
　さて、今年も新卒採用活動の季節を迎えました。弊社は毎年貴学から優秀な人材を多数ご推薦いただいておりますが、今年も例年通りご推薦をいただきたく、今年度の採用概要をご通知した次第です。弊社は知名度や会社規模で見劣りする部分もありますが、将来有望な○○分野を専業とする数少ない企業です。また、○○業界では屈指の技術力を誇っており、特に○○分野の特許を○○件保有し、日本を代表する大企業ともビジネスパートナーの関係にあります。また、昨年度の業績は過去最高売上を記録し、今年度も昨年以上の売上を見込んでいます。手前味噌ではありますが、これらを学生さんへのご紹介の際、お口添えいただければ幸いに存じます。なお、今年は昨年を上回る○○人の採用を予定しています。それに加え、初任給などの待遇も見直しましたので、できましたら昨年を上回るご推薦を賜りますようお願い申し上げます。
　　　　　　　　　　　　　　　　　　　　　　　　　　　　　　敬具

第四節　索取和提交招聘材料

索取"応募資料"（おうぼしりょう）招聘材料，一般是応聘人亲自向招聘単位的人事部

门去信索取，所以首先要自报家门，介绍自己是××学校××专业××年级的学生，从事什么专业的学习，成绩如何等，填写内容要真实，不能弄虚作假。然后要写自己是如何得到招聘单位招聘信息的，以及自己对招聘单位的评价和为什么参加应聘等，最后请求对方寄送报名表和有关资料。

▶ 例—1

○○年○○月○○月

　　○○食品　株式会社
　　人事部人材開発課
　　　　　　　　　　　　　　資料送付のお願い
謹啓　菊花の候、貴社におかれましては益々ご清栄のこととお慶び申し上げます。
　　私は、現在○○大学○○学部4年に在学中の○○○○と申します。現在、就職活動を行うにあたり、食品メーカーを中心に検討を進めております。　その中で、いち早く環境保全問題に取り組まれ、地域に根差した事業を展開されている貴社に強い興味を抱き、詳細について勉強させていただきたいと考えております。
　　つきましては、貴社の会社案内・諸資料をご送付いただきたくお願い申し上げます。
　　ご多用中、誠に恐縮ではございますが、何とぞよろしくお願い申し上げます。
　　　　　　　　　　　　　　　　　　　　　　　　　　　　　　　　　　　謹白

氏名
所属
住所
連絡先

▶ 例—2

　　株式会社　○○○
　　人事部　御中
　　　　　　　　　　　　　会社案内資料送付のお願い
拝啓　貴社におかれましては益々ご清栄のこととお慶び申し上げます。
　　私は、現在○○大学○○学科4年に在籍しております○○○○と申します。現在、就職活動のために企業研究を行っており、ITサービス産業を中心に検討を進めてきました。その中で、　御社のことを知り、大変強い興味を持ちました。
　　つきましては、御社の会社案内や資料等をご送付いただくことはできませんでしょうか。
　　ご多用中、誠に恐縮ではございますが、ご検討賜りましたら幸いでございます。なにとぞご高配を賜りますようお願い申し上げます。
　　　　　　　　　　　　　　　　　　　　　　　　　　　　　　　　　　　敬具

○○年○○月○○日
　　　　　　〒194－0294　東京都○○○○
　　　　　　○○大学○○学科4年　　○○○○
　　　　　　連絡先　（家、携帯、メール）

▶ 例—3

```
株式会社　〇〇家具
人事部人材開発課　御中
            応募許可及び資料送付のお願い
謹啓　歳晩の候、貴社におかれましては益々ご清栄のこととお慶び申し上げます。
　私は、現在〇〇大学〇〇学部 4 年に在学中の〇〇〇〇と申します。先般、貴社の求人情報を拝見し、エントリーさせていただきたいと強く感じました。しかし、残念なことに必須事項の「デザイン科修了」という要件を満たしておらず当惑しております。
　大学入学以来、デザイン職に就きたいという志を抱いてまいりました。2 年間専門学校へも通い、専科の学生に劣らない勉強を重ねてきた自負もございます。
　つきましては、是非ともエントリーのお許しをいただき、貴社の会社案内・諸資料をご送付いただきたく衷心よりお願い申し上げます。ご多用中、誠に恐縮ですが、何とぞご検討いただきますようお願い申し上げます。
                                                      敬具
```

▶ 例—4

```
                応募書類送付について
謹啓　初霜の候、貴社におかれましては益々ご清栄のこととお慶び申し上げます。
　この度は、「広報職」への応募についてご承諾いただき有難うございました。取り急ぎ、履歴書及びエントリーシートを送付させていただきます。以前より心に決めておりました貴社求人へのエントリーが、いよいよ現実のものとなり、大変嬉しく思っております。是非とも、直接お目に掛かる機会をいただきたく存じます。
　ご多用中、誠に恐縮ですが、何とぞご高配賜りたくお願い申し上げます。
                                                      敬具
```

第五节　面试、笔试通知

　　面试、笔试"面接・筆記試験"（めんせつ・ひっきしけん）通知，是招聘单位向应聘人发出的考试通知，一般都是招聘单位经过审查应聘人提交的材料并合格后，进行的各单位自行实施的考试。考试内容有的与招聘单位的业务内容等有关，所以应聘人考前需要提前就其内容复习、熟悉。

　　面试、笔试通知，一定要写明面试、笔试的时间、地点，以及需要携带的文具等，必要时还要标明前往考场的路线图等。

➡ 例—1

採用試験の案内

拝啓（新春/初春/余寒/晩冬/軽暖/春暖/陽春）の候、貴校におかれましては益々ご（健勝/壮健/清祥）のこととお慶び申し上げます。
　今年も貴校より多数の学生の皆さんを推薦いただきまして心より感謝申し上げます。
　つきましては、下記の要領で採用試験を実施いたします。ご多用中、誠に恐縮ですがご配慮の程よろしくお願い申し上げます。
　まずは、ご案内申し上げます。
　〇〇年〇〇月〇〇日

記

1. 日　時　〇〇月〇〇日　〇〇時〇〇分から〇〇時〇〇分
　① 〇時〇〇分から〇〇時〇〇分　筆記試験
　② 〇〇時〇〇分から〇〇時〇〇分　個別面接
2. 会　場　本社〇階〇会議室
3. 持参物　筆記用具　印鑑
（交通費を一律2,000円支給するための領収印用）
　ご不明な点がありましたら、人事担当　〇〇〇〇、電話（090－3256－1234）までお問い合わせください。

以上

➡ 例—2

二次試験の案内

拝啓　時下ますますご健勝のこととお慶び申し上げます。
　さて、先般実施しました採用試験の結果、第一次選考に合格されましたので、お知らせいたします。
　つきましては、下記の要領で二次選考である面接試験を実施いたしますので、ご出席いただきますようお願いいたします。なお、日程等で不都合がありましたら新卒採用担当　山田（090－3255－1234）までご連絡いただければ調整いたします。

1. 日　時　〇月〇日　〇〇時〇〇分から〇〇時〇〇分
2. 会　場　本社〇階〇会議室
3. 持参物　筆記用具　印鑑
（交通費を一律2,000円支給するための領収印用）
　ご不明な点がありましたら、人事担当　〇〇〇〇、電話（090－3256－1235）までお問い合わせください。

敬具

第六节　内定、录用通知

在日本，大学生找工作一般要提前一年开始，所以作为招聘单位，即便确定了人选也要一年后才能来公司上班，这种提前确定人选的做法叫"内定"（ないてい）。内定的过程，一般是应聘人提交材料，公司笔试、面试，有关人员严格审查后决定。

"採用内定"（さいようないてい），一般是公司直接对应聘者个人，所以首先要对应聘者参加应聘表示感谢，接下来要笼统介绍内定办法，最后要写详细需要正式提交的材料、上班时间等。

但也有招聘单位发给学校的内定、录用通知，目的是对学校帮助推荐、介绍学生参加本公司的招聘表示感谢，但一般要写明录用人数和未录用人数等。

▶例一1

　　　○○○○様

　　　　　　　　　　　　　　　　　　　　　○○年○○月○○日
　　　　　　　　　　　　　　　　　　　　　見本物産株式会社
　　　　　　　　　　　　　　　　　　　　　夏樫市夏樫町夏樫○－○○－○
　　　　　　　　　　　　　　　　　　　　　人事部人事課　○○○○
　　　　　　　　　　　　　　　　　　　　　tel. ○○－○○○○－○○○○

　　　　　　　　　　　　　採用内定通知書
拝啓　時下ますますご清栄のこととお慶び申し上げます。
このたびは、弊社の求人にご応募いただきましてありがとうございました。
　慎重に選考を重ねました結果、あなたを採用することが内定いたしましたのでお知らせします。
　つきましては、同封の書類を良くお読みいただき、必要事項をご記入の上、期限までにご返送いただきますようお願い申し上げます。
　なお、応募書類は当社人事部にてお預かりさせていただきますのでご了承ください。
　入社日および新入社員研修等の日程は改めて○○月頃に郵送にて通知いたします。
　残りの学生生活に関しましても健康に留意され、引き続き学業に精励されますよう、お願い致します。
　1. 提出書類：入社承諾書、卒業証明書、成績証明書、誓約書、身元保証書
　2. 提出期限：○○年○○月○○日（必着）
　　但し（卒業証明書、成績証明書は○月○日までで可）、何かご不明な点がございましたらいつでもお問い合わせ下さい。
　本件に関する問い合せ先　　人事部人事課：○○○○　　携帯．090－1234－5678

➡ 例—2

○○短期大学
就職課　御中

○○年○○月○○日
見本物産株式会社
夏樫市夏樫町夏樫○—○○—○
人事部人事課　佐藤○○
tel. ○○—○○○○—○○○○

採用試験の結果について(ご報告)

拝啓　長年来、弊社の求人にご協力いただきましてありがとうございます。
　また、本年も貴校より弊社の採用試験に多くのご応募(または「ご紹介」)を頂きましてありがとうございました。厳正なる選考の結果、下記のとおり採用、不採用が決定いたしましたので、ご通知申し上げます。受験者には、弊社より直接選考結果を通知いたしております。
　今回は予想を上回る多数の応募があり、弊社といたしましても大変苦慮した上での決定であることを申し添えます。
　まずは略儀ながらお礼かたがたご報告申し上げます。今後ともよろしくお願い申し上げます。

記

1. 採用内定者
　○○学部　　○○学科　　○○○○
　○○学部　　○○学科　　○○○○
2. 不採用者
　○○学部　　○○学科　　○○○○
　○○学部　　○○学科　　○○○○

何かご不明な点がございましたらいつでもお問い合わせ下さい。
本件に関する問い合せ先　　人事部人事課：○○○○　　携帯 080—3214—5648

➡ 例—3

○○○○様(殿)

○○年○○月○○日
○○物産株式会社
代表取締役　○○○○
tel. ○○—○○○○—○○○○

採用内定のご連絡

拝啓　時下ますますご健勝のこととお慶び申し上げます。
　さて、先日は、当社入社試験にご応募いただき誠にありがとうございました。厳正なる選考の結果、貴殿を採用いたすことを内定しましたのでご連絡いたします。
　つきましては、同封の書類をご記入いただき、期限までにご返送ください。なお、入社までの期間、学業に励まれ、ご健康にお過ごしになりますようお願い致します。

記

1. 提出書類　入社承諾書　誓約書　身元保証書
2. 提出期限　○○年○○月○○日

ご不明な点がありましたら、人事担当の○○○○　携帯(090—3256—1235)までお問い合わせください。

➡例—4

○○○○　様

　　　　　　　　　　　　　　　　　　　○○年○○月○○日
　　　　　　　　　　　　　　　　　　　株式会社山川商事
　　　　　　　　　　　　　　　　　　　人事部長　○○○○
　　　　　　　　　　　　　　　　　　　tel. ○○－○○○○－○○○○

　　　　　　　　　　　採用決定通知書
拝啓　時下ますますご健勝のこととお慶び申し上げます。
　この度は、当社のパート（又はアルバイト）社員募集にご応募いただき誠にありがとうございました。厳正なる選考の結果、あなたを採用すことに決定しましたのでここに通知します。入社日などの要綱については、下記のとおりとなっております。
　なお、同封しました提出書類は、必要事項を記入して入社日にご持参ください。
　　　　　　　　　　　　記
1. 入社日　　○○年○○月○○日
2. 提出書類　　□雇用契約書　　□誓約書　　□住民票
3. 持参品　　□作業用上履　　□作業用服装　　□印鑑
入社日当日は、午前9：00に本社1F人事部にお越しください。
　ご不明な点がありましたら、人事担当　○○○○　電話（080－1234－5678）までお問い合わせください。
　　　　　　　　　　　　　　　　　　　　　　　　　　　　以上

➡例—5

　　　　　　　　　　パート採用選考結果のご通知
拝啓　時下ますますご健勝のこととお慶び申し上げます。
　今般は、パート（アルバイト）社員募集にご応募いただき誠にありがとうございました。厳正なる選考の結果、採用を見送りましたことをご通知いたします。この度は、ご志望に添うことができませんでしたが、何とぞご理解の程よろしく願いたします。
　つきましては、ご応募に際し、お預かりしました履歴書を返却いたしますのでご査収ください。
　末筆ではありますが、○○様のより一層のご活躍をお祈りいたします。
　○○年○○月○○日
　　　　　　　　　　　　　　　　　　　　　　　　　　　　敬具

第七节　辞退、取消面试和内定

"面接・内定辞退"（めんせつ・ないていじたい），一般是得到招聘单位面试或内定通知的个人，因已接到报第一志愿的公司的面试或内定通知等原因，向招聘单位推辞谢绝。而"内定取消"（ないていとりけし）则相反，是应聘人最终未达到招聘条件，招聘单位取消对其面试和内定。

以上两种情况，一般都要写明辞退或取消的理由，不能含糊其辞，还要对辞退或取消面试和内定表示歉意，以及对对方表达各种祝愿。

▶例—1

> 株式会社　〇〇電子
> 人事部人材開発課　御中
> 　　　　　　　　　　　　　面接辞退のお詫び
> 謹啓　爽秋の候、貴社におかれましては益々ご清栄のこととお慶び申し上げます。
> 　先般、〇〇年〇〇月〇〇日にご設定いただいた面接につきまして、辞退させていただきたくお願い申し上げます。
> 　理由は、第一志望の会社より内定をいただいたためです。誠に申し訳なく、衷心よりお詫びする次第です。貴社におかれましては、何とぞご高承賜りたくお願い申し上げます。
> 　末筆ではございますが、貴社一層のご発展をお祈り申し上げます。
> 　　　　　　　　　　　　　　　　　　　　　　　　　　　　　　　　　　　敬具

▶例—2

> 　　　　　　　　　　　　　　　内定辞退のお詫び
> 謹啓　晩夏の候、貴社におかれましては益々ご清祥のこととお慶び申し上げます。
> 　この度の就職内定につきまして、ここに辞退させていただきたくお願い申し上げます。
> 　理由は、先日第一志望の会社より内定をいただいたためです。その後、家族等とも話し合いましたが、やはり医療界で頑張ってみたいです。
> 　これまでお世話になりました皆様には、誠に申し訳なく衷心よりお詫び申し上げる次第です。何とぞご高承いただきたくお願い申し上げます。
> 　末筆ではございますが、貴社一層のご発展をお祈り申し上げます。
> 　　　　　　　　　　　　　　　　　　　　　　　　　　　　　　　　　　　敬具

第十二章 就业常用文书

▶例—3

○○○○様　　　　　　　　　　　　　　　　○○年○○月○○日
　　　　　　　　　　　　　　　　　　　　　見本物産株式会社
　　　　　　　　　　　　　　　　　　　　　夏樫市夏樫町夏樫○-○○-○
　　　　　　　　　　　　　　　　　　　　　人事部人事課　○○○○
　　　　　　　　　　　　　　　　　　　　　tel. ○○-○○○○-○○○○
　　　　　　　　　　内定取り消の通知
拝啓　時下ますますご清祥のことと、お慶び申し上げます。
　さて、○○○○様におかれましては、本年度大学を卒業ができない状況となったとの連絡を受け、○○年○○月○○日付でご連絡しておりました採用内定を取り消させていただきます。当社としては、当初より大学卒業を採用の要件としておりましたため、その要件に適合しないままでの採用は控えざるを得ませんでした。何とぞご理解の程よろしくお願い致します。○○○○様におかれましては、今後とも学業に励まれ、より一層のご活躍を心よりお祈り申し上げます。
　　　　　　　　　　　　　　　　　　　　　　　　　　　　　　　　敬具

第八节　入社说明、入社式通知

"入社説明会のご案内"和"入社式の案内"，是发给公司新录用职员的通知。大公司录用人员较多时都要租用正规场馆举行，所以通知不但要写明时间、地点，必要时还要附带交通图。

▶例—1

○○○○　様　　　　　　　　　　　　　　　○○年○○月○○日
　　　　　　　　　　　　　　　　　　　　　株式会社山川商事
　　　　　　　　　　　　　　　　　　　　　人事部長　○○○○
　　　　　　　　　　　　　　　　　　　　　tel. ○○-○○○○-○○○○
　　　　　　　　　　入社説明会のご案内
拝啓　時下ますますご健勝のこととお慶び申し上げます。
　さて、このたび当社では、来年入社予定の皆様に当社のことをよりご理解頂くために下記のとおり入社説明会を開催いたします。ご出席いただけますようお願い申し上げます。
　　○○年○○月○○日
　　　　　　　　　　　　　　　　記
　1. 日時　○○月○○日　○○時○○分から○○時○○分
　　　① 会社の業務説明
　　　② 先輩よりアドバイス
　　　③ 懇親会
　2. 会場　○○会館○階○会議室
　（別添地図参照ください）ご不明な点がありましたら、人事担当の○○○○
　電話（075-123-5678）までお問い合わせください。

241

▶例—2

> 入社式の案内
> 　○○年新規採用社員の入社式を、下記のとおり行ないますので、ご出席ください。入社式終了後は引き続き集合研修をおこないます。
> 　○○年○○月○○日
> 　　　　　　　　　　　　　　　記
> 　1. 日時　　○○月○○日　○○時○○分から○○時○○分
> 　2. 会場　　○○○会館○○階○○会議室
> 　（別紙地図を参照ください）ご不明な点がありましたら、人事担当の○○○○　電話（090—1234—5678）までお問い合わせください。
> 　　　　　　　　　　　　　　　　　　　　　　　　　　　　　　　　　以上

第九节　承诺、保证书

"承諾書"（しょうだくしょ）和"誓約書"（せいやくしょ）是个人就某事项向公司等单位提出的答应照办和保证做到的保证书，属于保证性的文书。

承诺、保证书一定要先写明承诺、保证的事项，以及写明如果没有实现承诺或达到保证要求，对公司给予惩处的态度。如果造成损失还要赔偿。承诺、保证书的表达一定要清晰、肯定，不能含糊其辞、模棱两可。

▶例—1

> ○○○○株式会社
> 代表取締役　○○○○殿
> 　　　　　　　　　　　　　内定承諾書
> 　私は、貴社よりの採用内定を謹んでお受けいたしますとともに後日に内定の辞退をすることなく、貴社に入社することを承諾いたします。なお、内定期間中に下記の事項に該当した場合、内定の取消がなされても不服を申し立てません。
> 　○○年○○月○○日
> 　　　　　　　　　　　　　　　記
> 　1. 来春に卒業できなくなったとき
> 　2. 病気/怪我等で就業が困難となったとき
> 　3. 提出書類等に虚偽が判明したとき
> 　4. その他、社会通念に照らして採用取消が妥当な事由が発生したとき
> 　　　　　　　　　　　　　　　現住所　京都市左京区田中里123号
> 　　　　　　　　　　　　　　　氏　名　○○○○　㊞

第十二章 就业常用文书

▶例—2

入社承諾書
　私　　　は、〇〇年〇〇月〇〇日、貴社に入社しますことを承諾いたします。
〇〇年〇〇月〇〇日
　　　　　　　　　　　　　　　　　　　　現住所　東京市赤坂区 123 号
　　　　　　　　　　　　　　　　　　　　氏　名　〇〇〇〇　印
　　　　　　　　　　　　　　　　　　　　　　　　　　　　　　　以上

▶例—3

〇〇〇〇株式会社
代表取締役社長　　〇〇〇〇殿
　　　　　　　　　　　　　　　誓約書
　私は、特段の理由もなく上司への連絡を怠り、欠勤、遅刻、早退などしないことをここ
に誓約いたします。再度、このような行為やその他就業規則に反する行為をおこなった
場合、会社の決定する懲戒処分に不服を申しあげません。
　〇〇年〇〇月〇〇日
　　　　　　　　　　　　　　　　　　　　部署名
　　　　　　　　　　　　　　　　　　　　氏　名　〇〇〇〇　印

▶例—4

誓約書
　このたび貴社社員として入社するにあたり、以下の事項を厳守することを、ここにお
誓い致します。
　　　　　　　　　　　　　　　記
1. 就業規則を厳守すること。
2. 貴社の信用と品位を失墜させぬよう行動すること。
3. 業務上知り得た機密を他へ漏らさないこと。
4. 故意または重大な過失により貴社に損害を与えた際はその賠償責任を負うこと。
　〇〇年〇〇月〇〇日
　　　　　　　　　　　　　　　　　　　　住　所　東京都〇〇区〇〇番〇〇号
　　　　　　　　　　　　　　　　　　　　氏　名　〇〇〇〇　印
　　　　　　　　　　　　　　　　　　　　　　　　　　　　　　　以上

▶例—5

誓約書
　私は、特段の理由もなく、会社が所有物（の設備）である（車両、インターネット、パソコ
ン、携帯電話、事務機器、事務用品）などを無断で私的な目的に利用したり、持ち出さない
ことをここに誓約いたします。再度、このような行為やその他就業規則に反する行為を
おこなった場合、会社の決定する懲戒処分に不服を申しあげません。
　〇〇年〇〇月〇〇日
　　　　　　　　　　　　　　　　　　　　住　所　東京都〇〇区〇〇番〇〇号
　　　　　　　　　　　　　　　　　　　　氏　名　〇〇〇〇　印

第十节　感　谢

　　本节中的感谢主要是求职人员对招聘单位提供了见面、面试机会，以及走访公司、接到内定通知后表示的感谢。不管公司将来是否录用，只要提供了上述机会都要写信表示感谢。感谢的方式，可以写信也可以发邮件，但相比之下书信郑重、礼貌。

▶例—1

　　　株式会社　○○○○
　　　営業部　　○○○○様
　　　　　　　　　　　　　面会のお礼
拝啓　貴社におかれましては益々ご隆盛のこととお慶び申し上げます。
　　さて、昨日はご多用の中、面会のお時間を頂戴し、誠にありがとうございました。入社後の仕事内容や、研修制度の内容をはじめ、若手社員の方々が非常に活躍されていることなど大変丁寧にご説明いただき、大変よくわかりました。お話をお聞きし、御社のことを知るにつれ、御社で働いてみたいという思いがさらに強くなりました。
　　またお目にかかりご指導いただけますことを心より願っております。取り急ぎ略儀ながら御礼申し上げます。
　　末筆ではございますが、○○○○様の益々のご健勝をお祈り申し上げます。
　　　　　　　　　　　　　　　　　　　　　　　　　　　　　　　　　敬具

　　○○年○○月○○日
　　　〒194－0294　東京都………
　　　○○○○大学ビジネス日本語学科4年　　○○○○
　　　連絡先　（家、携帯、メール）

▶例—2

　　　株式会社　○○ケア
　　　人事部　課長　○○○○　様
　　　　　　　　　　　　　面接の御礼
謹啓　早春の候、貴社におかれましては益々ご清祥のこととお慶び申し上げます。
　　先日は、面接の機会をいただき誠に有難うございました。○○○○様にご教示いただきました、介護業界の現状、今後の諸事業プラン等のお話しは大変勉強になりました。是非とも貴社で頑張ってみたいと気持ちをあらたにした次第です。
　　末筆ではございますが、○○○○様のご健勝をお祈り申し上げます。
　　まずは取り急ぎ御礼申し上げます。
　　　　　　　　　　　　　　　　　　　　　　　　　　　　　　　　　敬具

➡ 例—3（メールタイトル面会のお礼）

株式会社　〇〇〇〇
営業部　　〇〇〇〇様

〇〇大学の〇〇〇〇です。
メールでのご連絡、失礼をお許しください。
先日は、お忙しい中、面会のお時間を頂戴し、誠にありがとうございました。入社後の仕事内容や、研修制度の内容をはじめ、若手社員の方々が非常に活躍されていることがよくわかりました。お話をお聞きし、御社で働いてみたいという思いがさらに強くなりました。ぜひ、またお目にかかりご指導いただけますこと心から願っております。その際は、ご指導の程、何とぞよろしくお願い申し上げます。
とり急ぎ御礼申し上げます。
〇〇〇〇
〇〇〇〇大学〇〇〇〇学科4年
〒196—0254　東京都・連絡先　（家、携帯、メール）

➡ 例—4（学生/内定礼状）

　　　　　　　　　　　　　　　　　　　　　　　〇〇年〇〇月〇〇日
〇〇〇〇株式会社
人事部人事担当　〇〇〇〇様
　　　　　　　　　　　　　　　　　　　東京都〇〇区〇〇1—2—3
　　　　　　　　　　　　　　　　　　　〇〇大学〇〇学部〇〇専攻
　　　　　　　　　　　　　　　　　　　〇〇〇〇
　　　　　　　　　　　内定の御礼
謹啓　時下春暖の候、貴社ますますご清栄のことと、心よりお慶び申し上げます。
　先日はお忙しいところを私のためにお時間を頂戴し、ありがとうございました。
　またこのたびは、内定のご通知を頂戴し、嬉しくてすぐに、恩師と両親に報告の電話をいたしました、本当に有難うございます。
　この数日間は緊張した日々を過ごしておりましたが、四月から貴社で働けると思うと、改めて身の引き締まる思いが致します。どうか今後ともご指導のほどよろしくお願い申し上げます。
　卒業までの間、悔いの無いように充実した毎日を過ごしたいと思います。
　（指定の書類をお送りしましたので、ご査収のほどよろしくお願い申し上げます）
　まずはお礼を申し上げたくお便りいたしました。
　　　　　　　　　　　　　　　　　　　　　　　　　　　　　　敬具

➡ 例一5（社会人/内定お礼状）

○○年○○月○○日

○○○○株式会社
人事部人事担当○○様

東京都○○区○○2-3-1
○○○○

謹啓　余寒の侯、皆様におかれましてはますますご清栄のことと、心よりお慶び申し上げます。
　先日はお忙しいところを私のためにお時間を頂戴し、ありがとうございました。またこのたびは、採用内定のご通知を頂戴し、まことに有難く厚く御礼申し上げます。
　これからも初心を忘れず日々努力する所存でございますので、どうか今後ともご指導のほどよろしくお願い申し上げます。
（指定の書類をお送りしますので、ご査収のほどよろしくお願い申し上げます）
　まずはお礼を申し上げたくお便りいたしました。

敬具

➡ 例一6（会社訪問のお礼状）

○○○○株式会社
人事部人事担当○○様

謹啓　本日はお忙しいところを私のためにお時間を頂戴し、ありがとうございました。
　具体的な業務内容についていろいろとお話を伺い、また、貴社の活気にあふれた雰囲気に触れることができましたことは、就職活動中の私にとって大変意義深いものになりました。どうか今後ともご指導のほどよろしくお願い申し上げます。
　まずはお礼を申し上げたくお便りいたしました。貴社ますますのご発展と○○○○様のますますのご活躍をお祈り申し上げます。ありがとうございました。
　○○年○○月○○日

東京都○○区○○23-1-32
○○大学○○学部○○学科○○専攻
○○○○

例—7（会社訪問のお礼状）

○○○○株式会社
人事部採用担当○○様

謹啓　このたびはお忙しいところを私のためにお時間を割いて頂きまして、ありがとうございました。
　具体的な業務内容についてお話を伺い、非常にいい勉強になりました。また、実際に勤務しておられる方の生の声をお聞かせ頂き、いきいきと活躍しておられる姿を拝見できましたことを感謝しております。今回のことで貴社で働きたいという思いが一層強くなりました。
　とり急ぎお礼を申し上げたくお便りいたしました。本日は本当にありがとうございました。
○○年○○月○○日

東京都○○区○○9－12－5
○○大学○○学部○○学科○○専攻
○○○○

思考与练习

1. 就业介绍、推荐方面的函件有哪些类型？书写时要注意些什么？
2. 就业自荐信应怎样写？
3. 公司招聘中的"縁故採用募集"是什么意思？
4. 书写面试通知应注意些什么？
5. 就业常用文书中的感谢信与社交书信中的感谢信有什么不同？